Weibliche Lebensgestaltung
im frühen Mittelalter

Weibliche Lebensgestaltung im frühen Mittelalter

Mit Beiträgen
von
Dagmar B. Baltrusch-Schneider, Ingrid Heidrich,
Ludolf Kuchenbuch und Rosamond McKitterick

herausgegeben
von
Hans-Werner Goetz

1991

BÖHLAU VERLAG KÖLN/WEIMAR WIEN

Deutsche Bibliothek - CIP-Einheitsaufnahme

Weibliche Lebensgestaltung im frühen Mittelalter / mit
Beitr. von Dagmar B. Baltrusch-Schneider ... Hrsg. von
Hans-Werner Goetz. – Köln ; Wien : Böhlau, 1991
    ISBN 3-412-08190-6
NE: Goetz, Hans-Werner [Hrsg.]; Baltrusch-Schneider,
Dagmar B.

Druck: Strauss Offsetdruck GmbH, 6945 Hirschberg 2

Printed in Germany
ISBN 3-412-08190-6

Vorbemerkung

Den Beiträgen dieses Bandes liegen die Vorträge zugrunde, die auf dem Bochumer Historikertag am 27. September 1990 in der Sektion "Bedingungen und Formen weiblicher Lebensgestaltung im frühen Mittelalter" gehalten wurden. Allen Beiträgern sei für ihre bereitwillige und freundliche Mitarbeit und ein harmonisches Zusammenwirken herzlich gedankt. Dem Böhlau-Verlag sind wir für das dem Thema entgegengebrachte Interesse und eine gute und reibungslose Koordinierung dankbar. Nicht zuletzt möchte ich schließlich meinen Hamburger Mitarbeiterinnen Dr. Hedwig Röckelein, Sabine Lis, M. A., und Petra Bäurle für inhaltliche und, da die Druckvorlagen im Interesse eines erschwinglichen Verkaufspreises an der Universität Hamburg erstellt wurden, ebenso wie meinem Kollegen Prof. Dr. Kersten Krüger für umfängliche technische Hilfe danken.

H.-W.G.

INHALT

EINLEITUNG:
PROBLEMSTELLUNG UND PERSPEKTIVEN*

"Frauengeschichte" bedarf als Gegenstand heute wohl kaum mehr einer besonderen Rechtfertigung,[1] wohl aber ist die Art und Weise, *wie* Frauengeschichte betrieben wird, zu diskutieren. Bei voller Anerkennung der bewußtseinsbildenden Leistungen früherer feministischer Versuche einer historischen Standortbestimmung ist es doch weder statthaft, eine durchgängige Unterdrückung der Frauen im Laufe der Geschichte feststellen zu wollen, noch umgekehrt die Stellung früherer Frauengenerationen zu idealisieren, ohne die jeweiligen Zeitumstände und ihre Rückwirkungen auf die Lage der Frauen gebührend zu berücksichtigen. Die in diesem Band vereinten Beiträge wollen dem Rechnung tragen. Es handelt sich um überarbeitete Fassungen der auf dem Bochumer Historikertag am 27. September 1990 gehaltenen Vorträge der Sektion "Bedingungen und Formen weiblicher Lebensgestaltung im frühen Mittelalter". Die durch mancherlei Absprachen und Abgrenzungen vorbereitete Sektion entsprang zwei Vorüberlegungen:
erstens der Überzeugung, daß die Frauen- bzw. Geschlechtergeschichte nicht lediglich ein "modisches" (und damit schnell vergängliches), sondern ein für die Geschichtswissenschaft und die heutige Gesellschaft sehr zentrales Thema - *auch* für eine historische Identitätsbestimmung der Frauen - darstellt,
und zweitens der Erkenntnis, daß der heutige Wissensstand nicht mehr allein von den globalen Überblicken der ersten Phase der Frauengeschichtsschreibung geprägt sein darf. "Angesichts der Forschungs- und Erkenntnisprobleme", schreibt Werner Affeldt, "und das heißt auch angesichts der Quellenprobleme, wird es den großen Wurf einer 'Geschichte der Frauen im Frühmittelalter' vorläufig nicht geben können."[2] Demnach ist in der jetzigen

---

*   Einleitung und Schluß liegen Entwürfe des Herausgebers zugrunde, die aufgrund der Vorschläge von Frau Dr. Hedwig Röckelein und der Beiträger des Bandes gründlich überarbeitet wurden.

1   Zur theoretischen Grundlegung vgl. Werner AFFELDT, Frühmittelalter und Historische Frauenforschung, in: Frauen in der Geschichte VII: Interdisziplinäre Studien zur Geschichte der Frauen im Frühmittelalter. Methoden - Probleme - Ergebnisse, hg. v. Werner AFFELDT und Annette KUHN, Düsseldorf 1986, S. 10-30.

2   Werner AFFELDT, Lebensformen für Frauen im Frühmittelalter. Probleme und Perspektiven ihrer Erforschung, in: Weiblichkeit in geschichtlicher Perspektive. Fallstudien und Reflexionen zu Grundproblemen der historischen Frauenforschung, hg. v. Ursula A. J. BECHER und Jörn RÜSEN (Suhrkamp tw 725) Frankfurt 1988, S. 51-78,

Forschungsphase die detaillierte Erarbeitung einzelner Aspekte angebracht. In den letzten Jahren ist immerhin eine Reihe einschlägiger Untersuchungen erschienen, die das Feld ebnen, aber auch zur wissenschaftlichen Diskussion anregen.[3] In der deutschen Mittelalterforschung hat vor allem der Berliner Arbeitskreis um Werner Affeldt zur Geschichte der Frauen in Spätantike und Frühmittelalter vorgearbeitet.[4] Da das Thema selbst modernen Ursprungs und Interesses ist, muß es vom historischen Standpunkt aus um so dringlicher in die jeweils zeitgebundenen, strukturellen Rahmenbedingungen eingeordnet und auf der Grundlage einer kritischen Prüfung der Aussagekraft der Quellen betrachtet werden. Aus diesem Grunde haben sich die Autor(inn)en dieses Bandes entschlossen, die Beiträge auf eine bestimmte Fragestellung, die (konkreten) Möglichkeiten weiblicher Lebensgestaltung, auf eine bestimmte Zeit, das frühe Mittelalter, und auf bestimmte, in den einzelnen Aufsätzen akzentuierte Aspekte zu beschränken, die sich zudem mehr oder weniger an bestimmte Quellengruppen binden.

Der Historikertag stand unter dem Motto "Identitäten in der Geschichte", einem Aspekt, der ebenso aktuell ist, wie er einen unmittelbar berührenden Zugang zur Geschichte (und gerade auch zur Frauengeschichte) verspricht, und somit in gewisser Weise auch das Sektionsthema berührt. Dennoch erschien uns der Begriff nicht unproblematisch. Einmal darf die Frage nach der Identität nicht zu einer allzu subjektiv aktualisierenden, von der jeweiligen Zeit- und Quellengebundenheit losgelösten Parteilichkeit der Historiker(innen) führen. Zum andern ist dieser Aspekt für die mittelalterliche Geschichte noch kaum erforscht, für die frühmittelalterlichen Frauen ließe er sich mangels aus- reichender Selbstaussagen ohnehin nur indirekt und unvollkommen er- schließen. Und schließlich erscheint es fraglich, wieweit sich dieser moderne Begriff überhaupt auf frühere Epochen übertragen läßt. Sinnvoller - und realitätsnäher - ist es daher, nach den institutionell und ständisch bestimmten

---

hier S. 64.

3   Vgl. den Forschungsbericht von Werner AFFELDT, Bemerkungen zum Forschungs- stand, in: Frauen in der Geschichte VII (wie Anm. 1) S. 32-42.

4   Ausdrücklich hingewiesen sei auf den erst kürzlich erschienenen Band: Frauen in Spät- antike und Frühmittelalter. Lebensbedingungen - Lebensnormen - Lebensformen, hg. v. Werner AFFELDT, Sigmaringen 1990, der ähnliche Zielsetzungen verfolgt, aber andere Wege einschlägt.

Lebens*formen* und - mehr noch - nach der konkreten Lebens*gestaltung* von Frauen zu fragen.[5]

Sind die einzelnen Beiträge thematisch jeweils verschiedenen Lebens-, Handlungs- und Verhaltensbereichen gewidmet, um insgesamt ein breiteres Spektrum frühmittelalterlichen Frauenlebens zu erfassen, so kreisen sie um der Geschlossenheit der Ergebnisse willen doch jeweils um bestimmte Leitfragen, nämlich:
1. Welche Bedeutung kommt den Frauen in der in den einzelnen Beiträgen thematisierten Lebensform bzw. Tätigkeit innerhalb ihres jeweiligen Standes, ihrer Familie und für die gesamte Gesellschaft zu?
2. Welche Möglichkeiten bieten sich für die weibliche Lebensgestaltung, welche spezifischen Ausformungen gibt es innerhalb dieser Möglichkeiten, und inwieweit grenzen sie sich von der Lebensgestaltung der Männer ab?
3. Wo liegen ihre von der Struktur der Gesellschaft und der Mentalität der Menschen bedingten Grenzen?

Gisela Bock hat die These, andere Themen seien wichtiger als die Frauenge-schichte, zu Recht als ideologisch und unproduktiv zurückgewiesen.[6] Auch eine solche Antwort ist aber zeitspezifisch zu sehen: Sie gilt für die heutige Gesellschaft und ihre jüngste Geschichte, nicht aber für das Mittelalter: In *keiner* mittelalterlichen Quelle *sollte* Frauengeschichte um ihrer selbst willen geboten werden, eine Feststellung, die stets zu berücksichtigen ist. Daß in den Quellen dennoch die Frauen glücklicherweise nicht gänzlich unberücksichtigt bleiben, sondern im Gegenteil in vielen Beziehungen und Tätigkeiten auftreten, ermöglicht eine differenziertere Forschung, die freilich immer noch in den Anfängen steckt. Die folgenden Beiträge liefern dazu Bausteine, indem sie Möglichkeiten und Grenzen der Lebensgestaltung von Frauen auf unter-schiedlichen sozialen und kulturellen Ebenen und in verschiedenen Lebens-bereichen überblicken und deren gesamtgesellschaftliche Bedingungen berücksichtigen, also *sowohl* nach dem Miteinander *als auch* nach der Abgrenzung der Geschlechter, den spezifisch weiblichen Ausprägungen solcher Lebensgestaltung, fragen und dabei herkömmliche Ansichten einer kritischen Prüfung unterziehen. Da nicht nur die einzelnen Quellen, sondern

---

5 Die Beschreibung und Analyse von Formen der Lebensbewältigung und Lebens-gestaltung visiert auch AFFELDT, Lebensformen (wie Anm. 2) S. 64f., als ein Zielthema an.

6 Gisela BOCK, Geschichte, Frauengeschichte, Geschlechtergeschichte, Geschichte und Gesellschaft 14, 1988, S. 364-391.

auch die Quellenarten oder -gattungen jeweils eigene, bei der Auswertung zu berücksichtigende Zielsetzungen verfolgen, sind manche Beiträge bewußt bestimmten Quellengruppen gewidmet oder grenzen diese doch gegeneinander ab.

Die Lebensgestaltung von Frauen hängt von den materiellen wie von den mentalen Gegebenheiten, dem "Frauenbild", als ihren strukturellen Rahmenbedingungen ab. Daher werden die Möglichkeiten weiblicher Lebensgestaltung zunächst in einem breiteren Überblick im Rahmen ihrer rechtlichen und sozialen Voraussetzungen am Beispiel der fränkischen Gesellschaft betrachtet und in die frühmittelalterliche Vorstellungswelt eingeordnet (Hans-Werner Goetz). Die folgenden Beiträge wollen den dabei erfaßten Spielraum genauer in einzelnen Lebensbereichen untersuchen und damit zugleich den allgemeinen Rahmen an konkreten Beispielen kontrollieren. Die wichtigsten Ausprägungen, Klosterleben und Ehe, bilden dabei nur zwei mögliche Lebensformen, deren gern behaupteter alternativer Charakter zudem zu überprüfen ist. Das geschieht hier am Beispiel der angelsächsischen Gesellschaft (Dagmar B. Baltrusch-Schneider). Ein Betätigungsfeld anderer Art bildet der Anteil der - vorwiegend, aber keineswegs ausschließlich geistlichen - Frauen an der Schriftlichkeit, deren gesellschaftliche Bedeutung schon im frühen Mittelalter trotz mancherlei Kennzeichen einer "oralen" Kultur nicht zu bestreiten ist. Anhand einer Untersuchung der Handschriften werden Schreibtätigkeit, Autorschaft und Bildung der Frauen beleuchtet (Rosamond McKitterick). Die beiden letztgenannten Beiträge, die sich vorwiegend mit geistlichen Lebensformen beschäftigen, bemühen sich doch auch, die vielfach vernachlässigten Verbindungslinien zwischen geistlichem und weltlichem Leben aufzuzeigen. Bei der weltlichen Lebensgestaltung sind in besonderem Maße Unterschiede einer sozialen Schichtung zu berücksichtigen. Als Leitindiz weiblicher Lebensgestaltung innerhalb der besitzenden, also besonders der adligen Schichten kann die Frage der Verfügungsgewalt über den (familiären) Besitz angesehen werden, die hier vor allem anhand frühmittelalterlicher Formelsammlungen und Urkunden neu gestellt wird (Ingrid Heidrich), während als Merkmal des ja vorherrschend bäuerlichen Lebens der Unterschichten die in verschiedenen Quellenarten (Rechtsquellen, Urbaren, Urkunden und Mirakeln) durchscheinende Frauenarbeit zu gelten hat, die ihrerseits ein spezifisch frühmittelalterliches Geschlechterverhältnis widerspiegelt (Ludolf Kuchenbuch).

In den einzelnen Beiträgen ist die jeweilige Thematik neu durchdacht und in dieser Form teilweise erstmalig erarbeitet. Die Ausführungen verstehen sich insofern als Forschungsergebnisse, die hier zur Diskussion gestellt werden.[7] Die Autor(inn)en haben sich aber bemüht, ihre Ergebnisse in die größeren Entwicklungslinien einzuordnen, um sie damit zugleich, in einer Phase breiter Sensibilität für diesen Gegenstand und eines großen Interesses an der Thematik und längst auch an detaillierteren Aussagen, einem breiteren Publikum vorzustellen. In ihrer Gesamtheit wollen die Beiträge ein exemplarisches und damit zwar noch partielles, aber doch typisches Bild der Lebensgestaltung von Frauen im frühen Mittelalter zeichnen, das den Weg zu einer neuen Gesamtsicht ebnet, einer Sicht freilich, die allzu verallgemeinernden und oft wenig quellengestützten Thesen kritisch entgegentritt und die differenzierte Vielfalt betont. Durch die Einordnung in die zeitspezifischen Zusammenhänge wird Frauengeschichte hier notwendig und bewußt zur Geschlechtergeschichte und damit zu einem Stück epochenspezifischer, aber deshalb nicht weniger gegenwartsrelevanter Gesellschaftsgeschichte.

Zusammen mit anderen einschlägigen Veröffentlichungen spiegelt dieser Band Bandbreite und Möglichkeiten historischer Frauenforschung wider, die viele Aspekte bisher erst anreißen konnte und deren Fragen und Ergebnisse noch längst nicht erschöpft sind. Jeder Erkenntnisfortschritt endet noch in dem Bewußtsein, daß viel zu tun bleibt. Ein besonderes Anliegen des Herausgebers war dabei die Zusammenarbeit von Historikerinnen und Historikern, war eine Kommunikation zwischen den Geschlechtern auch in der Frauenforschung, als Gegengewicht und Warnung vor einer möglicherweise drohenden Isolation und Einseitigkeit, in einer Zeit, in der die "Frauengeschichte" - sicherlich notwendigerweise - (noch) als ein "Politikum" empfunden wird.

---

7   Aus diesem Grunde ist die Angabe der Belegstellen in einem ausführlichen Anmerkungsapparat unerläßlich.

Hans-Werner Goetz

FRAUENBILD UND WEIBLICHE LEBENSGESTALTUNG IM FRÄNKISCHEN REICH

Wer die Lebensgestaltung von Frauen im frühmittelalterlichen Frankenreich untersuchen und aus der historischen Situation heraus erklären will, muß nach den charakteristischen Ausprägungen, aber auch nach den strukturellen, von der gesellschaftlichen, wirtschaftlichen und politischen Verfassung bestimmten, wie nach den vorstellungsgeschichtlichen oder "ideologischen", durch die Denkstrukturen der Zeit geprägten Rahmenbedingungen solcher Lebensgestaltung, muß nach dem "Frauenbild" jener Zeit fragen, in dessen Spektrum sich die den Frauen bietenden Möglichkeiten spiegeln. Frauenbild und weibliche Lebensgestaltung sind gleichsam zwei komplementäre Betrachtungsweisen historischer Existenz von Frauen: die normensetzende Sichtweise (wie Frauen ihr Leben gestalten *sollten*) und die reale Sichtweise (wie sie ihr Leben gestalten *konnten*). Daß beides in einer Wechselwirkung zueinander steht, wird man vermuten dürfen, wenngleich diese Aspekte bisher eher getrennt behandelt worden sind. Frauen im frühen Mittelalter finden in der jüngsten Zeit weit mehr Beachtung als früher, doch wird eine historische Bedeutung allenfalls einzelnen zugestanden. Um hier größere Klarheit zu schaffen, einen Einblick in den Forschungsstand zu geben und den Rahmen abzustecken, auf dessen Grundlage dann in den folgenden Beiträgen bestimmte Formen weiblicher Lebensgestaltung näher untersucht werden können, seien in einem ersten Teil zunächst gängige Forschungsmeinungen hinsichtlich der begrenzten Möglichkeiten frühmittelalterlicher Lebensweisen von Frauen überprüft, bevor diese in einem zweiten Teil mit der zeitgenössischen Wahrnehmung, dem Frauenbild der damaligen Zeit, konfrontiert werden. Dabei geht es zunächst darum, das Spektrum der Möglichkeiten aufzuzeigen, ohne daß schon eine quantitative Analyse erstrebt wäre, wenngleich die Zahl der herangezogenen Quellenbelege bereits den Eindruck einer gewissen Repräsentativität mancher Aussagen zu vermitteln vermag.

I

Im Spiegel der Forschung charakterisieren sich die **Möglichkeiten weiblicher Lebensgestaltung** vor allem in drei restriktiv argumentierenden Thesen, die freilich der Überprüfung bedürfen:
(1) *Frauen waren minderberechtigt.* Ganshof hatte ihnen in seiner inzwischen schon klassischen Studie von 1962 geradezu jede Rechtsfähigkeit abgesprochen.[1]
(2) *Die Frauen des frühen Mittelalters lebten in einer Männergesellschaft. Sie besaßen daher keine eigene, spezifisch weibliche Lebensform.*
(Das ist etwa die Position von Werner Affeldt[2] wie auch von Suzanne Wemple[3]).
(3) Ihr Handlungsspielraum war folglich eng und von Männern bestimmt:[4] Frauen waren "Opfer der Ereignisse".[5]
Eine abwägende Überprüfung dieser Thesen anhand der Quellen und jüngeren Forschungsergebnisse vermag nicht nur stärker zu differenzieren, sondern beleuchtet zugleich die Möglichkeiten wie auch die Grenzen weiblicher Lebensgestaltung im frühen Mittelalter.

(1) Rechtsstellung der Frau
Daß Frauen nach Ausweis der Rechtsquellen benachteiligt waren, wird man kaum bestreiten können. Man muß allerdings fragen, welche Auswirkungen eine solche Minderberechtigung hatte und wieweit die Rechts*norm* dabei die *Realität* widerspiegelte. Das mindere Recht äußerte sich im wesentlichen auf vier Ebenen:

---

1   François-Louis GANSHOF, Le statut de la femme dans la monarchie franque, in: La femme, Bd. 2 (Recueil Jean Bodin 12) Brüssel 1962, S. 5-58.

2   Werner AFFELDT, Lebensformen für Frauen im Frühmittelalter. Probleme und Perspektiven ihrer Erforschung, in: Weiblichkeit in geschichtlicher Perspektive. Fallstudien und Reflexionen zu Grundproblemen der historischen Frauenforschung, hg. v. Ursula A. J. BECHER u. Jörn RÜSEN (suhrkamp tw 725) Frankfurt 1988, S. 51-78.

3   Suzanne Fonay WEMPLE, Women in Frankish Society. Marriage and the Cloister 500 to 900, Philadelphia 1981, S. 28ff. Vgl. auch Peter KETSCH, Aspekte der rechtlichen und politisch-gesellschaftlichen Situation von Frauen im frühen Mittelalter (500-1150), in: Frauen in der Geschichte II, hg. v. Annette KUHN und Jörn RÜSEN, Düsseldorf 1982, S. 11-71, bes. S. 24, und Margaret Wade LABARGE, Women in Medieval Life. A Small Sound of the Trumpet, London 1986 (für die spätere Zeit).

4   So AFFELDT (wie Anm. 2) S. 64.

5   So Ursula GAUWERKY, Frauenleben in der Karolingerzeit. Ein Beitrag zur Kulturgeschichte, Diss. Göttingen 1951, S. 252.

- Die Frau unterstand erstens durchweg der Hausherrschaft, der **Munt**, des Vaters, Vormunds oder Ehemannes, die die Rechts- und Strafgewalt über sie ausübten.[6] Diese reichte im Extremfall bis zum Recht des Mannes, seine Ehefrau im Falle schwerer Vergehen zu töten: Die Synode von Tribur gab noch 895 einem Bischof das Recht, eine treulose Frau bei sich aufzunehmen und vor ihrem Mann zu schützen, falls dieser sie - an sich völlig legal - töten wollte.[7] Die männliche Muntgewalt läßt sich nicht hinwegdiskutieren, sie bildet vielmehr einen Wesenszug der frühmittelalterlichen Gesellschaft. Es bedürfte freilich noch genauerer Untersuchungen, wie hoch ihre praktischen Auswirkungen tatsächlich einzuschätzen sind und ob sie einer minderen Wertschätzung entsprang (was ich bezweifle). Die weltlichen und geistlichen Gesetze der Karolingerzeit suchten die Rechtsstellung der Frauen außerdem in manchen Punkten besser abzusichern. Eine Folge der männlichen Munt war jedoch immerhin der weitgehende Ausschluß der Frauen von öffentlichen Funktionen, es sei denn an der Seite oder in Stellvertretung des Mannes,[8] wie auch vom Altardienst in der Kirche. Verbote bezeugen jedoch, daß Frauen mancherorts - und zwar letztlich in frühchristlicher Tradition - auch hier aktiv an der Messe teilhatten und sogar die Kommunion vornahmen.[9]

- Zweitens läßt das frühe **Eherecht** eine Ungleichbehandlung vor allem im Hinblick auf Ehebruch und Scheidung erkennen.[10] Nach allgemeiner Meinung

---

6   Vgl. zuletzt Ruth SCHMIDT-WIEGAND, Der Lebenskreis der Frau im Spiegel der volks-sprachigen Bezeichnungen der Leges barbarorum, in: Frauen in Spätantike und Frühmittelalter. Lebensbedingungen - Lebensnormen - Lebensformen, hg. v. Werner AFFELDT, Sigmaringen 1990, S. 195-209.

7   MGH Capit. 2, Nr. 252, c. 46, S. 239f.

8   In den stärker römisch beeinflußten Germanenreichen ging man weiter: Im West-gotenreich konnten Frauen sich vor Gericht selbst vertreten, der Mann durfte ihre Sache nicht ohne ihren ausdrücklichen Auftrag (*mandatum*) verfechten (Lex Visigotho-rum II,3,6, ed. Karl ZEUMER, MGH LL nat. Germ. 1, 1942, S. 91f.); das burgundische Recht schrieb der Frau die Vormundschaftsfähigkeit zu (Lex Burgundionum 85,1, ed. Ludwig Rudolf SALIS, MGH LL nat. Germ. 2,1, 1892, S. 107).

9   MGH Capit. 2, Nr. 196, c. 52, S. 42, von 829; ebd. 1, Nr. 22, c. 17, S. 55, von 789; Kapitular Theodulfs von Orléans 1,6, MGH Capit. episc. S. 107; Schreiben des Papstes Zacharias an König Pippin von 747: MGH Epp. 3, c. 5, S. 482. Die Zurückdrängung der Frau aus der Amtskirche setzte bereits im 2. Jh. ein; vgl. Klaus THRAEDE, Artikel "Frau", in: Reallexikon für Antike und Christentum Bd. 8, 1972, Sp. 236ff.

10   Vgl. Peter KETSCH, Frauen im Mittelalter, Bd. 2, Düsseldorf 1984, S. 148; Jo-Ann McNAMARA/Suzanne Fonay WEMPLE, Marriage and Divorce in the Frankish Kingdom, in: Women in Medieval Society, hg. v. Susan Mosher STUARD, Philadelphia 1976, S. 95-124; Wolfgang GRAF, Der Ehebruch im fränkischen und deutschen Mittelalter unter besonderer Berücksichtigung des weltlichen Rechts, Diss. (iur.) Würzburg 1982; Raymund KOTTJE, Eherechtliche Bestimmungen der germanischen Volksrechte (5.-8.

haben sich die Unterschiede vom kirchenrechtlichen Einfluß her jedoch im Laufe der fränkischen Epoche weitgehend angeglichen.[11] Verschiedene Bestimmungen widersprechen im übrigen der verbreiteten Ansicht, das Scheidungsrecht als ein einseitig männliches Privileg zu betrachten; wenn Jonas von Orléans von den Männern eheliche Treue verlangte, um den Frauen keinen Grund zur Scheidung zu geben,[12] so muß diese Möglichkeit durchaus bestanden haben, sofern bestimmte Gründe vorlagen. Andernfalls reagierte man allerdings streng: Die römische Synode von 863 exkommunizierte Ingiltrud, die ihren Mann Boso verlassen hatte.[13]

- Drittens waren Frauen im **Erb- und Besitzrecht** benachteiligt und Töchter den Söhnen in den meisten Fällen nachgeordnet.[14] Gegenüber dieser Rechtsnorm gilt es seit der bahnbrechenden Studie von David Herlihy von 1962[15] jedoch als erwiesen, daß auch Frauen in erheblichem Ausmaß über Besitz verfügten, und zwar nicht nur über die Heiratsausstattung (*dos*), sondern auch über den gemeinsamen Erwerb (*conlaboratus*): Bei der Teilung des Schatzes erhielt die

---

Jh.), in: Frauen in Spätantike und Frühmittelalter (wie Anm. 6) S. 211-220. Das fränkische Volksrecht suchte die Einehe und das Elternrecht zu wahren, formalisierte die Wiederheirat und verurteilte den Frauenraub. Auf der anderen Seite hatte das Eherecht aber auch die Tendenz, den *Mann* zu binden und somit die Frau zu schützen; vgl. etwa MGH Capit. 2, Nr. 196, c. 54, S. 45f., von 829.

11   Zum Konflikt zwischen weltlichem und kirchlichem Scheidungsrecht vgl. Theodor SCHIEFFER, Eheschließung und Ehescheidung im Hause der karolingischen Kaiser und Könige, Theologisch-praktische Quartalschrift 116, 1968, S. 37-43; zur Gleichbehandlung von Männern und Frauen im Gegensatz zum weltlichen Recht vgl. GRAF (wie Anm. 10) S. 43ff. - Gegen die These einer Verbesserung im angelsächsischen England und für eine allmähliche Angleichung an die post-conquest-Phase aber Anne L. KLINCK, Anglo-Saxon Women and the Law, Journal of Medieval History 8, 1982, S. 107-121.

12   Jonas von Orléans, De institutione laicali 2,4, MIGNE PL 106, Sp. 177; vgl. Theodulf von Orléans II,5,6, MGH Capit. episc. S. 162f.; Egbert, Poenitentiale 1,20, MIGNE PL 89, Sp. 406 (die Frau dürfe den Mann verlassen, wenn dieser impotent sei); ebd. 2,8, Sp. 417 (Verlassen des Mannes oder der Frau ist Ehebruch).

13   Annales Bertiniani a. 863, ed. Felix GRAT, Jeanne VIELLIARD und Suzanne CLÉMEN-CET, Paris 1964, S.101ff.; vgl. Gregor von Tours, Historiae 4,28, ed. Bruno KRUSCH und Wilhelm LEVISON, MGH SS rer. Mer. 1, ²1951, S. 160f., zu Galswintha, die ihren Mann verlassen wollte, aber ermordet wurde.

14   Vgl. Elizabeth Lynn HALLGREN, The Legal Status of Women in the Leges barbarorum. Diss. Univ. of Colorado 1977; Karl KROESCHELL, Söhne und Töchter im germanischen Erbrecht, in: Studien zu den germanischen Volksrechten. Gedächtnisschrift für Wilhelm EBEL (Rechtshistorische Reihe 1) Frankfurt-Bern 1982, S. 87-116.

15   David HERLIHY, Land, Family, and Women in Continental Europe, 701-1200, Traditio 18, 1962, S. 89-120 (abgedr. in: Women in Medieval Society, wie Anm. 10, S. 13-45).

Königin Nanthild etwa ein Drittel des Erworbenen.[16] Frauen traten trotz des Verbots der Lex Salica als Grundbesitzerinnen und Tradentinnen auf.[17] Wenn Ingotrude ihre Tochter vom väterlichen Erbe auszuschließen gedachte, so stand dieser grundsätzlich ein Anteil daran zu;[18] wenn die Synode von Dingolfing (770) verbot, die Enterbung eines Mannes auf das Gut seiner Frau auszudehnen,[19] so weist diese Bestimmung auf eine grundsätzliche Trennung des Besitzes von Mann und Frau. Auch hier ist im übrigen mit einer allmählichen Verbesserung der erbrechtlichen Situation aus kirchlichem Einfluß heraus zu rechnen.[20]

- Viertens schließlich gilt die in den Volksrechten bezeugte **Schutzbedürftigkeit** der Frauen, die der Schutzherrschaft (Munt) des Mannes erst ihren legitimierenden, sozialen Sinn verleiht[21] - im Vertrag von Andelot gelobten die Partner, Guntchramn, Childebert und Brunichild, gegenseitig den Schutz von Frau, Mutter, Töchtern und Schwestern[22] -, als Ausfluß einer (rechtsmindernden) Wehrlosigkeit.[23] Das ist insofern richtig, als der Schutz offenbar erlosch, wenn dieses Kriterium nicht mehr gegeben war und eine Frau selbst in den Kampf eingriff.[24] Der "Frauenschutz" vor Angriffen und unsittlichen Berührungen drückt zugleich aber eine Wertschätzung der Frau aus, die durch ein hohes

---

16   Fredegar 4,85, ed. Bruno KRUSCH, MGH SS rer. Mer. 2, 1888, S. 164. Das bayerische Recht sah eine Teilerbschaft der Frau bei Kinderlosigkeit vor (Lex Baiuvariorum 15,7, ed. Ernst HEYMANN, MGH LL nat. Germ. 5,2, 1926, S. 429); der westgotische Codex Eurici 320 behandelte Söhne und Töchter im Erbrecht gleich (wie Anm. 8, S. 21; vgl. Lex Visigothorum IV,2,1, ebd. S. 174). Der Pactus legis Alamannorum 34,2, ed. Karl LEHMANN und Karl August ECKHARDT, MGH LL nat. Germ. 5,1, 1966, S. 33, sprach Töchtern alle Bettsachen zu.

17   Auf die privatrechtliche Bedeutung der Besitzverfügung hat jüngst Ingrid HEIDRICH, Von Plectrud zu Hildegard. Beobachtungen zum Besitzrecht adliger Frauen im Frankenreich des 7. und 8. Jh. und zur politischen Rolle der Frauen der frühen Karolinger, Rheinische Vierteljahresblätter 52, 1988, S. 1-15, hingewiesen (während Frauen in Königsurkunden zurücktraten). Zum Besitzrecht vgl. den Beitrag von Ingrid HEIDRICH (in diesem Band, S. 119-138).

18   Gregor von Tours, Historiae 9,33 (wie Anm. 13) S. 452ff.

19   MGH Conc. 2, Nr. 15, c. 12, S. 96.

20   Vgl. HALLGREN (wie Anm. 14). Überspitzt ist aber die These von Jack GOODY, The Development of the Family and Marriage in Europe (Past and Present Publications) Cambridge 1983, die Kirche habe bewußt eine frauenfreundliche Ehepolitik betrieben, um die Frauen und deren Besitz an sich zu binden.

21   Vgl. KETSCH (wie Anm. 10) Bd. 2, S. 147.

22   Gregor von Tours, Historiae 9,20 (wie Anm. 13) S. 434ff.

23   Vgl. HALLGREN (wie Anm. 14) S. 142ff.

24   So jedenfalls Lex Burgundionum 33,5 (wie Anm. 8) S. 67.

Wergeld noch verdeutlicht wird: Besonders die gebärfähige Frau genoß im fränkischen Recht ein dreifaches Wergeld,[25] wie es sonst für den Königsschutz charakteristisch ist (der bei Männern ja gern als Indiz eines sozialen Aufstiegs gedeutet wird). Die erwachsene freie Frau, so faßt Elizabeth Hallgren die Beobachtungen über die Bußsätze der Leges zusammen, hatte in allen Volksrechten mindestens den gleichen Wert wie der Mann.[26] Die Gesetze belegen (neben der Wehrlosigkeit der Frau) somit dreierlei: einmal eine Wertschätzung, die die These einer bewußten Benachteiligung um des Geschlechtes willen relativiert und die Frau, in anderer Hinsicht, vielmehr als dem Mann durchaus ebenbürtig erweist; minderes Recht und Wehrlosigkeit der Frauen erschienen den Vorstellungen und Normen der Zeitgenossen jedenfalls nicht als Ausdruck einer Minder*wertigkeit*. Zum andern aber war der Schutz wegen der Belästigungen durch Männer anscheinend nötig,[27] war die Frau auch das Ziel männlichen Verlangens: Der jugendliche König Ludwig starb an den Folgen eines Unfalls, weil er sich bei der Verfolgung eines Mädchens, das sich in das väterliche Haus flüchtete, die Brust quetschte, als er durch die Tür reiten wollte.[28] Schließlich aber eröffneten sich den Frauen gerade in dem geschützten Rechtszustand potentielle Handlungsspielräume.[29] Die in ver-

---

25 Pactus legis Salicae 41,15f., ed. Karl August ECKHARDT, MGH LL nat. Germ. 4,1, 1962, S. 160f. Daß der Bußsatz für die Tötung einer schwangeren Frau in den vermutlich jüngeren Fassungen der Lex Salica von 800 auf 300 *solidi* herabgestuft wird (Lex Salica 31, ed. Karl August ECKHARDT, MGH LL nat. Germ. 4,2, 1969, S. 70f.), deutet Gabriele von OLBERG, Aspekte der rechtlich-sozialen Stellung der Frauen in den frühmittelalterlichen Leges, in: Frauen in Spätantike und Frühmittelalter (wie Anm. 6) S. 221-235, als Ablösung der älteren Kriterien, der weiblichen Gebär- und der männlichen Kriegsfähigkeit, durch ständerechtliche Maßstäbe.

26 HALLGREN (wie Anm. 14) S. 180. Vgl. David HERLIHY, Life Expectancies for Women in Medieval Society, in: The Role of Women in the Middle Ages, hg. v. Rosemarie Thee MOREWEDGE, Albany 1975, S. 1-22. DERS., The Medieval Marriage Market, Medieval and Renaissance Studies 6, 1976, S. 3-27, leitet aus dem Schutz die These eines Frauenmangels ab.

27 Zur Brutalität vgl. Lex Baiuvariorum 8,5 (wie Anm. 16) S. 356, zur Bestrafung eines Mannes, der einer jungen Frau die Haare vom Kopf gerissen hat.

28 Annales Vedastini a. 882, ed. Bernhard von SIMSON, MGH SSrG 1909, S. 52.

29 Ein langobardisches Gesetz (Liudprand 141, ed. Franz BEYERLE, Leges Langobardorum, Germanenrechte n.F. 9, 1962, S. 170) regelt den Fall, daß Männer ihre Frauen vorschickten, um ein Haus im Dorf anzugreifen. Das Gesetz offenbart damit gleichsam den rechts- und straffreien Raum der Frauen, der hier geschickt genutzt wird, auch wenn es dabei sicherlich um eine Ausnahmehandlung geht. SCHMIDT-WIEGAND (wie Anm. 6) betont, daß die Volksrechte die Grenzen der weiblichen Lebenswelt erkennen lassen, aber auch Ansätze zu deren Ausbau bieten.

schiedener Hinsicht eingeschränkte Rechtsstellung fränkischer Frauen hatte jedenfalls weder eine Rechtlosigkeit noch eine Handlungsunfähigkeit zur Folge.

(2) Weibliche Lebensformen

Die zweite These, daß den Frauen keine spezifisch weibliche Lebensform offenstand, ist insofern richtig, als es überall ein männliches Pendant gab: den Ehemann zur Ehefrau, den Mönch zur Nonne. Versteht man unter "Lebensformen" strukturell - das heißt im mittelalterlichen Sinne auch: "ständisch" - grundlegend voneinander geschiedene Formen sozialen Lebens, dann waren männliche und weibliche Lebensformen demnach selbst dann nicht strikt verschieden, wenn der Lebensraum getrennt war: Mönche und Nonnen führten ein einander sehr ähnliches monastisches Leben, wenngleich sie sich auf verschiedene Klöster verteilten.[30] Gleiche Lebensformen engen freilich weder von vornherein das Spektrum weiblicher Lebensgestaltung ein, noch schließen sie eine spezifisch weibliche Ausprägung aus. Eine andere Frage nämlich ist es, welche Möglichkeiten der (an der alltäglichen Praxis orientierten) Lebens*gestaltung* es innerhalb dieser Lebensformen gab. Es bleibt zu prüfen, ob sich vielleicht darin Merkmale finden lassen, die für Frauen besonders charakteristisch waren.

Folgt man den Überblicksdarstellungen, so kannte das frühe Mittelalter vor allem zwei weibliche Lebensformen, die zudem gern als Alternativen betrachtet werden: eine weltliche, die **Ehefrau,** und eine geistliche, die **Nonne** (bzw. die in religiösen Gemeinschaften lebende Frau).[31] Damit ist zweifellos Wesentli-

---

30   Gegen eine strikte Trennung von angelsächsischen Mönchs- und Nonnenklöstern vgl. Dagmar SCHNEIDER, Anglo-Saxon Women in the Religious Life. A Study of the Status and Position of Women in an Early Mediaeval Society, Diss. (masch.) Cambridge 1985, S. 38ff., und Joan NICHOLSON, *Feminae gloriosae*: Women at the age of Bede, in: Medieval Women, hg. v. Derek BAKER (= Festschr. Rosalind M. T. HILL), Oxford 1978, S. 15-29.

31   Dahinter stand nicht eine eindeutige Wertordnung zugunsten der Jungfräulichkeit, wie sie manche Schriften der Kirchenväter nahelegen; in der frühmittelalterlichen Gesellschaft stand die Heilige vielmehr noch im Gegensatz zu ihrer Familie, die für die Töchter eine Ehe anstrebte; vgl. GAUWERKY (wie Anm. 5) S. 218; Maria STOECKLE, Studien über Ideale in Frauenviten des VII. - X. Jh., Diss. (masch.) München 1957, S. 27ff. Auch in der theologischen Literatur verlor das Ideal der Jungfräulichkeit zunehmend an Gewicht. Zum Thema vgl. John BUGGE, Virginitas. An Essay in the History of a Medieval Ideal, Den Haag 1975; Angela M. LUCAS, Women in the Middle Ages. Religion, Marriage and Letters, Brighton 1983, S. 19ff. Zu verschiedenen Aspekten der Laienfrau vgl. zuletzt Jean VERDON, Les femmes laïques en Gaule au temps des Mérovingiens: les réalités de la vie quotidienne, in: Frauen in Spätantike und Frühmittelalter (wie Anm. 6) S. 239-261.

ches erfaßt, ist die *Vielfalt der Lebensformen*, die sich in den Quellen spiegelt, jedoch zu sehr nivelliert. Neben Ehefrauen und Nonnen gab es Witwen und durchaus auch unverheiratete Frauen. "Verschieden sind die Glieder der Kirche", schrieb Agobard von Lyon: "Die einen sind Ehemänner, die anderen Ehefrauen, die einen Witwer, die anderen Witwen, die keinen Ehepartner mehr suchen; die einen bewahren ihre Unversehrtheit von Jugend an, die anderen weihen ihre Jungfräulichkeit Gott."[32] Karl der Große ließ seinen Töchtern in der "Divisio regnorum" von 806 entsprechend drei Wahlmöglichkeiten: zu heiraten, ins Kloster zu gehen oder unverheiratet unter dem Schutz eines Bruders zu leben.[33] Die gleichen Möglichkeiten boten sich der Witwe. (Judith, die Tochter Karls des Kahlen und Witwe des angelsächsischen Königs Aethelbald, wurde verurteilt, weil sie weder enthaltsam leben noch wiederheiraten wollte, sondern in wilder Ehe dem Grafen Balduin von Flandern folgte.[34]) Da gerade Jungfrauen und Witwen oft in besonders engem Bezug zum religiösen Leben standen, sollte man auch die Trennung zwischen weltlicher und geistlicher Lebensform nicht überbetonen.

Selbst innerhalb der beiden Grundformen Ehe und Kloster präsentierte sich die Lebenswirklichkeit differenzierter.[35]
- Einmal spielte natürlich der soziale *Stand* eine Rolle: Eine Wahl zwischen Kloster- und Eheleben hatte allenfalls der Adel. Für die Lage der Bäuerin war es dagegen entscheidend, ob sie frei oder hörig bzw., im letzteren Fall, ob sie

---

32 Agobard von Lyon, Liber contra eorum superstitionem qui picturis et imaginibus sanctorum adorationis obsequium deferendum putant 7, MIGNE PL 104, Sp. 206: *Omnis ecclesia virgo appellata est. Diversa esse membra Ecclesiae, diversis pollere donis videtis atque gaudetis. Alii coniugati, aliae coniugatae; alii viduati, uxores ultra non quaerunt; aliae viduatae, maritos ultra non quaerunt; alii integritatem ab ineunte aetate conservant; aliae virginitatem suam Deo voverunt. Diversa sunt munera, sed omnes isti, una virgo est.*

33 MGH Capit. 1, Nr. 45, c. 17, S. 129.

34 Annales Bertiniani a. 862 (wie Anm. 13) S. 87f.

35 Werner AFFELDT, Frühmittelalter und Historische Frauenforschung, in: Frauen in der Geschichte VII: Interdisziplinäre Studien zur Geschichte der Frauen im Frühmittelalter. Methoden - Probleme - Ergebnisse, hg. v. Werner AFFELDT u. Annette KUHN, Düsseldorf 1986, S. 10-30, hier S. 25, fordert eine Differenzierung nach Schicht und Stand, Lebenszyklus, Zeit und Region sowie Tätigkeitsbereich.

Hufenbäuerin oder Hofhörige war.[36] Gerade Hofhörige blieben wohl nicht selten unverheiratet und lebten gewissermaßen unter dem Schutz ihres Herrn.

- Sodann wäre die jeweilige *Funktion* zu unterscheiden, wobei sich jeweils recht unterschiedliche Möglichkeiten der Lebensgestaltung boten: bei den Laien etwa als Königin, adlige Herrin oder Bäuerin, im Kloster als Äbtissin oder einfache Nonne.

- Auch das *Alter* war wichtig: eine gebärfähige oder gar eine schwangere Frau wurde in den Volksrechten anders eingestuft als eine noch nicht oder nicht mehr gebärfähige Frau; in anderen Zusammenhängen spielten Mündigkeit, Ehe und Mutterschaft eine Rolle.

- Ferner gab es bei den Laien bekanntlich verschiedene *Eheformen*: die Muntehe, die Friedelehe und das Konkubinat,[37] und ähnlich differenziert gestalteten sich, trotz zeitweiliger begrifflicher Unschärfe, die *Formen des religiösen Lebens*: als Nonne im Kloster, als Diakonisse im Stift oder als sich dem religiösen Leben verpflichtende Frau im eigenen Haus.[38] Und selbst im Kloster waren die Unterschiede beträchtlich, darf man die trotz der ansehnlichen Zahl merowingischer und auch noch karolingischer Frauenviten relativ wenigen Heiligen (über die wir aus den Quellen am meisten erfahren) nicht mit den "normalen" Nonnen gleichsetzen, von denen die Quellen wiederum meist nur im anderen Extrem berichten: Genoveva überführte beispielsweise eine nicht mehr jungfräuliche Nonne,[39] und im Kloster der hl. Lioba in Tauberbischofsheim wurde eine Nonne von erbosten Bauern dabei ertappt, wie sie ihr

---

36 WEMPLE (wie Anm. 3) S. 56f., betrachtet die Ehe zu Recht als Möglichkeit des sozialen Aufstiegs, sie war bei ständischer Mischehe freilich ebenso (und bedrohlicher) mögliche Ursache eines sozialen Abstiegs. Daß die Unauflöslichkeit der Ehe den sozialen Aufstieg verhindere (so ebd. S. 95), wage ich zu bezweifeln.

37 Zu den Eheformen der Könige vgl. Silvia KONECNY, Die Frauen des karolingischen Königshauses. Die politische Bedeutung der Ehe und die Stellung der Frau in der fränkischen Herrscherfamilie vom 7. bis zum 10. Jh. (Dissertationen der Universität Wien 132) Wien 1976; zum Konkubinat, dem erst der kirchliche Einfluß die Legalität nahm: Margaret Clunies ROSS, Concubinage in Anglo-Saxon England, Past and Present 108, 1985, S. 3-34.

38 So etwa im Edikt Chlothars II. von 614: MGH Capit. 1, Nr. 9, c. 18, S. 23. Die Unterschiede hat Donald Dee HOCHSTETLER, A Conflict of Traditions: Consecration for Women in the Early Middle Ages, Diss. Michigan State Univ. 1981, herausgearbeitet. Zu irischen Frauenklöstern: Lisa M. BITEL, Women's Monastic Enclosures in Early Ireland. A Study of Female Spirituality and Male Monastic Mentalities, Journal of Medieval History 12, 1986, S. 15-36.

39 Vita Genovevae 31, ed. Bruno KRUSCH, MGH SS rer. Mer. 3, S. 228.

Kind ertränkte.[40] Auch hier lag zwischen Heiligkeit und verwerflicher Todsünde, zwischen denen sich der Klosteralltag vollzog, ein weiter Spielraum.
- Schließlich sind räumliche und entwicklungsgeschichtliche Unterschiede zu beachten. Gerade im bewegten Frühmittelalter unterlagen die verschiedenen Lebensformen (auch in ihrem Verhältnis zueinander) wie auch die Lebensgestaltung innerhalb *einer* Lebensform einer historischen Entwicklung. Susanne Wittern hat das exemplarisch an den beiden frommen, merowingischen Königinnen und Klostergründerinnen Radegund und Balthild aufgezeigt: Im Gegensatz zu Radegund stand Balthild ein Jahrhundert später nicht mehr im Widerspruch zu ihrer weltlichen Stellung als Königin; der Gegensatz weltlich - christlich hatte sich zu einem innerchristlichen Gegensatz weltlich - klösterlich gewandelt.[41] Auch hier wäre allerdings noch stärker zu differenzieren, bildet doch Chlodwigs Gemahlin Chrodechilde, die maßgeblich zur Bekehrung des Königs beitrug, ein noch früheres Beispiel für eine christliche Haltung am Hof.

Weibliche Lebensgestaltung stellt sich im frühen Mittelalter also insgesamt sehr verschiedenartig dar. Verdeckt die Polarisierung in ein eheliches und ein religiöses Leben einerseits diese weit differenziertere Wirklichkeit, die sich auch in der Fülle unterschiedlicher Bezeichnungen, etwa in Bußbüchern, enthüllt,[42] so verschüttet sie andererseits die engen Zusammenhänge: Adlige Laienfrauen gründeten Klöster für ihren Lebensabend oder für ihre Töchter[43] und statteten sie mit Gütern aus;[44] Ehefrauen führten ein frommes Leben, wie Gisela, die zum zweiten Mal verheiratet war und, *ut solita est*, die Zelle der hl. Walburga betrat, um zu beten.[45] Umgekehrt hat Donald Hochstetler die Beliebtheit gerade des Kanonissentums beim frühmittelalterlichen Adel mit guten Gründen auf die weiterhin enge Bindung an die Adelsfamilie zurückgeführt.[46]

---

40   Rudolf von Fulda, Vita Leobae 12, ed. Georg WAITZ, MGH SS 15, S. 126f.

41   Susanne WITTERN, Frauen zwischen asketischem Ideal und weltlichem Leben. Zur Darstellung des christlichen Handelns der merowingischen Königinnen Radegunde und Balthilde in den hagiographischen Lebensbeschreibungen des 6. und 7. Jh., in: Frauen in der Geschichte VII (wie Anm. 35) S. 272-294.

42   Vgl. Elke KRÜGER, Überlegungen zum Quellenwert der irischen Bußbücher für Historische Frauenforschung, in: Frauen in der Geschichte VII (wie Anm. 35) S. 154-170.

43   Vgl. HEIDRICH (wie Anm. 17).

44   Vgl. SCHNEIDER (wie Anm. 30).

45   Wolfhard von Herrieden, Miracula Waldburgis 3,5, ed. Oswald HOLDER-EGGER, MGH SS 15, S. 549.

46   HOCHSTETLER (wie Anm. 38) S. 334ff. Den engen Kontakt mit der Welt betont auch SCHNEIDER (wie Anm. 30) S. 64ff.

Die vielfältigen Möglichkeiten bedeuten freilich nicht, daß die verschiedenen Formen jeweils frei wählbar gewesen wären. In den weitaus meisten Fällen war die Zugehörigkeit vielmehr systembedingt. (Der Eintritt ins Kloster, in den meisten Fällen ohnehin im Kindesalter durch die Eltern veranlaßt, diente auch nicht *immer* der asketischen Selbstverwirklichung,[47] sondern, von anderen erzwungen, manchmal auch der Ausschaltung von politischen Gegnern.) Das ist allerdings wiederum ein Charakterzug, der nicht nur und auch nicht in besonderem Maße für Frauen galt.[48]

Schon die Annahme einer lebensweltlichen Alternative von Ehe und Kloster[49] geht fehl: Wer das Klosterleben aus dem Überlebenskampf der Frauen in einer Männerwelt[50] oder als Flucht vor dem Ehemann deutet,[51] dürfte Mühe haben, die Existenz der zahlreichen Mönchsklöster zu erklären. Die "Flucht" vor oder aus der Ehe entsprang den Quellen zufolge in erster Linie vielmehr dem Wunsch nach einem heiligmäßigen Leben.[52] Wenn die hl. Gertrud eine Ehe zugunsten der Christusnachfolge verschmähte, so war das eben, in toposhaf-

---

47 So Rosemary RUETHER, Ascetic Women in the Late Patristic Age, in: Women of Spirit. Female Leadership in the Jewish and Christian Tradition, hg. v. Rosemary RUETHER u. Eleonor McLAUGHLIN, New York 1979, S. 71-98, zur Spätantike.

48 Wieweit Frauen auch in dieser Hinsicht besonders abhängig waren, bedarf noch genauerer Untersuchungen. Erkennbar ist hier allenfalls - aber nicht ausschließlich - eine striktere Familienbezogenheit, und auch das Kloster bildete ja eine "familia". Vgl. HALLGREN (wie Anm. 14) S. 190ff. WEMPLE (wie Anm. 3) S. 97ff. sieht durch die Unauflöslichkeit der Ehe die Tendenz zur familiären Abschließung verstärkt.

49 Vgl. WEMPLE (wie Anm. 3), mit bezeichnendem Titel; GAUWERKY (wie Anm. 5) S. 183ff.; Werner AFFELDT/Sabine REITER, Die Historiae Gregors von Tours als Quelle für die Lebenssituation von Frauen im Frankenreich des 6. Jh., in: Frauen in der Geschichte VII (wie Anm. 35) S. 192-208; Petra HEIDEBRECHT/Cordula NOLTE, Leben im Kloster: Nonnen und Kanonissen. Geistliche Lebensformen im frühen Mittelalter, in: Weiblichkeit in geschichtlicher Perspektive (wie Anm. 2) S. 79-115. - Zum Problem vgl. den Beitrag von Dagmar BALTRUSCH-SCHNEIDER (in diesem Band, S. 45-64).

50 So Jo-Ann McNAMARA, A Legacy of Miracles: Hagiography and Nunneries in Merovingian Gaul, in: Women of the Medieval World. Essays in Honour of John H. MUNDY, hg. v. Julius KIRSHNER u. Suzanne F. WEMPLE, Oxford 1985, S. 36-52.

51 So WEMPLE (wie Anm. 3) S. 190f., die die abnehmende Attraktivität der Frauenklöster im 9. Jh. mit der gesteigerten Würde der Ehefrau in dieser Zeit erklärt.

52 Das übersieht auch Marc GLASSER, Marriage in Medieval Hagiography, Studies in Medieval and Renaissance History, n.s. 4, 1981, S. 1-34. Richtig dagegen Cordula NOLTE, Klosterleben von Frauen in der frühen Merowingerzeit. Überlegungen zur Regula ad virgines des Caesarius von Arles, in: Frauen in der Geschichte VII (wie Anm. 35) S. 257-271, die zu Recht das Motiv der Askese in den Mittelpunkt geistlichen Lebens stellt.

ter, hagiographischer Darstellung, die Handlungsweise einer Heiligen.[53]
Überhaupt nahmen im Laufe der fränkischen Zeit die Tendenzen zu, schon die
Kinder in klösterliche Obhut zu geben, so daß sich eine frei gewählte Alternative zunächst gar nicht stellte.[54] Eltern sollten ihre Töchter zwar nicht gegen
deren Willen zur Ehe zwingen, wenn sie lieber ins Kloster wollten.[55] Umgekehrt beweisen jedoch schon die häufig als Strafe verhängten Heiratsverbote,
daß die Ehe eine durchaus gewollte und allgemein anerkannte Lebensform
war.[56] Eltern sollten ihre Töchter nicht länger als nötig unverheiratet lassen
(weil sonst die Gefahr ihrer "Korruption" bestand),[57] und Witwen wurden vor
zu schneller Verschleierung gewarnt.[58] Kritisiert wurde lediglich, wenn jemand
wie Judith, die Gemahlin Ludwigs des Frommen, den einmal gewählten geistlichen Stand erneut zugunsten der Ehe aufgab.[59]

Die Unterscheidung von ehelichem und klösterlichem Leben - mit all ihren
Varianten - repräsentiert im übrigen nur *eine* mögliche Betrachtungsweise der
Lebensgestaltung. Daneben lassen sich verschiedene Tätigkeitsbereiche
abgrenzen, die allerdings im Rahmen des Ehe- oder Klosterlebens ausgeübt
werden konnten und wiederum nicht als ausschließlich weiblich anzusehen

---

53 Vita Geretrudis 1, ed. Bruno KRUSCH, MGH SS rer. Mer. 2, S. 454f. Balthild wiederum
    floh aus dem Bett Erchinoalds, um später Königin zu werden: Vita Balthildis 2, ed.
    Bruno KRUSCH, ebd. S. 484f.

54 NOLTE (wie Anm. 52) weist zu Recht darauf hin, daß der Eintritt in ein Kloster nicht nur
    Auflehnung bedeutete, sondern in erster Linie dem töchterlichen Gehorsam entsprang.

55 So Egbert, Poenitentiale 1,20 (wie Anm. 12) Sp. 406: *Parentes debent mulieres
    matrimonio jungendas viris tradere, excipe si ipsa omnino contradixerit, quod eum
    nolit, tunc illa, si ipse velit, hoc omittere potest, et ad monasterium aditum eligere, si
    ipsa velit.* - Solche Fälle schildern Jonas, Vita Columbani 2,12, ed. Bruno KRUSCH,
    MGH SS rer. Mer. 4, S. 133f. (Gisiltrudis) und die Vita Sadalbergae 6, ed. Bruno
    KRUSCH, SS rer. Mer. 5, S. 53f.

56 MGH Capit. 1, Nr. 156, c. 1, S. 315 von 814/40 (bei Frauenraub); Nr. 176, c. 4, S. 361
    (bei Tötung eines Bischofs); MGH Conc. 3, Nr. 26, c. 9/11, S. 247f. (Mainzer Synode
    von 852: bei Kindestötung und Mord); ebd. Nr. 11, c. 67, S. 116 (Synode von Meaux-
    Paris 845/46: bei Nonnenraub). - Zur Wertschätzung der Ehe vgl. Pierre TOUBERT, La
    théorie du mariage chez les moralistes carolingiens, in: Il matrimonio nella Società
    altomedievale (Settimane di studio del centro italiano sull'alto medioevo 24) Spoleto
    1977, S. 233-282.

57 MGH Conc. 3, Nr. 23, c. 9, S. 224 (Konzil von Pavia 850).

58 MGH Capit. 1, Nr. 138, c. 21, S. 228 von 818/19; 2, Nr. 196, c. 51, S. 42, von 829.

59 Agobard von Lyon, Libri duo pro filiis et contra Iudith uxorem Ludovici Pii 2,3, ed.
    Georg WAITZ, MGH SS 15, S. 277 (*quod esse iam nullatenus poterat*). In seiner
    polemischen Schrift verschweigt Agobard allerdings, daß Judiths Klostereintritt von den
    Söhnen erzwungen war.

sind. Die Quellen bringen Frauen beispielsweise mit Prophezeiungen und Visionen in Verbindung:[60] In Paris sagte eine Frau die Zerstörung der Stadt durch einen Brand voraus.[61] Solche Fähigkeiten gerieten freilich leicht in den Verdacht der Zauberei - Pariser *maleficae* sollten eine Seuche herbeigezaubert haben[62] - und einer (nicht mehr göttlich inspirierten) Wahrsagerei, eines Pseudoprophetentums, wie bei der Alamannin Thiota, die behauptete, den Tag des Weltuntergangs zu kennen und damit nicht nur Frauen und Männer aus dem Volk, sondern sogar Geistliche anlockte,[63] oder bei jener unfreien Frau bei Gregor von Tours, die ihren Herren dank ihrer Wahrsagekunst viel Geld einbrachte und die nach ihrer Freilassung Diebstähle aufklärte und deshalb vom Volk verehrt wurde, weil man auch das für etwas Heiliges hielt, während sie nach Gregor tatsächlich von einem Dämon besessen war.[64] Corbinian schalt eine Bäuerin, die den Herzogssohn durch *carmina et artes* gesund machen wollte.[65] Mehrfach suchten Frauen durch Zaubertränke zu töten oder zu sterilisieren: Die Mutter einer Magd der Königin Fredegunde, in die König Chilperich sich verliebt hatte, tötete deren Kinder durch *maleficia*;[66] nach Gregor von Tours machte sich auch Fredegund selbst dieses Verbrechens schuldig.[67] Eine solche, oft als heidnisch oder als verbrecherisch gebrandmarkte Betätigung ist aber wohl auch in unmittelbarem Zusammenhang mit der

---

60 Vgl. die Traumvision der Mutter Columbans: Jonas, Vita Columbani 1,2 (wie Anm. 55) S. 67; Rudolf von Fulda, Vita Leobae 6/8 (wie Anm. 37) S. 124f. Zur prophetischen Literatur vgl. Elizabeth Alvilda PETROFF, Medieval Women's Visionary Literature, New York-Oxford 1986. Die Mehrzahl der frühmittelalterlichen Visionäre, deren Visionen schriftlich niedergelegt wurden, nämlich 26 von 31 bis zum Jahre 900, war allerdings männlich; vgl. die Liste bei Peter DINZELBACHER, Vision und Visionsliteratur im Mittelalter (Monographien zur Geschichte des Mittelalters 23) Stuttgart 1981, S. 13ff.

61 Vgl. Gregor von Tours, Historiae 8,33 (wie Anm. 13) S. 401ff.

62 Gregor von Tours, Historiae 6,35 (wie Anm. 13) S. 305f. Zum Problem vgl. Monica BLÖCKER, Frauenzauber - Zauberfrauen, Zeitschrift für Schweizerische Kirchengeschichte 76, 1982, S. 1-39. Heide DIENST, Zur Rolle von Frauen in magischen Vorstellungen und Praktiken - nach ausgewählten mittelalterlichen Quellen, in: Frauen in Spätantike und Frühmittelalter (wie Anm. 6) S. 173-194, bezweifelt, allerdings nicht auf frühmittelalterliche Quellen gestützt, daß die Magie ein spezifisch weiblicher Handlungsbereich war. Vgl. Ludolf KUCHENBUCH (in diesem Band, S. 169).

63 Annales Fuldenses a. 847, ed. Friedrich KURZE, MGH SSrG 1891, S. 36f.

64 Gregor von Tours, Historiae 7.44 (wie Anm. 13) S. 364f.

65 Arbeo von Freising, Vita Corbiniani 29, ed. Bruno KRUSCH, MGH SSrG 1920, S. 221f.

66 Gregor von Tours, Historiae 5,39 (wie Anm. 13) S. 245ff.; vgl. ebd. 10,8, S. 490. Vgl. auch Pactus legis Salicae 19,4 (wie Anm. 25) S. 82.

67 Historiae 8,29 (wie Anm. 13) S. 391ff.; 8,31, S. 397ff.; 8,41, S. 407f.

Heilkunde zu sehen:[68] Das alemannische Volksrecht schützte Frauen vor einer Verleumdung als Hexe (*stria*) oder "Kräutertrankmischerin" (*herbaria*).[69]

Andere Handlungsbereiche der Frauen seien nur noch kurz angedeutet: etwa ihre Rolle in der Mission und Glaubensverbreitung,[70] in Kultur und Bildung - mit möglicherweise besserer Ausbildung, als sie den Männern zuteil wurde[71]-, als Mäzene[72] ebenso wie als Schreiberinnen und Autorinnen - die vielstrapazierte Dhuoda ist durchaus nicht das einzige frühmittelalterliche Beispiel, wie manche Darstellungen glauben machen können[73] -, sodann als Erzieherin,[74] schließlich im Arbeitsprozeß[75] oder als (im frühen Mittelalter allerdings noch nicht gewerbsmäßig zu verstehende) "Prostituierte": Bonifatius wollte Frauen die Romfahrt verbieten, weil die Gefahr der - in diesem Fall freiwilligen - Prostitution zu groß sei.[76]

Über alldem breiteten sich schließlich in allen behandelten Lebensformen mitunter recht weitreichende individuelle Unterschiede aus, die den Handlungs-

---

68 Paul DIEPGEN, Frau und Frauenheilkunde in der Kultur des Mittelalters, Stuttgart 1963.

69 Pactus legis Alamannorum 13/14 (wie Anm. 16) S. 24.

70 Vgl. dazu Felice LIFSHITZ, Des femmes missionnaires: L'exemple de la Gaule franque, Revue d'histoire ecclésiastique 83, 1988, S. 5-33.

71 So Joan M. FERRANTE, The Education of Women in the Middle Ages in Theory, Fact and Fantacy, in: Beyond Their Sex. Learned Women of the European Past, hg. v. Patricia H. LABALME, New York-London 1980, S. 9-42.

72 Vgl. LUCAS (wie Anm. 31) S. 170ff.

73 Vgl. ebd. S. 157ff.; The Writings of Medieval Women, hg. v. Marcelle THIÉBAUX, New York-London 1987, S. 65ff.; James MARCHAND, The Frankish Mother: Dhuoda, in: Medieval Women Writers, hg. v. Katharina M. WILSON, Manchester 1984, S. 1-29; Peter DRONKE, Women Writers in the Middle Ages. A Critical Study of Texts from Perpetua († 203) to Marguerite Porete († 1310), Cambridge/Mass. 1984, S. 36ff. WEMPLE (wie Anm. 3) S. 192, glaubt, völlig abwegig, ein Ende weiblicher Kreativität infolge der karolingischen Renaissance feststellen zu können, die die Frauen im Kloster einschloß. Zu Autorinnen vgl. Klaus ARNOLD, Die Frau als Autorin - und die Autorin als Frau im europäischen Mittelalter, in: Aufgaben, Rollen und Räume von Frau und Mann, hg. v. Jochen MARTIN und Renate ZOEPFFEL, Freiburg-München 1989, S. 709-729. Zur Frauenbildung vgl. den Beitrag von Rosamond McKITTERICK (in diesem Band, S. 65-118).

74 Abgesehen von der Betreuung der Kleinkinder ist eine Ausbildungstätigkeit nur von Nonnen und Heiligen überliefert.

75 Dazu Jutta BARCHEWITZ, Von der Wirtschaftstätigkeit der Frau in der vorgeschichtlichen Zeit bis zur Entfaltung der Stadtwirtschaft, Breslau 1937; Luise HESS, Die deutschen Frauenberufe des Mittelalters, München 1940. Zu diesem Aspekt vgl. den Beitrag von Ludolf KUCHENBUCH (in diesem Band, S. 139-175).

76 Bonifatius, ep. 78, ed. Michael TANGL, MGH Epp. sel. 1, 1916, S. 169.

spielraum entscheidend beeinflußten und schon von daher der dritten vorangestellten These einer eingeschränkten Handlungsfreiheit widersprechen.

(3): **Handlungsspielraum**

Wenn Hallgren feststellt, nach Aussage der Volksrechte habe die Rolle der
Ehefrau darin bestanden, Kinder zu zeugen und ihnen Besitz zu geben,[77] so
ist das, abgesehen von der Tatsache, daß Rechtsquellen nur bestimmte
Aspekte beleuchten und damit nur eine Teilrealität offenlegen, sicher richtig,
erschien den mittelalterlichen Menschen aber noch keineswegs als Einschränkung. Der Rückbezug auf die Familie einschließlich der Kindererziehung[78]
bedeutete nicht eine Schwächung des weiblichen Einflusses; Jo Ann McNamara und Suzanne Wemple haben vielmehr darauf verwiesen, daß die Frauen
gerade von dieser Basis aus - und mit der gesellschaftlichen Stärkung der
Familie im Laufe der Karolingerzeit noch zunehmend - Einfluß nahmen.[79]
Wenn die frühmittelalterliche Frau "Hausfrau" (*domina*) war, so umfaßte das
"Haus" eben die gesamte Domäne; der Begriff enthielt keinerlei beeinträchti-
genden Nebensinn, sondern betonte im Gegenteil die Stellung als "Herrin" des
Hauses und Besitzes, den sie - auch außerhalb der Heimstätte - verwaltete:
Gisla, die Gemahlin des Grafen Unwan, so erfahren wir aus der Vita Liutbirgae,
lernte Liutbirg auf einer Reise kennen, die sie zur notwendigen Verwaltung ihrer
auf viele Orte verstreuten Güter unternahm.[80] Liutbirg selbst hütete und
verwaltete später den Besitz von Gislas Sohn Bernhard.[81] Es mag hier genügen, darüber hinaus an die Rolle zu erinnern, die das "Capitulare de villis" oder
Hinkmars Schrift "De ordine palatii" der Königin in der Hof- und Schatzver-

---

77   HALLGREN (wie Anm. 14) S. 89. Es galt als selbstverständlich, daß die Frau zum Mann
     zog; die Divisio regnorum von 806, MGH Capit. 1, Nr. 45, c. 12, S. 129, bestätigt das
     beiläufig in der Bestimmung, Frauen, die *in alio (regno) propter mariti societatem
     habitare debeant*, dürften ihren Besitz im Heimatreich behalten.

78   Sie oblag nach Willibald, Vita Bonifatii 1, ed. Wilhelm LEVISON, MGH SSrG 1905, S. 4,
     ut solet, der Obhut der Mutter (*maternae sollicitudinis cura*).

79   Jo-Ann McNAMARA/Suzanne F. WEMPLE, The Power of Women Through the Family
     in Medieval Europe: 500-1100, in: Clio's Consciousness Raised. New Perspectives on
     the History of Women, hg. v. Mary S. HARTMAN und Lois BANNER, New York-
     Evanston-San Francisco-London 1974, S. 103-118. Die Entwicklung zur monogamen
     Muntehe hat die Stellung der Frau daher nicht geschwächt (so Wemple), sondern
     gestärkt; vgl. AFFELDT/REITER (wie Anm. 49).

80   Vita Liutbirgae 3, ed. Ottokar MENZEL, MGH Dt. MA 3, 1937, S. 11: *pro causis
     necessariis, quia plurimis in locis possessiones habebat procurandas, iter agens.*

81   Ebd. 10, S. 16: *quia ut rerum suarum fuerat custos atque fidelis dispensatrix.*

waltung zuwiesen.[82] In diesem Zusammenhang ist aber auch die Bedeutung der Ehefrau für das Familienbewußtsein hervorzuheben, das, wie wir dank der Forschungen von Karl Schmid wissen, ja gerade im Frühmittelalter kognatisch ausgerichtet sein konnte.[83]

Auf solcher Grundlage boten sich zumindest den adligen Frauen - trotz rechtlicher Beschränkungen und grundsätzlicher Abhängigkeit vom Mann -, von Chronisten und Urkunden reichlich bezeugt, durchaus **Handlungsspielräume in Politik und Kirche**.[84] Frauen, so schrieb Ursula Gauwerky in dem eingangs (Anm. 5) noch verkürzt wiedergegebenen Zitat, waren Opfer der Ereignisse, *wenn* sie das Geschehen nicht selber lenkten (wie Judith[85] oder Angilberga). Diese Art weiblicher Macht - aber auch das ist keineswegs geschlechtsspezifisch - erwuchs freilich nicht aus ihrem Geschlecht, sondern einmal aus ihrer (jeweiligen) Stellung und Funktion, zum anderen aus der individuellen Persönlichkeit. Politischer Einfluß setzte Besitz, Macht und eine amtliche Funktion voraus und beschränkte sich im religiösen Bereich auf die Äbtissin, deren starke Position immer wieder betont worden ist,[86] im weltlichen Bereich auf die Adlige, besonders die Königin.[87] Dieser letzte, in den folgen-

---

82 Capitulare de villis c. 16, MGH Capit. 1, Nr. 32, S. 84; c. 47, S. 87; c. 58, S. 88; Hinkmar von Reims, De ordine palatii 4,229ff., ed. Thomas GROSS und Rudolf SCHIEFFER, MGH Font. iur. Germ. ant. 3, 1980, S. 58; 5,305ff., S. 68; 5,360ff., S. 72. Zur Frau am Hofe zuletzt (mit ausführlichen Rückblicken auf das Frühmittelalter): Werner RÖSENER, Die höfische Frau im Hochmittelalter, in: Curialitas. Studien zu Grundfragen der höfisch-ritterlichen Kultur, hg. v. Josef FLECKENSTEIN, Göttingen 1990, S. 171-230.

83 Vgl. Karl SCHMID, Zur Problematik von Familie, Sippe und Geschlecht, Haus und Dynastie beim mittelalterlichen Adel. Vorfragen zum Thema "Adel und Herrschaft im Mittelalter", Zs. für die Geschichte des Oberrheins 105, 1957, S. 1-62.

84 Vgl. KETSCH (wie Anm. 3) S. 13; zu Möglichkeiten weiblicher Erfüllung: WEMPLE (wie Anm. 3) S. 190, die allerdings eine Verschlechterung in der Karolingerzeit annimmt. Vgl. auch Sheila C. DIETRICH, An Introduction to Women in Anglo-Saxon Society (ca. 600-1066), in: The Women of England. From Anglo-Saxon Times to the Present. Interpretative Bibliographical Essays, hg. v. Barbara KANNER, London 1980, S. 32-56.

85 Zu Judiths Einfluß vgl. jetzt, einschränkend, Elizabeth WARD, Caesar's Wife. The Career of the Empress Judith, 819-829, in: Charlemagne's Heir. New Perspectives on the Reign of Louis the Pious (814-840), hg. v. Peter GODMAN und Roger COLLINS, Oxford 1990, S. 205-227. In einem methodisch allerdings zweifelhaften Aufsatz leitet August NITSCHKE, Brunhilde und Hiltgund. Beobachtungen zum Verhaltenswandel der Frauen im frühen Mittelalter, in: Sprache und Recht. Beiträge zur Kulturgeschichte des Mittelalters. Festschr. Ruth SCHMIDT-WIEGAND, Bd. 2, Berlin-New York 1986, S. 532-553, die Aktivität frühmittelalterlicher Frauen aus dem germanischen Einfluß ab.

86 Vgl. SCHNEIDER (wie Anm. 30) S. 109ff. und 304ff.

87 Vgl. dazu Pauline STAFFORD, Queens, Concubines and Dowagers. The King's Wife in the Early Middle Ages, London 1983; KETSCH (wie Anm. 3) S. 25ff.; DERS. (wie

den Beiträgen nur beiläufig angesprochene Aspekt soll hier exemplarisch etwas näher von einer Seite her untersucht werden, soweit er sich nämlich in den Berichten der Geschichtsschreiber widerspiegelt, die, trotz unterschiedlicher Situationszusammenhänge, in ihrer hier bewußt ausgebreiteten Fülle doch typische Handlungsweisen und -möglichkeiten hochgestellter Frauen erkennen lassen. Die politischen Aktivitäten der Königin richteten sich zunächst vielfach zugunsten der eigenen Söhne aus:[88] Fredegunde solle nichts für sich hoffen, wenn ihre Kinder tot seien, denn nur durch sie könne sie regieren, läßt Gregor von Tours eine alte Magd der Königin sagen,[89] und Brunichildes Regiment wurde - in einer Phase wachsenden Einflusses der Großen - von diesen zurückgewiesen, sobald ihr Sohn selbst regieren konnte.[90] Daß die Regentin unmündiger Söhne - wie im Falle Brunichilds, Fredegunds oder Balthilds - dank solcher Amtsstellung besonders einflußreich war, versteht sich von selbst und ist mehrfach beobachtet worden.

Die Rolle der Königin blieb aber keineswegs auf diesen Sonderfall beschränkt, wenngleich die frühen Quellen hier noch einen zwiespältigen Eindruck hinterlassen. Auf der einen Seite war die Stellung der merowingischen Königin, die stets um die Gunst des Königs bangen mußte, noch unsicher: Ingoberga versuchte vergeblich, die Zuneigung Chariberts zu Töchtern eines Wollarbeiters zu verhindern;[91] Deoteria ließ ihre eigene heranwachsende Tochter von einer Brücke schleudern, damit König Theudebert sie nicht zu begehren begann.[92] Auf der anderen Seite war der (direkte oder indirekte) politische

---

Anm. 10) S. 361ff. Auf die hohe Bedeutung der merowingischen Königinnen, vornehmlich, aber durchaus nicht ausschließlich als Regentinnen unmündiger Königssöhne (wie Brunichild), sondern auch schon zu Lebzeiten des königlichen Gemahls (wie Balthild), hat Janet Nelson in einem wegweisenden Aufsatz hingewiesen: Janet L. NELSON, Queens as Jezebels: The Careers of Brunhild and Balthild in Merovingian History, in: Medieval Women (wie Anm. 30) S. 31-77. Zur Aktivität merowingischer Königinnen und deren zeitgenössischer Beurteilung vgl. Brigitte MERTA, Helenae conparanda regina - secunda Isebel. Darstellung von Frauen des merowingischen Hauses in frühmittelalterlichen Quellen, Mitteilungen des Instituts für Österreichische Geschichtsforschung 96, 1988, S. 1-32.

88 Dazu Pauline STAFFORD, Sons and Mothers: Family Politics in the Early Middle Ages, in: Medieval Women (wie Anm. 30) S. 79-100.

89 Gregor von Tours, Historiae 5,39 (wie Anm. 13) S. 246: *ne speres de te melius, cum tibi spes, per quam regnare debueras, sit ablata.*

90 Ebd. 6,4, S. 268: *Recede a nobis, o mulier. Sufficiat tibi sub viro tenuisse regnum; nunc autem filius tuus regnat, regnumque eius non tua, sed nostra tuitione salvatur.*

91 Ebd. 4,26, S. 157.

92 Ebd. 3,26, S. 123f.

Einfluß der Königin beträchtlich. Es mag schon auffällig sein, daß sogar Kriege um einer Frau willen geführt wurden: König Childebert begann einen Feldzug nach Spanien, weil seine Schwester dort wegen ihres katholischen Glaubens verfolgt wurde;[93] die Griechen bekämpften Ludwig II., weil er zögerte, seine Verlobte, die Tochter des griechischen Kaisers, zu heiraten.[94] Mögen hinter solchen Streitigkeiten tatsächlich auch politische Gründe gestanden haben, so sind die von den zeitgenössischen Geschichtsschreibern vorgebrachten Begründungsmuster doch bezeichnend genug. In solchen Erzählungen bleiben Frauen freilich noch ebenso passiv wie in Berichten über den "Frauenzauber zauberhafter Frauen" - um mit den Worten Monica Blöckers zu sprechen.[95] Lothars II. Sohn Hugo ließ Bernar ermorden, weil er sich in dessen Frau verliebt hatte.[96] Frauen wurden auch ihrer Männer *wegen* in Mitleidenschaft gezogen: Lothar ließ die Nonne Gerbirch in ein Weinfaß stecken und in die Saône werfen, weil sie die Schwester des aufständischen Bernhard war;[97] den rebellischen Basken entriß man Frauen und Kinder.[98]

Entscheidend für ihren unmittelbaren Einfluß aber war die Königsnähe der Herrscherin. Die karolingische Königin begleitete den König häufig auf seinen Reisen,[99] wenngleich sie vor Beginn der eigentlichen Kriegshandlungen meist an einem sicheren Ort zurückgelassen wurde.[100] Sie herrschte mit dem König: Die Frau, so verkündete Agobard von Lyon, sollte Helferin in der Regierung des Königs am Hof *und* im Reich sein.[101] 879 wurden Ludwig der

---

93   Ebd. 3,10, S. 106f.

94   Annales Bertiniani a. 853 (wie Anm. 13) S. 68.

95   Vgl. o. Anm. 62.

96   Regino von Prüm, Chronik a. 883, ed. Friedrich KURZE, MGH SSrG 1890, S. 121.

97   Thegan, Vita Hludowici 52, ed. Georg Heinrich PERTZ, MGH SS 2, S. 601.

98   Astronomus, Vita Hludowici 18, ebd. S. 615f.

99   Vgl. etwa Annales regni Francorum a. 770, ed. Friedrich KURZE, MGH SSrG 1895, S. 30; a. 780, S. 56; Annales Bertiniani a. 866 (wie Anm. 13) S. 126. Hildegard, die Gemahlin Karls des Großen (772-783), begleitete den König nach Ausweis der Regesta Imperii beispielsweise auf dem Italienzug 773/774 (RI² Bd. 1, Nr. 161, 167f.), blieb 778 trotz ihrer Schwangerschaft erst im Poitou zurück, als Karl gegen Spanien zog (ebd. Nr. 214a), und sie war 780 in Rom an seiner Seite (ebd. Nr. 231a).

100 Vgl. Annales regni Francorum a. 768, S. 26; Fredegar Cont. 49 (wie Anm. 16) S. 190; Astronomus, Vita Hludowici 2 (wie Anm. 98) S. 607f; Annales Bertiniani a. 875 (wie Anm. 13) S. 198.

101 Agobard von Lyon 2,2 (wie Anm. 59) S. 277: *quae ei posset esse adiutrix in regimine et gubernacione palacii et regni*. Agobards Kritik richtete sich, soweit sie explizit geäußert wurde, nicht gegen Judiths Einfluß, sondern gegen ihren Lebenswandel.

Jüngere *und* seine Gemahlin (Liudgard) eingeladen, die Herrschaft im Westfrankenreich zu übernehmen.[102] Daß Pippin Hausmeier im Westen wurde, verdankte er nicht zuletzt Ansfled, der Gemahlin des früheren Hausmeiers Waratto, die sich gegen dessen Nachfolger Berchar stemmte.[103] Die Identifizierung der Königin mit dem Reich war immerhin so groß, daß die Königinwitwe ein begehrtes Heiratsobjekt war und mit einer erneuten Heirat mehrfach sogar selbst den Nachfolger bestimmte: Deoteria, deren Gemahl nach Béziers entwichen war, lud König Theudebert in ihr Reich ein (der sich nach Gregor von Tours ob ihrer Schönheit in sie verliebte, mit ihr schlief und sie später heiratete).[104] Als Chlothar I. das Reich Theudebalds erbte, heiratete er dessen Witwe Vuldetrada (er mußte sie auf den Einspruch der Bischöfe hin jedoch wieder verlassen);[105] als ihm Childeberts Reich zufiel, schickte er dessen Gemahlin Vultrogotha und ihre beiden Töchter, offenbar aus Angst vor deren Einfluß bzw. den Ansprüchen eines eventuellen neuen Gemahls, in die Verbannung.[106] Theudechilde, die Witwe König Chariberts, bot sich Guntchramn sogar selbst zur Ehe an (der aber nur ihre Schätze nahm und sie ins Kloster schickte).[107] Theudelinde schließlich, die Witwe des Langobardenkönigs Authari, durfte nach dem Willen des Volkes mit dem zweiten Mann selbst den neuen König wählen, sofern er nur Langobarde war und das Reich nutzvoll (*utiliter*) zu regieren vermochte; sie heiratete Agilolf.[108]

Den Quellen zufolge standen die Frauen sogar häufig hinter der fürstlichen Politik: Der Eid des Bayernherzogs Tassilo war dem Einfluß seiner Gemahlin Liutberga zu verdanken,[109] Angilberga stiftete Ludwig II. zu Maßnahmen gegen Benevent an,[110] und der Thüringerkönig Herminafrid tötete seinen Bruder auf Betreiben seiner Ehefrau Amalberga.[111] Nach Notkers "Gesta Karoli" bewies Karl der Große seine Standhaftigkeit, indem er dem Drängen

---

102 Annales Bertiniani a. 879 (wie Anm. 13) S. 236.

103 Liber historiae Francorum 48, ed. Bruno KRUSCH, MGH SS rer. Mer. 2, 1888, S. 322f.

104 Gregor von Tours, Historiae 3,22 (wie Anm. 13) S. 122.

105 Ebd. 4,9, S. 141.

106 Ebd. 4,20, S. 152.

107 Ebd. 4,26, S. 159.

108 Paulus Diaconus, Historia Langobardorum 3,35, ed. Georg WAITZ, MGH SSrG 1878, S. 140: *ut sibi quem ipsa voluisset ex omnibus Langobardis virum eligeret.*

109 Annales regni Francorum a. 788 (wie Anm. 99) S. 80.

110 Annales Bertiniani a. 871 (wie Anm. 13) S. 182f.

111 Fredegar 3,32 (wie Anm. 16) S. 103.

seiner Gemahlin Hildegard, ein freigewordenes Bistum mit einem ihrer Geistlichen zu besetzen, einmal nicht nachgab;[112] nach einer anderen Anekdote
aber setzte sie sich erfolgreich für den Grafen Isanbard ein, der Karl bei einem
Jagdunfall gerettet hatte.[113] Mehrfach sahen die Chronisten in Ehrgefühl und
Ehrgeiz das Motiv weiblicher Einflußnahme: Nach dem Mißerfolg des Heeres
der Thüringer und Sachsen gegen die Mährer schlugen Frauen aus der Gegend, die eine solche Schmach nicht hinnehmen wollten, auf die fliehenden
Männer ein, zerrten sie von den Pferden und bereiteten ihnen so gleichsam
eine zweite Niederlage.[114] Liudgard kritisierte, daß Ludwig der Jüngere sich
im Vertrag von Ribemont mit Lothringen zufriedengab, anstatt das ganze
Westreich zu erobern,[115] und Irmingard drängte, als Tochter Kaiser Ludwigs
II. und einstige Verlobte des griechischen Kaisers, ihren Gemahl, den Grafen
Boso von der Provence, selbst König zu werden.[116]

Die Königin mag oft verdeckt hinter den Kulissen gewirkt haben. So bestimmte
Plectrud, die Fredegar zufolge nach dem Tod Pippins alles nach ihrem Rat
und Willen lenkte (*suo consilio atque regimine cuncta sese agebat*),[117] nach
dem "Liber historiae Francorum" das Geschehen "in heimlicher Herrschaft" (*sub
discreto regimine*).[118] Frauen griffen aber auch in eigener Person in das
Geschehen ein: Wir hören (selbst in Gesetzen) von tatkräftigen Frauen, die ihre
Männer ermordeten,[119] sich an Schlägereien beteiligten[120] oder Häuser
stürmten;[121] dazu paßt es, daß auch allegorische Bilddarstellungen, ihrem
Thema gemäß, zuweilen kämpfende Frauengestalten vorführen (vgl. Abb. 1).
Karls des Kahlen Schwester Hildegard ließ im Bruderkrieg den Grafen Adalgar

---

112 Notker Balbulus, Gesta Karoli Magni imperatoris 1,4, ed. Hans F. HAEFELE, MGH SSrG
     n.s. 12, ²1980, S. 5f.

113 Ebd. 2,8, S. 60f.

114 Annales Fuldenses a. 872 (wie Anm. 63) S. 75f.

115 Annales Bertiniani a. 879 (wie Anm. 13) S. 238.

116 Ebd. a. 879, S. 239.

117 Fredegar Cont. 8 (wie Anm. 16) S. 173.

118 Liber Historiae Francorum 51 (wie Anm. 103) S. 325.

119 Vgl. Edictum Rothari 202f. (Leges Langobardorum, wie Anm. 29) S. 55.

120 Die Lex Burgundionum 92,1f. (wie Anm. 8) S. 111 verbot, Frauen innerhalb des Hauses
     die Haare abzuschneiden, es sei denn, sie hätten draußen selbst in Schlägereien
     eingegriffen.

121 Vgl. o. Anm. 29.

gefangennehmen und hielt ihn in Laon in Haft;[122] die Kaiserin Richildis verteidigte das Land während der Abwesenheit Karls,[123] und Angiltrudis, die Witwe König Widos, verteidigte Rom vor König Arnulf.[124] Ludwigs des Deutschen Tochter Hildegard beteiligte sich später an einer Verschwörung und wurde in das Kloster Chiemsee verbannt.[125]

Nicht immer blieb der - rechtliche oder moralische - Rahmen der Legalität gewahrt: Gregor und Fredegar schildern immer wieder Intrigen und Mordaufträge der Königinnen. Susanna, die Gemahlin des Bischofs Priscus von Lyon, unterstützte ihren Mann nach Kräften bei der Verfolgung der Anhänger des Vorgängers Nicetius (wurde dafür freilich später vom Teufel besessen),[126] und die Frau des Bischofs Badegisel von Le Mans trieb diesen zu mancherlei Verbrechen an; sie behielt Kirchenschenkungen im Privatbesitz und war nach Gregor von Tours boshaft genug, Männern mit glühenden Eisenplatten das Schamglied abzuschneiden und Frauen die Schamteile zu versengen.[127] Die an einer Seuche sterbende Austrechilda verfügte als letzten Willen den Tod der Ärzte, die ihr nicht hatten helfen können (eine Bitte, die ihr König Gunthchramn gewährte).[128]

Bedenkt man, daß die Geschichtsschreiber nur die spektakulären - und daher nicht zuletzt auch die moralisch verwerflichen - Aktionen schildern, die nur die Besonderheiten einer normalen aktiven Betätigung bildeten, so schien der Einfluß der Königin demnach beträchtlich. Er führte dazu, daß sie überall gefürchtet war: Gregor von Tours weigerte sich trotz eines königlichen Befehls, dem gebannten ehemaligen Grafen Leudast die Absolution zu erteilen, solange er keine Weisung von der Königin erhielt![129] Nach einem anderen Bericht Gregors wagten es die versammelten Bischöfe nicht, ihren Amtsbruder Praetextatus von Rouen vor den königlichen Vorwürfen zu verteidigen, weil sie

---

122 Nithard, Historiae 3,4, ed. Ernst MÜLLER, MGH SSrG 1907, S. 33.

123 Annales Bertiniani a. 875 (wie Anm. 13) S. 199.

124 Annales Fuldenses Cont. Altah. a. 896 (wie Anm. 63) S. 127; Regino von Prüm, Chronik a. 896 (wie Anm. 96) S. 144.

125 Ebd. a. 894, S. 142; Annales Fuldenses Cont. Altah. a. 895 (wie Anm. 63) S. 125f.

126 Gregor von Tours, Historiae 4,36 (wie Anm. 13) S. 168f.

127 Ebd. 8,39, S. 405f. Ein ähnliches Beispiel bietet später Ulmar, Miracula s. Vedasti 8, ed. Oswald HOLDER-EGGER, MGH SS 15, S. 400f., zur Gemahlin Lethards.

128 Gregor von Tours, Historiae 5,23 (wie Anm. 13) S. 241f.

129 Ebd. 6,32, S. 302.

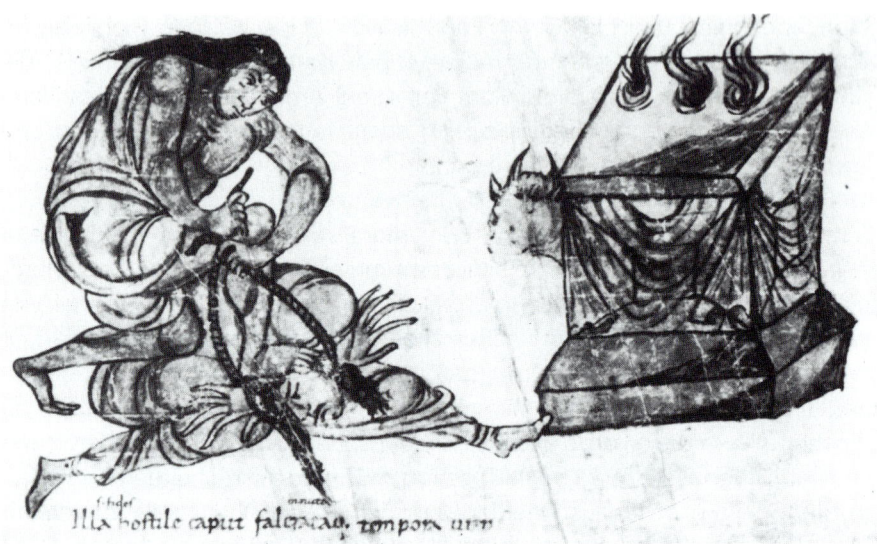

Abb. 1 Kampf allegorischer Frauengestalten: Der Glaube, die (!) *fides*, besiegt und fesselt den Götzenkult, die (!) *idolatria*. Miniatur aus einer Handschrift der Psychomachia des Prudentius aus St. Gallen, letztes Drittel des 9. Jahrhunderts.

Abb. 2 Taufe Chlodwigs unter Anteilnahme der Königin Chrodechilde. Ausschnitt aus einer Elfenbeintafel des 9. Jahrhunderts aus ·Amiens.

den Zorn der Königin Brunichild fürchteten.[130] Diese wiederum wandte sich später mit aller Kraft gegen den irischen Missionar Columban, der König Theuderich zu einer legitimen Ehe drängte, weil sie ihren Einfluß (als Großmutter und Regentin) dahinschwinden sah, sobald es eine legitime Königin gab; auch sie rechnete also mit deren politischer Macht (sogar unabhängig von der hier ja noch gar nicht bekannten Persönlichkeit).[131] Die Rolle der Königin - zu diesem Ergebnis gelangte Pauline Stafford - war zwar nirgends institutionell festgelegt, sondern hing davon ab, was sie daraus machte.[132] Gerade das ließ ihr aber einen ungeahnten, individuellen Spielraum. So gab es sicher nicht nur einerseits rücksichtslose Fürstinnen und andererseits asketische Heilige,[133] diese schienen den Chronisten lediglich als Ausnahmeerscheinungen erwähnenswert und treten somit in den Quellen aus der Masse einflußreicher Frauen besonders hervor.

Kirchenpolitisch trugen Königinnen und Adlige anfangs maßgeblich zur Christianisierung bei[134] - das bekannteste Beispiel bildet der diesbezügliche Einfluß Chrodechildes auf Chlodwig (vgl. Abb. 2)[135] -, später wirkten sie als Klostergründerinnen (wie Radegund in Poitiers oder Balthild in Chelles,[136] Irmina von Oeren in Echternach oder Adela in Pfalzel),[137] erfüllten Nonnen ihre Aufgabe ebenso wie die Mönche - von *milites Christi utriusque sexus* spricht Bonifatius in einem Brief an die Äbtissin Bugga[138] -, wirkten heilige

---

130 Ebd. 5,18, S. 217f.

131 Jonas, Vita Columbani 1,18 (wie Anm. 55) S. 86: *Verebatur enim, ne si abiectis concubinis, reginam aulae praefecisset, dignitates atque honoris suae modum amputasset*; Walahfrid Strabo, Vita Galli 1,3, ed. Bruno KRUSCH, MGH SS rer. Mer. 4, S. 287.

132 STAFFORD (wie Anm. 85) S. 191ff.

133 Diese Möglichkeiten betont GAUWERKY (wie Anm. 5) S. 252, um die Gegensätzlichkeit der Lebensgestaltung herauszustellen.

134 Vgl. LIFSHITZ (wie Anm. 70).

135 Vgl. Gregor von Tours, Historiae 2,31 (wie Anm. 13) S. 76ff.; später Hinkmar von Reims, Vita Remigii 12f., ed. Bruno KRUSCH, MGH SS rer. Mer. 3, S. 293f.

136 Vgl. Eugen EWIG, Das Privileg des Bischofs Berthefrid von Amiens für Corbie von 664 und die Klosterpolitik der Königin Balthild, Francia 1, 1973, S. 62-114.

137 Vgl. dazu Matthias WERNER, Adelsfamilien im Umkreis der frühen Karolinger. Die Verwandtschaft Irminas von Oeren und Adelas von Pfalzel. Personengeschichtliche Untersuchungen zur frühmittelalterlichen Führungsschicht im Maas-Mosel-Gebiet (Vorträge und Forschungen Sonderband 28) Sigmaringen 1982, bes. S. 60ff. und S. 192ff.

138 Bonifatius, ep. 94 (wie Anm. 76) S. 215.

Frauen als Vorbilder.[139] Der heilige Bonifatius zögerte nicht, in seinen Briefen immer wieder Nonnen um ihren Gebetsbeistand zu bitten, und es war eine fromme Frau (*religiosa Deo dicata*), die Columban den Weg auf den Kontinent wies, sich allerdings durch ihr schwaches Geschlecht (*fragilis sexus*) gehindert sah, selbst das Meer zu überqueren.[140] In diesem Beispiel zeigen sich aber auch Grenzen einer aktiven Lebensgestaltung, wird zugleich eine gewisse Rollenverteilung erkennbar: Frauen konnten entscheidend auf die Männer und deren Politik einwirken und auch selbst handelnd eingreifen, überließen jenen nach der Auffassung der Zeitgenossen jedoch besonders wagemutige Aktivitäten.

Hat eine Diskussion der vorangestellten Forschungsthesen demnach - im Rahmen der strukturellen Möglichkeiten - beträchtliche Spielräume einer weiblichen Lebensgestaltung erkennen lassen und haben sich Einfluß und Handeln der hohen Damen in der Chronistik als etwas fast Selbstverständliches erwiesen, so bleibt zu prüfen, wie sich das im Kontext der in den Quellen gespiegelten frühmittelalterlichen Vorstellungswelt, des Frauenbildes also, in das Geschlechterverhältnis einfügte und wie es von den - überwiegend freilich männlichen, adligen und geistlichen - Autoren *bewertet* wurde. Erst ein solcher Ansatz liefert zeitgenössische Erklärungsmuster für die tatsächlichen Verhältnisse.

II

Für das **Geschlechterverhältnis** ist es zunächst einmal von Bedeutung, daß sich die Lebensbereiche gegenseitig durchdrangen. So wurden Mönchsleben von Frauen und Nonnenleben von Mönchen verfaßt, stellten sich vergleichbare asketische Anforderungen an Mönche und Nonnen,[141] und die Begrifflichkeit normativer Quellen spiegelte oft eine geschlechtsneutrale Sicht. Das bedeutet, wie Werner Affeldt zu Recht hervorhebt, daß man die Frauengeschichte nicht einfach aus der allgemeinen Geschichte herausfiltern darf.[142] Daß die frühmittelalterliche Lebensgestaltung demgegenüber aber auch geschlechtsspezifische Unterschiede kannte, zeigt sich beispielsweise in den differierenden

---

139 Vgl. Eleanor McLAUGHLIN, Women Power in the Pursuit of Holiness in Medieval Christianity, in: Women of Spirit (wie Anm. 47) S. 99-130.

140 Jonas, Vita Columbani 1,3 (wie Anm. 55) S. 68.

141 Vgl. NOLTE, Klosterleben (wie Anm. 52) S. 257-271.

142 AFFELDT, Frühmittelalter und Historische Frauenforschung, ebd. S. 21.

Grabbeigaben der Frühzeit.[143] Man wird jedoch erwarten dürfen, daß männliche und weibliche Lebensgestaltung aufeinander bezogen waren, also, wie Ludolf Kuchenbuch betont hat, nicht nur das Trennende, sondern auch das Bindende und Ergänzende beider Geschlechter beachten müssen.[144]

Die frühmittelalterliche Vorstellungswelt hat hier keineswegs einheitliche Leitlinien geschaffen. Das Geschlechterverhältnis erscheint vielmehr höchst ambivalent und durch zwei in sich jeweils fast widersprüchliche Merkmale gekennzeichnet:

(1) Auf der einen Seite war die Frau, in theologischen Traktaten ebenso wie in Rechtsquellen, in paulinischer Tradition dem Mann unterstellt - Hrabanus Maurus nennt die Ehefrau "beinahe Dienerin" (*famula*) des Mannes[145] -, war sie um des Mannes willen erschaffen (und nicht umgekehrt), war der Mann daher - mit 1. Kor. 11,3 - *caput mulieris*, das Haupt der Frau.[146] Wenn eine Frau ihren Mann beschuldigte, nicht die Nacht bei ihr verbracht zu haben, so bestimmte ein frühes Kapitular, und er es bestritt, so sei dem Mann zu glauben, weil er das Haupt der Frau sei.[147] Diese Unterordnung der Frau galt als Teil des Naturrechts und der gottgewollten Weltordnung und war daher unumstößlich.[148] - Auf der anderen Seite erwuchs dem Mann aber gerade daraus die Pflicht eines "kavalierhaften" Benehmens, hatte die Frau Anspruch auf Achtung und Liebe;[149] Jonas von Orléans jedenfalls suchte die Männer

---

143 Vgl. Barbara SASSE, Demographisch-soziale Untersuchungen an frühmittelalterlichen Frauengräbern im Bereich der Reihengräberzivilisation, ebd. S. 56-87; DIES., Frauengräber im frühmittelalterlichen Alamannien, in: Frauen in Spätantike und Frühmittelalter (wie Anm. 6) S. 45-64.

144 Ludolf KUCHENBUCH, Trennung und Verbindung im bäuerlichen Werken des 9. Jh. Eine Auseinandersetzung mit Ivan Illichs 'Genus'-Konzept, in: Frauen in der Geschichte VII (wie Anm. 35) S. 227-242.

145 Hrabanus Maurus, Enarrationes super Deuteronomium 3,4, MIGNE PL 108, Sp. 926f.: *Satis hinc apparet quemadmodum subditas feminas viris et pene famulas lex voluerit esse uxores.*

146 So Isidor, De ecclesiasticis officiis 2,20,14, ed. Christopher M. LAWSON, Corpus Christianorum. Series Latina 113, Turnhout 1989, S. 95: *Etenim non est creatus vir propter mulierem, sed mulier propter virum.*

147 MGH Capit. 1, nr. 15, c. 20, S. 39, von 757.

148 Ebd. 1, Nr. 121, S. 240, von 801/12: *Unusquisque in eo ordine Deo serviat fideliter in quo ille est. Mulier sit subiecti viri sui in omni bonitate et puditia.*

149 Ebd.: *Viri diligant uxorem suam.* Ganz ähnlich Hrabanus Maurus, Commentarium in Ephesos 5, MIGNE PL 112, Sp. 456f. (mit Ambrosius): *Mulieres subditae esse viris naturali lege iubentur, quia mulieris auctor vir est. ...* Die Folge: *iubentur et reverentiam habere virorum.*

in seinem Laienspiegel zu einem ehrenvollen Verhalten gegenüber den Frauen zu erziehen.[150] Dabei betonte er (wie andere auch) die "natürliche Ehegemeinschaft unterschiedlicher Geschlechter", die *naturalis societas in diverso sexu,* die ein gegenseitiges Beherrschen einschloß.[151] Mann und Frau sollten sich gegenseitig den Koitus gestatten und jeweils die Gewalt (*potestas*) über die Geschlechtsorgane des Ehepartners ausüben, lehrte Haimo von Auxerre.[152] Zumindest die frühmittelalterliche Theologie der Ehe bemühte sich also um eine Abmilderung der Unterordnung der Frau durch die Betonung der Gemeinschaft.

(2) Der zweite Gegensatz ergab sich aus der Existenz zweier Geschlechter: Einerseits gab es durchaus (entsprechende) Tendenzen zu einer rechtlichen und moralischen Gleichbehandlung von Mann und Frau: Der Ehemann, schrieb Jonas, sei zur gleichen Scham und Treue verpflichtet wie die Frau;[153] Predigten richteten sich, wie die Synode von Friaul (796/97) lehrte, an alle, Frauen wie Männer, Verheiratete wie Unverheiratete, gleichermaßen;[154] für Männer und Frauen gelte dasselbe Gesetz (*una lex*), betonten Kapitularien in bezug auf das Eherecht (Rechtsstand, Inzest);[155] Nonnen und Mönche trafen die gleichen Bußen, "weil sie, wenngleich unterschiedlichen Geschlechts, in ihrer Demut unterschiedslos übereinstimmen".[156] - Andererseits war man sich, wie in diesen Beispielen schon deutlich wird, eines auf die Lebensgestaltung zurückwirkenden Unterschieds der Geschlechter bewußt, galt ein Nichtwahrnehmen dieses Unterschieds als naiv: Die kindliche Nonne Ercantrud sei so behütet aufgezogen worden, berichtet Jonas in der Kolumbanvita als verehrungswürdige, aber eben irrige Annahme, daß sie Mann und Frau für gleich hielt.[157] Jedes der beiden Geschlechter, schrieb Hrabanus Maurus, sei ver-

---

150 Jonas von Orléans, De institutione laicali 2,5 (wie Anm. 12) Sp. 177ff.

151 Ebd. 2,1, Sp. 168 (mit Augustin, De bono coniugali 3,3, ed. Joseph ZYCHA, Corpus scriptorum ecclesiasticorum latinorum 41, 1900, S. 190).

152 Haimo von Auxerre, Expositio in epistolas Pauli: Ad 1. Cor. 7, MIGNE PL 117, Sp. 543f.

153 Jonas 2,4 (wie Anm. 12) Sp. 177.

154 MGH Conc. 2, Nr. 21, prol., S. 189.

155 MGH Capit. 1, Nr. 15, c. 4/8, S. 38, von 757. Vgl. das Kapitular Ghärbalds von Lüttich 2,4, MGH Capit. episc. S. 27; Theodulf von Orléans 2,5,6, ebd. S. 162f. (zu Ehebruch und Scheidungsrecht).

156 So die Synode von Rom (853), MGH Conc. 3, Nr. 32, c. 29, S. 326: *secundum culparum vel peccatorum differentiam penitentia moderetur: quia, quamvis in sexu dispares sint, in humilitate sine status differentia concordant.*

157 Jonas, Vita Columbani 2,13 (wie Anm. 55) S. 133.

schieden in seiner Farbe, seinen Bewegungen, seinem Gang, seinen Kräften.[158] Bei der mehrfach gestellten Frage, was denn Frauen und Männer
gegenseitig anziehe,[159] wurden bei beiden Geschlecht und Schönheit,[160]
bei Männern außerdem tugendhafte Tapferkeit (virtus = "Mannhaftigkeit")[161]
und Weisheit (sapientia), bei Frauen Reichtum (divitiae) und tugendhafte Sitt-
samkeit (mores), aber auch Klugheit (prudentia) genannt.[162] Die Unterschiede
waren teils also in der Natur verankert. Sexualverlangen etwa galt offenbar als
männliche Eigenschaft, denn Jonas von Orléans mahnte nur die Männer zur
Zurückhaltung; die Frau als Sexualobjekt zu betrachten, sei der völlig falsche
Weg.[163] Teils betrafen sie die äußere Erscheinung: Männer und Frauen, ja
selbst Mönche und Nonnen, trugen unterschiedliche Kleidung,[164] und es war
verpönt, Gewänder des anderen Geschlechts anzulegen.[165] (Eine Frau, die
sich um ihrer Liebe willen - also mit eindeutigem Zweck - in Männerkleidern bei
einem Geistlichen einschlich, wurde von ihren eigenen Verwandten ver-
brannt.[166]) Und auch die Haartracht war unterschiedlich: Wenn die Langobarden nach Paulus Diaconus ihren Namen der Tatsache verdankten, daß ihre
Frauen in den bedrohlichen Kämpfen der Frühzeit mitkämpften, indem sie ihre
Haare wie Bärte zusammenbanden,[167] so ergibt diese Nachricht einen Sinn
nur vor der Vorstellung, daß Frauen längere Haare trugen als Männer (vgl.
Abb. 3, unten S. 35). Entsprechend unterschiedlich wurden Jungen und Mäd-

---

158 Enarrationes super Deuteronomium 2,29 (wie Anm. 145) S. 922f.: utrique sexui diversus
     color, motus, incessus, vires diversae.

159 Vgl. Jonas, De institutione laicali 2,12 (wie Anm. 12) Sp. 188f.; Hrabanus Maurus, De
     universo (De rerum naturis) 7,5, MIGNE PL 111, Sp. 192f.; Isidor von Sevilla, Etymolo-
     giae 9,7,28, ed. W. M. LINDSAY, Oxford 1911.

160 Vgl. auch Thegan, Vita Hludowici 26 (wie Anm. 97) S. 596, zu Iudith; Gregor von Tours,
     Historiae 3,22 (wie Anm. 13) S. 122, zu Deoteria; Fredegar 3,12 (wie Anm. 16) S. 97,
     zu Basina; Vita Rusticulae 1, MGH SS rer. Mer. 4, S. 340.

161 Bei den Amazonen, wunderte sich später Regino von Prüm, Chronik a. 889 (wie Anm.
     96) S. 132 (mit Iustin), sei die virtus weniger bei Männern als bei Frauen zu finden
     gewesen.

162 So Jonas (wie Anm. 157); vgl. auch Gregor von Tours, Historiae 4,27 (wie Anm. 13) S.
     160, zu Brunichild; Annales Mettenses priores a. 688, ed. Bernhard von SIMSON, MGH
     SSrG 1905, S. 2f., zu Begga.

163 Jonas 2,3 (wie Anm. 12) Sp. 172/174, wandte sich gegen folgenden männlichen
     Anspruch: Uxores, inquiunt, nostrae nobis lege conjunctae sunt; si pro libitu nostro eis
     quando et qualiter volumus, utimur, non peccamus.

164 Vgl. die Synode von Reisbach (800), MGH Conc. 2, Nr. 24, c. 28, S. 211.

165 Hrabanus Maurus, Enarrationes super Deuteronomium 2,29 (wie Anm. 145) Sp. 922f.

166 Gregor von Tours 6,36 (wie Anm. 13) S. 306f.

167 Paulus Diaconus, Historia Langobardorum 1,8 (wie Anm. 108) S. 58.

chen erzogen, wie aus Einhards Bericht über die Kinder Karls des Großen hervorgeht: Nach einem gemeinsamen Unterricht in den freien Künsten lernten die Söhne Reiten, Jagen und Waffenkunst, die Töchter aber Textilarbeit,[168] die als Frauenarbeit, als *muliebra opera*, galt.[169] Der geschlechtsspezifischen Erziehung entsprach eine unterschiedliche Behandlung: Auf Reisen hielten sich die Söhne an der Seite Karls auf, die Töchter dagegen blieben hinten im Zug (und das sicher nicht aus mangelnder Vaterliebe, die Einhard andernorts eigens hervorhebt).[170] Bei gleichem Drang von Mönchen und Nonnen zur Bildung unterlagen letztere doch einer strengeren Klausur: Mönche strömten zu Bonifatius, um von ihm zu lernen; den Nonnen hingegen wurde eine längere Abwesenheit vom Kloster nicht gewährt, so daß sie ihn zu sich kommen ließen.[171] Damit trennte man aber auch die Lebensbereiche, und das nicht nur in den Klöstern: In großen Häusern - wie im Königshof "Grisio" bei Annappes - gab es eigene Frauen-Zimmer (*mansiones feminarum*).[172] Solchen Unterschieden entsprang eine jeweils auf das eigene Geschlecht gerichtete Rollenverteilung bei gemeinsamen Handlungen: Ludwig der Fromme hob den Dänen Heriold, seine Gemahlin Judith aber dessen Frau aus der Taufe;[173] der heilige Anskar wusch in der Fastenzeit nach Christi Vorbild zwei Männern die Füße, bei den Frauen besorgte das eine Nonne.[174] Durch die Grausamkeit König Chilperichs, sagt Gregor von Tours, wurde der Sohn vom Vater, die Mutter von der Tochter getrennt.[175] Auch wenn man diese Aussage wohl kaum zu wörtlich im Sinne einer durchgreifenden Trennung der Lebensbereiche der Geschlechter interpretieren darf, so bleiben solche Zuordnungen be-

---

168 Einhard, Vita Karoli 19, ed. Oswald HOLDER-EGGER, MGH SSrG [6]1911, S. 23. Vgl. zu diesem Themenkomplex, mit Rückblicken auf das frühe Mittelalter, Klaus ARNOLD, Mentalität und Erziehung - Geschlechtsspezifische Arbeitsteilung und Geschlechtersphären als Gegenstand der Sozialisation im Mittelalter, in: Mentalitäten im Mittelalter. Methodische und inhaltliche Probleme, hg. v. František GRAUS (Vorträge und Forschungen 35) Sigmaringen 1987, S. 257-288.

169 So Vita Liutbirgae 6 (wie Anm. 80) S. 12; ebd. 23, S. 26.

170 Einhard, Vita Karoli 19 (wie Anm. 168) S. 24f.

171 Willibald, Vita Bonifatii 2 (wie Anm. 78) S. 10f. Zur Frage der strengeren Klausur von Nonnen vgl. Jane Tibbetts SCHULENBURG, Strict Active Enclosure and Its Effects on the Female Monastic Experience (ca. 500-1100), in: Medieval Religious Women 1: Distant Echoes, hg. v. John A. NICHOLS und Lillian Thomas SHANK (Cistercian Studies Series 71) 1984, S. 51-86.

172 MGH Capit. 1, Nr. 128, c. 32, S. 255.

173 Thegan, Vita Hludowici 33 (wie Anm. 97) S. 597.

174 Rimbert, Vita Anskarii 35, ed. Georg WAITZ, MGH SSrG 1884, S. 69.

175 Gregor von Tours, Historiae 6,45 (wie Anm. 13) S. 317.

Abb. 4 Die Weisheit (*sapientia*) als allegorische Frauengestalt. D-Initiale in der Grandval-Bibel (Tours, um 840).

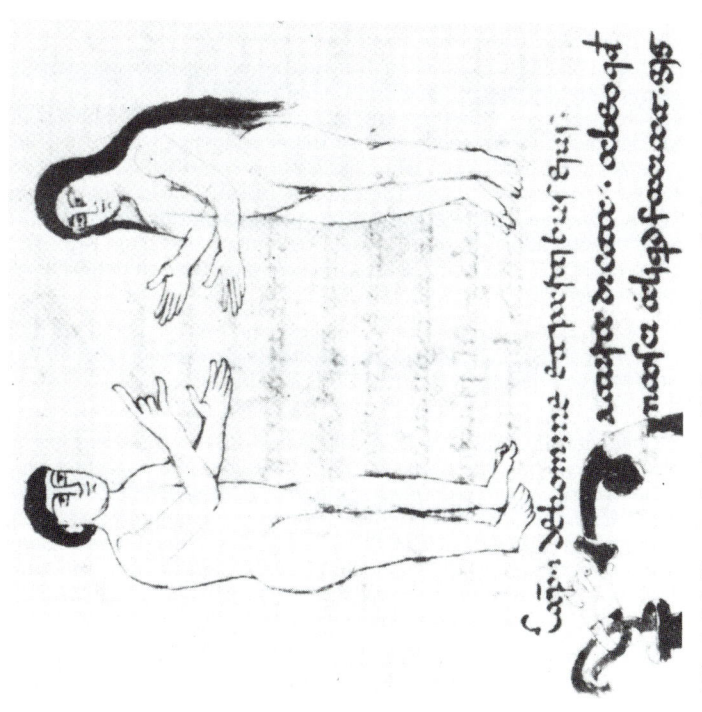

Abb. 3 Die Haartracht als auffälligstes Unterscheidungsmerkmal der Geschlechter. Miniatur aus einer Hrabanus Maurus-Handschrift des 10. Jahrhunderts aus Montecassino zur Illustration von De universo 6,1 (*De homine et partibus eius*).

zeichnend genug für die frühmittelalterliche Denkweise: Trotz vielfacher Bezüge und Gemeinsamkeiten zwischen Männern und Frauen ging man grundsätzlich von der Existenz zweier unterschiedlicher Geschlechter aus, die in ihrer Lebensgestaltung einerseits aufeinander bezogen waren, andererseits aber auch ihren eigenen, geschlechtsspezifischen Lebens- und Handlungsraum bewahrten.

Diese (ambivalenten) Vorstellungen vom Geschlechterverhältnis bestimmten auch das (wertende) **Frauenbild**. Zahlreichen bösen Frauen, deren schlechter Charakter sich im übrigen nicht selten aus der konkreten (politischen) Tendenz der Quellen erklärt,[176] stehen nicht weniger viele vorbildhafte Frauen - und zwar nicht *nur* die gar nicht unbeträchtliche Zahl weiblicher Heiliger[177] - gegenüber. Auch Königinnen etwa wurden immer wieder als hochberühmt, verehrungswürdig, tugendhaft, klug oder schön bezeichnet,[178] und in der Heiligen Schrift, so lehrte Hrabanus Maurus, finde man positiv ebenso wie negativ charakterisierte Frauen.[179] Frauen gehörten sogar zu den Auserwählten: Der heilige Florian offenbarte sich einer Frau, um den Menschen den Ort zu zeigen, an dem er begraben werden wollte;[180] der Bremer Erzbischof

---

176 Als besonders bezeichnendes Beispiel sei hier nur auf die - gegenüber der Vorlage Gregors von Tours - höchst negativ verzerrte Darstellung der Brunichild bei Fredegar verwiesen; ähnlich, aus ihrer Tendenz heraus, urteilen Jonas, Vita Columbani 1,18 (wie Anm. 55) S. 86, der Brunichild als *secunda Zezabel* bezeichnet (vgl. NELSON, Queens as Jezebels, wie Anm. 87) und Wetti, Vita Galli 3, ed. Bruno KRUSCH, MGH SS rer. Mer. 4, S. 259, für den Brunichild eine Tochter des Teufels (*filia diaboli*) ist; anders Gregor von Tours, Historiae 4,27 (wie Anm. 13) S. 160. Eine Jezabel ist auch Ludwigs des Frommen Gemahlin Judith für den tendenziös lotharfreundlichen Agobard von Lyon, Libri duo pro filiis 2,3 (wie Anm. 59) S. 277. Politische Gründe der Diffamierung von Frauen betont auch NELSON (wie Anm. 87) S. 76f.

177 Zum - relativ - hohen Anteil weiblicher Heiliger im 7. und 8. Jh. vgl. Jane Tibbetts SCHULENBURG, Female Sanctity: Public and Private Roles, ca. 500-1100, in: Women and Power in the Middle Ages, hg. v. Mary ERLER und Maryanne KOWALESKI, Athen-London 1988, S. 102-125.

178 Vgl. etwa die Charakterisierung Balthilds in der Fassung B der Vita Balthildis 2 (wie Anm. 53) S. 483: *Erat enim benigna animo et moribus omnibus pudica, sobria, prudens et cauta nulli machinans malum, non levis in eloquio, non praesumptuosa in verbo, sed cuncta opera sua honestissimo moderabat ingenio*. Für die Annales Xantenses a. 851, ed. Bernhard von SIMSON, MGH SSrG 1909, S. 17, ist Lothars Gemahlin Irmingard *nobilissima imperatrix*; vgl. Regino von Prüm, Chronik a. 851 (wie Anm. 96) S. 75, zu Irmingard; a. 876, S. 110f., zu Hemma, der Gemahlin Arnulfs; a. 878, S. 114, zu Ansgard, der Gemahlin Ludwigs des Stammlers.

179 Hrabanus Maurus, Commentarium in Ecclesiasticum 2,14, MIGNE PL 109, Sp. 820: *Mulierem sicut in bono, ita et in malo positam in Scripturis invenimus*.

180 Passio Floriani 9, ed. Bruno KRUSCH, MGH SS rer. Mer. 2, S. 70.

Anskar erblickte in einer Vision seine Mutter in dem aus weiß gekleideten Frauen bestehenden Gefolge der *domina* Maria,[181] und die Annales Xantenses beschrieben die Kölner Kirche - allegorisch - als Braut (*sponsa*) des Erzbischofs Gunthar, die, nach dessen Absetzung, wie eine Witwe ihren Mann verlor. (Zugleich legten sie an dieser Stelle einen Verhaltenskodex für das Witwenverhalten vor: Sie zerriß ihr Kleid, schwärzte ihre Haut, entblößte das Haar und setzte sich mit bloßen Füßen in die Asche.)[182] Auch die bildliche Darstellung der Tugenden, des Glaubens (vgl. Abb. 1, oben S. 28) oder der Weisheit (vgl. Abb. 4, oben S. 35) als allegorische Frauengestalten widerlegen eine grundsätzlich negative Einstellung gegenüber allem Weiblichen. Wenn andererseits besonders Frauen der Zauberei bezichtigt wurden,[183] so war es demgegenüber ebenfalls eine Frau, die Königin Fredegund, die die Pariser Zauberinnen bestrafen ließ.[184]

Jede Verallgemeinerung im Sinne eines pejorativen Frauenbildes wäre demnach verfehlt. Weit wichtiger ist es zu untersuchen, *was* denn an Frauen gelobt und was verurteilt wurde. Die Frau besaß im Rahmen der Gesellschaft eine durchaus anerkannte Stellung. Die anscheinend aus einem engen Bibelverständnis gewonnene Behauptung eines merowingischen Bischofs, die Frau sei eigentlich gar kein Mensch (wobei *homo* aber doppeldeutig ist und sowohl den Menschen wie den Mann bezeichnet), wurde von seinen Amtskollegen immerhin entschieden zurückgewiesen, und, ebenfalls aus der Bibel heraus, widerlegt.[185] Von ihrer Natur her aber waren Männer und Frauen, wie wir sehen konnten, unterschieden. Der wesenseigene - gar nicht von vornherein negativ gemeinte - Charakterzug der Frau schlechthin aber war ihre Schwäche (*infirmitas*) bzw. ihre Zerbrechlichkeit (*fragilitas*).[186] *Mulier* leitete sich nach mittelalterlicher Vorstellung etymologisch unmittelbar von *mollitia*,

---

181 Rimbert, Vita Anskarii 2 (wie Anm. 174) S. 20f.

182 Annales Xantenses a. 869 (wie Anm. 178) S. 27f.

183 Beispielsweise in Bußbüchern; Egbert, Poenitentiale (wie Anm. 12) Sp. 408, bezieht *magica ars* und *incantatio* auf die Frau (*mulier*). Vgl. Pactus legis Salicae 19,4 (wie Anm. 25) S. 82, zu einem von Frauen bereiteten sterilisierenden Zaubertrank.

184 Gregor von Tours, Historiae 6,35 (wie Anm. 13) S. 305f.

185 Gregor von Tours 8,20 (wie Anm. 13) S. 386f. Vgl. Albert DEMYTTENAERE, The Cleric, Women and the Stain. Some Beliefs and Ritual Practices Concerning Women in the Early Middle Ages, in: Frauen in Spätantike und Frühmittelalter (wie Anm. 6) S. 141-165.

186 Willibald stellte in seiner Bonifatiusvita dem *virilis sexus* den *sexus infirmioris inbecillitatis* gegenüber: Vita Bonifatii 2 (wie Anm. 78) S. 11.

Weichlichkeit, ab.[187] Bezeichnend ist eine Aussage der Radegundvita: Die Großzügigkeit unseres Erlösers sei so groß, heißt es dort, daß er im Frauenge-schlecht starke Siege feiere und die körperlich Schwächeren (*fragiliores*) durch die eingegebene Tugend des Geistes zum Ruhm bringe; die von Geburt aus Weichlichen mache Christus aus dem Glauben heraus stark, die Ohnmächti-gen (*inbecilles*) kröne er dank ihrer Verdienste.[188] Die naturbedingte Schwä-che des Geschlechts war demnach keineswegs ein Hindernis auf dem Weg zum Seelenheil, und sie beließ Möglichkeiten aktiver Lebensgestaltung, wie wir sie in verschiedenen Bereichen beobachten konnten.

Dennoch ergaben sich aus der Lehre der schwächeren weiblichen Natur Folgerungen: nämlich einerseits die Pflicht der Stärkeren (der Männer), die Frau zu schützen, zu lieben und zu ehren[189] - damit schließt sich der Kreis zur Munt, zum Frauenschutz der Rechtsquellen wie auch zur paulinisch-theologischen Deutung des Geschlechterverhältnisses -, andererseits eine Reihe (auch negativer) weiblicher Eigenschaften: Frauen neigten zu Tränen - beim Loskauf eines gefangenen Schweden weinte seine Mutter vor Freude, *sicuti mos est feminarum*[190]-, und zur Neugierde: Nonnen, so bestimmte die Aachener Nonnenregel, sollten die *curiositas* meiden, die am stärksten das weibliche Geschlecht erfasse (*quibus femineus sexus potissimum implica-*

---

187 Vgl. Hrabanus Maurus, De universo 7,1 (wie Anm. 159) Sp. 182f. (nach Isidor, Etymologiae 11,2,18f.): *Vir nuncupatus, quod maior in eo vis est, quam in feminis. Unde et virtus nomen accepit, sive quod vi agat feminam. ... Mulier vero a mollitie, tanquam mollier, detracta I littera vel mutata, appellata est mulier. Utrique enim fortitudine et imbecillitate corporum separantur.* Vgl. MGH Capit. 2, Nr. 252, c. 46, S. 240: *Cum enim vir a virtute nomen accipit et mulier a mollicia, id est fragilitate* (nach Augustin, Sermo 289,1). Vgl. auch Jonas, Vita Columbani 1,3 (vgl. Anm. 140).

188 Venantius Fortunatus, Vita Radegundis 1,1 (prol.), ed. Bruno KRUSCH, MGH SS rer. Mer. 2, S. 364f: *Redemptoris nostri tantum dives est largitas, ut in sexu muliebri celebret fortes victorias et corpore fragiliores ipsas reddat feminas virtute mentis inclitae gloriosas. Quae habentes nascendo mollitiem facit Christus robustas ex fide, ut quae videntur inbecilles, dum coronantur ex meritis, a quo efficiuntur, laudem sui cumulent Creatoris ...* Vgl. auch Vita Aldegundis 2, ed. Wilhelm LEVISON, MGH SS rer. Mer. 6, S. 86: *ipse enim in sexu fragili virtutem castitatis contulit.*

189 Vgl. etwa MGH Capit. 2, Nr. 196, c. 54, S. 45, zur Ehe: *quomodo in castitate uxores suas diligere eisque utpote quasi infirmioribus honorem debitum debeant inpendere.* Gisla überantwortete Liutbirg dem männlichen Schutz ihres Sohnes, ohne den die weibliche Hut Schaden nähme: Vita Liutbirgae 7 (wie Anm. 80) S. 14: *quia muliebris in parvo defectum facile patitur custodia, si pervigil omnimodo virilis ad tempus abest tuitio.*

190 Rimbert, Vita Anskarii 35 (wie Anm. 174) S. 70.

tur).[191] Ihnen war darüber hinaus ein gewisser Leichtsinn (*levitas animi*) eigen, für Isidor die Legitimation der Männerherrschaft.[192] In diesem Sinne aber erschien die weibliche Schwäche als Gefahr, weil sie "ansteckend" wirkte und Männer schwach werden ließ: Die Königin Hildegard, so Notker von St. Gallen, habe unbedingt ein Bistum für ihren Hofgeistlichen erringen wollen, "wie es die Gewohnheit aller Frauen ist zu verlangen, daß ihr Plan und Wunsch stärker sei als die Entschlüsse der Männer", und sie suchte Karl mit Zärtlichkeiten zu erweichen.[193] Die schwache Frau, so warnte auch Jonas in seiner Columbanvita, mache durch ihre Liebe immer wieder die Männer schwach (wie Eva den Adam, Delila den Samson, Bethseba den David).[194] Schlechte Frauen könnten auf diese Weise einen verderblichen Einfluß ausüben, wie die von Agobard von Lyon geschmähte Kaiserin Judith.[195] "Die" Frau wird hier zur Eva, zur Versucherin. In moralischer Zielsetzung beziehen sich solche Belege freilich meist auf die Versuchung von Geistlichen[196] und vor allem von Heiligen[197] und erhalten dadurch - in diesem Kontext - einen ganz anderen, tendenzbestimmten Stellenwert: Nicht das Geschlecht, sondern die Geschlechtlichkeit war ein Heilshindernis, nicht die Frau an sich war Versucherin, sie wurde es nur in bestimmten Situationen. Die Vorstellung von der weiblichen Natur erklärt aber immerhin, weshalb es dazu kommen konnte.

Die schwache weibliche Natur diente nun nicht nur als Begründung für eine moralische Gefährdung, sondern darüber hinaus auch für den Ausschluß von bestimmten Handlungsweisen und Tätigkeitsbereichen und wirkte damit noch einmal unmittelbar auf die Lebensgestaltung zurück:[198] Das Verbot der Altar-

---

191 Institutio sanctimonialium (Synode von Aachen 816): MGH Conc. 2, Nr. 39B, c. 14, S. 448.

192 Isidor, Etymologiae 9,7,30 (wie Anm. 159).

193 Notker, Gesta Karoli 1,4 (wie Anm. 112) S. 6. Vgl. Passio Kiliani II,15, AA SS 8. Juli 2, S. 617.

194 Jonas, Vita Columbani 1,3 (wie Anm. 55) S. 68f.; vgl. Passio Kiliani II,12 (wie Anm. 193) S. 617; Ermoldus Nigellus III,221, ed. Georg Heinrich PERTZ, MGH SS 2, S. 493: *Femina sola viri potuit mollescere mentem.*

195 Agobard, Libri duo II,2,3/5 (wie Anm. 59) S. 277f.

196 Vgl. beispielsweise Notker, Gesta Karoli 1,22 (wie Anm. 112) S. 29ff.; Gregor von Tours, Historiae 1,44 (wie Anm. 13) S. 28f.; 2,21, S. 67.

197 Vgl. etwa Jonas, Vita Columbani 1,3 (wie Anm. 55) S. 68; Wetti, Vita Galli 12 (wie Anm. 176) S. 263f.

198 Der Ausschluß von heiligen Stätten heiliger Männer hatte allerdings eher asketische Gründe; vgl. Vita Pirmini 7, ed. Oswald HOLDER-EGGER, MGH SS 15, S. 27: Pirmin zog sich wegen der vielen weiblichen Besucher nach Hornbach zurück.

feier wurde in bischöflichen Kapitularien eben mit der Schwäche (*infirmitas*) und Ohnmacht (*inbecillitas*) des Geschlechts erklärt.[199] Auch das Kämpfen war nicht Frauensache.[200] Auffällig häufig geriet schließlich die politische und familienpolitische Aktivität der (meist königlichen) Frauen in einen verbrecherischen Zusammenhang: Fredegunde dingte nach späterer Überlieferung einen Mörder für ihren Gatten, um einen Ehebruch zu vertuschen;[201] Sigismund wurde auf Antrieb seiner zweiten Frau zum Mörder an seinem Sohn aus erster Ehe;[202] die Tochter Theuderichs vergiftete ihre eigene Mutter - sie schüttete Gift in den Kelch des Abendmahls! -, weil diese sie hindern wollte, einen Unfreien zu heiraten;[203] Guntchramns Konkubine Veneranda ließ den Sohn von dessen Gemahlin Marcatrude umbringen.[204] Die Beispiele für derartige Handlungen, deren Motive jeweils deutlich erkennbar sind, ließen sich mühelos vermehren. Besonders Brunichild wurde von Fredegar und anderen Autoren wegen ihrer Grausamkeit geschmäht.[205] Solche Urteile besagen zweierlei: Daß zur Diffamierung weiblicher Politik stets die verbrecherische Handlung herangezogen wurde, beweist, daß der politische Einfluß der Frauen allein noch keine Handhabe zur Kritik bot.[206] Dennoch gab es anscheinend ein Unbehagen gegen einen allzu großen Einfluß der Frauen: In Lothringen kam es zum Aufstand, weil König Zwentibold mit Frauen und Nichtadligen regierte;[207] die Annales Mettenses priores empfanden die Herrschaft Plectruds, der Gemahlin Pippins des Mittleren, als Anmaßung, weil sie grausamer regierte, "als es sich

---

199   So das Kapitular Theodulfs von Orléans 1,6: MGH Capit. episc. S. 107; vgl. Vita Liutbirgae 5 (wie Anm. 80) S. 13: Die *imbecillitas* des Geschlechts hinderte Liutbirg daran, Lehrerin (*docibilis*) zu sein.

200   Der Langobardenkönig Alboin, der so viele Feinde im Kampf überlebt hatte, schrieb Paulus Diaconus, starb nach dem Rat einer einzigen Frau (er wurde auf Anstiften seiner Gemahlin ermordet): Historia Langobardorum 2,28 (wie Anm. 108) S. 104ff.

201   Liber Historiae Francorum 35 (wie Anm. 103) S. 302f.

202   Gregor von Tours, Historiae 3,5 (wie Anm. 13) S. 100f.

203   Ebd. 3,31, S. 126f.

204   Ebd. 4,25, S. 156.

205   Vgl. Anm. 176.

206   Auch die Kritik Agobards, Libri duo 1,5 (wie Anm. 59) S. 276, setzt am Charakter Judiths ein: *si qua regina semet ipsam regere non novit, quomodo de onestate palacii curam habebit, aut quomodo gubernacula regni diligenter exercet?* Balthild wurde umgekehrt wegen ihrer eintrachtstiftenden Politik gelobt; vgl. Vita Balthildis 5 (wie Anm. 53) S. 487f.

207   Regino von Prüm, Chronik a. 900 (wie Anm. 96) S. 148.

für weibliche List geziemte", und sie zog sich damit den Zorn der Neustrier zu;[208] die Franken, so berichten dieselben Annalen, seien übertraurig gewesen, weil sie durch den Rat einer unrechtschaffenen Frau geteilt worden seien. (Die Konkubine Suanahild hatte bei Karl Martell den Nachfolgeanspruch ihres Sohnes Gripho durchgesetzt.)[209] Chlodwigs Gemahlin Chrodechilde fand dagegen das volle Lob Gregors von Tours, weil sie mehr Gottesmagd als Königin war und keinen weltlichen Ehrgeiz entwickelte.[210] Solche Urteile suchten vorhandene Einflußmöglichkeiten der Frauen offenbar wieder einzuschränken. Gestützt auf die Lehre zweier unterschiedlicher Geschlechter, hatte das Frauenbild der fränkischen Autoren auch die Tendenz, die weibliche Lebensgestaltung auf bestimmte, geschlechtsspezifische Bereiche einzuengen, entsprach damit allerdings weder der Realität, noch blieb eine solche Haltung widerspruchsfrei. Denn auf der anderen Seite läßt sich auch hier eine Annäherung der Geschlechter - freilich nach männlichen Normen - beobachten, indem man eine gewisse Beherztheit, einen "männlichen Geist", an - vor allem religiösen - Frauen lobte.[211] Der Versuch einer theoretischen Abgrenzung der Geschlechterrollen blieb folglich noch unvollkommen.

*

Ziel dieses Beitrags war es, Möglichkeiten und Grenzen weiblicher Lebensgestaltung im frühen Mittelalter sowohl von den rechtlichen und sozialen Rahmenbedingungen als auch von der zeitgenössischen Vorstellungswelt her zu erfassen und die Zusammenhänge zwischen beiden Ebenen zu diskutieren. Es steht uns heute frei und ist sogar notwendig, daß wir uns ein Urteil über frühere Zeiten bilden. Wer jedoch - aus heutiger Sicht - das frühe Mittelalter als frauenfeindlich verurteilt oder auch umgekehrt in Einzelbeispielen frühe Vorläufer einer Emanzipation entdecken will, gerät in die Gefahr einer Fehldeutung, die früheren Zeiten moderne Bewertungsmaßstäbe überstülpt, wenn die Befunde nicht *auch* vor dem Hintergrund damaliger Normen und Wertvor-

---

208 Annales Mettenses priores a.714 (wie Anm. 162) S. 19f.: *ipsa cum infantulo muliebri consilio tanti regni habenas tractare presumebat. Quod dum crudelius quam oporteret astu femineo disponere decreverat, iram Niwistrium Francorum in nepotis sui interitum et principum qui cum eo exstiterant celeriter convertit.*

209 Ebd. a. 741, S. 32.

210 Gregor von Tours, Historiae 3,18 (wie Anm. 13) S. 120.

211 Vgl. die Glosse Abbos von Saint-Germain, Bella Parisiacae urbis 3,57, ed. G.H. PERTZ, MGH SS 2, S. 804, zu *virago: femina virilis animi.* Vgl. Jonas, Vita Columbani 2,10 (wie Anm. 55) S. 127, zu Burgundofara: *quem Christi virgo non femineo more, sed virili confudit responsione;* Vita Liutbirgae 2 (wie Anm. 80) S. 11.

stellungen gemessen werden. Das macht es notwendig, nach dem zeitgenössischen Frauenbild zu fragen, das letztlich dem damaligen Denken *und* Handeln zugrundelag (auch wenn wir unmittelbar nur das Frauenbild bestimmter Gruppen, der Verfasser unserer Quellen, erfassen können). Frauenbild und weibliche Lebensgestaltung standen somit in einem unmittelbaren Zusammenhang. Das Frauenbild diente einerseits der Rechtfertigung und Erklärung damaliger Lebenswirklichkeit, andererseits reagierte es auf die Realität und suchte diese durch ideologische Normen zu beeinflussen.

In Abwägung der hier vorgetragenen Beobachtungen wird man feststellen dürfen, daß die Möglichkeiten weiblicher Lebensgestaltung im frühen Mittelalter, trotz aller systembedingten Einschränkungen und Normen einer letztlich männerorientierten Gesellschaft und trotz gelegentlich restiktiver Maßnahmen und Einstellungen, in der Realität größer waren, als oft angenommen wird. Die frühmittelalterlichen Frauen waren infolge der vorgegebenen Bedingungen sicherlich nicht völlig frei in ihrer Handlungsweise, sie waren aber ebensowenig - als Frauen - weitgehend handlungsunfähig. Die rechtliche Beschränkung und die soziale und theologische Unterordnung unter den Mann dürfen nicht als Ausdruck einer Minder*wertigkeit* der Frau mißdeutet werden, der im Gegenteil Schutz und Achtung gebührte, noch verhinderten sie aktives weibliches Handeln, noch entsprachen solche Normen überhaupt der weit komplexeren Realität. Die Quellen reflektieren vielmehr ein breites Spektrum möglicher Lebens*formen* wie Ehe- oder Klosterleben und eine Vielfalt möglicher Tätigkeitsbereiche, die zwar nicht eigentlich spezifisch weiblich, sondern Männern und Frauen grundsätzlich gemeinsam waren, an denen die Frauen - mit Ausnahme öffentlicher und kirchlicher Ämter - aber zumindest teilhatten. Sie reflektieren neben solchen Gemeinsamkeiten aber auch geschlechtsspezifische Gestaltungsmöglichkeiten im Rahmen dieser Lebensformen, ohne daß jeweils an eine ausschließliche Geschlechtsbezogenheit zu denken wäre; sie ergaben sich beispielsweise aus dem Monopol der Gebärfähigkeit, und sie äußerten sich in bestimmten Aufgaben in der Ehe oder in bestimmten Fähigkeiten wie der Heilkunde. Die Stellung der Frauen im frühen Mittelalter ist demnach gekennzeichnet durch eine Spannung zwischen einer Bindung, einer Tendenz zur Gemeinsamkeit und Gleichbehandlung der Geschlechter, einerseits, und einer Trennung, einem Bewußtsein der Unterschiedlichkeit, andererseits, die auf die Handlungsweise zurückwirkte. Die Frau, von ihrer Natur her vom Mann unterschieden und entsprechend behandelt, stand in ihrer geschlechtsspezifischen gesellschaftlichen Funktion *neben* dem Mann.

Das zeitgenössische Weltbild lieferte dafür die ideologische Grundlage, indem es der Frau, trotz mancher Tendenzen zur Gleichbehandlung in moralischer wie auch in rechtlicher Hinsicht (die als solche ja bereits eine bis dahin unterschiedliche Behandlung voraussetzen), ein eigenes Geschlecht und eine eigene Wertigkeit und damit eigene Formen der Lebensgestaltung zugestand. Es schränkte diese jedoch zugleich wieder ein, indem es die geschlechtsspezifischen Unterschiede hervorhob und aus dem Frauenbild heraus bestimmte Handlungsweisen, darunter auch einen großen politischen Einfluß, durch bewußte Werturteile als unweiblich abzuqualifizieren suchte. Es verkündete damit allerdings ein Wunschdenken, das ebensowenig der Realität entsprach wie die Rechtsnorm. Ein in dieser Hinsicht restriktives Frauenbild, das nicht selten eine unmoralische oder gar verbrecherische Handlungsweise von Frauen schilderte, ließe sich als eine (konservative) Reaktion auf die differenzierte Wirklichkeit deuten, die den frühmittelalterlichen Frauen durchaus Handlungsspielräume ließ. Vorstellungen von einem "schwachen Geschlecht" machen aber immerhin die Grenzen weiblicher Handlungsfähigkeit in der damaligen Sicht verständlich. Sie liefern zugleich die Begründung für die Munt des Mannes, die die Frauen einerseits abhängig machte, ihnen andererseits aber auch eine geschützte Stellung verlieh, aus der wiederum Handlungsspielräume erwachsen konnten. Diese waren allerdings weder institutionell noch von der Vorstellungswelt her klar festgelegt. Sie ergaben sich vielmehr aus der potentiellen Vielfalt der gebotenen Möglichkeiten, aus noch wenig eindeutig abgegrenzten Rollenverteilungen, aus rechtlichen Freiräumen wie aus der den Frauen entgegengebrachten Achtung, aber auch aus der unübersehbaren Diskrepanz zwischen rechtlicher Norm und Realität sowie der Diskrepanz zwischen dem Frauenbild und dessen realer Ausgestaltung, aus der Spannung zwischen gleicher und unterschiedlicher Behandlung der Geschlechter, aus der Ambivalenz eines insgesamt recht differenzierten Frauenbildes, das den Wert des Geschlechts ebenso einschloß wie die Betonung der von der Weiblichkeit ausgehenden Gefahren und das zwischen den noch wenig harmonisierten Deutungen Spielräume ließ.

Art und Umfang des weiblichen Einflusses waren freilich abhängig von der jeweiligen Macht (und so fehlen uns entsprechende Belege für die unteren Schichten). Lebensgestaltung im frühen Mittelalter war weit mehr eine Frage des Standes und der Stellung als des Geschlechts. Daß aus den vorhandenen Möglichkeiten bereits eine Identität der Frauen (als *Frauen*) hervorging, wird man - mangels entsprechender Belege - daher bezweifeln müssen; die Selbstidentifikation war weit stärker auf andere Seinsbereiche, etwa als Königin

oder Äbtissin, als Nonne, als Mutter oder auch als Sünderin, ausgerichtet und
auf die damaligen gesellschaftlichen Bindungen bezogen. Die Möglichkeiten
weiblicher Lebensgestaltung lagen innerhalb dieses strukturellen und mentali-
tätsgeschichtlichen Rahmens.

Dagmar Beate Baltrusch-Schneider

KLOSTERLEBEN ALS ALTERNATIVE LEBENSFORM ZUR EHE?

Die Frage danach, ob im Frühmittelalter das Klosterleben als Alternative zur Ehe verstanden wurde, möchte ich an Hand zeitgenössischen Quellenmaterials des angelsächsischen England untersuchen. Ich stelle bewußt ein Gebiet in den Mittelpunkt meiner Überlegungen, das weniger von der römischen Tradition beeinflußt war als das merowingische Frankenreich, um nicht der Versuchung zu erliegen, vorschnell bestimmte Kulturerscheinungen auf römische Einflüsse zurückzuführen.

Das angelsächsische England[1] wurde ab 597 durch eine Missionsinitiative des Papstes Gregor des Großen von Kent und wenig später durch irische Missionare von Nordhumbrien aus zum Christentum bekehrt. In den 40er Jahren des 7. Jahrhunderts sollen sich erstmals Frauen in England selbst Gott geweiht haben,[2] vor diesem Zeitpunkt waren einige Angelsächsinnen bereits in fränkische Klöster gegangen.[3]

Von der Mitte des 7. Jahrhunderts bis in die zweite Hälfte des 9. Jahrhunderts sind 65 Frauenklöster in den Quellen nachweisbar. Auf diesen enormen Aufschwung des klösterlichen Lebens hin folgte eine Zeit, welche uns auf Grund großer Quellenarmut nicht gestattet, Einblicke in das Klosterleben oder die Entwicklung der Klöster selbst zu nehmen. Erst von der Mitte des 10. Jahrhunderts, also von der Zeit der benediktinischen Reform der angelsächsischen Kirche an, fließen die Quellen erneut, und in dieser Phase sind

---

1   Im Verlauf des 4. und 5. Jahrhunderts setzte die Einwanderung der Angeln, Sachsen und Jüten und anderer Stämme nach Britannien ein. Die Epoche endete mit der Invasion Wilhelm des Eroberers im Jahre 1066. Den besten Überblick über die altenglische Geschichte gibt Frank Merry STENTON, Anglo-Saxon England, Oxford ²1971.

2   Historia ecclesiastica gentis Anglorum 4,23, ed. Charles PLUMMER, Venerabilis Baedae opera historica, Bd. 1, Oxford 1896, S. 253; im folgenden zitiert als HE nach Buch und Kapitel mit Seitenangabe.

3   HE 3,8, S. 142, und 4,23, S. 253.

lediglich noch 13 Frauenklöster in den zeitgenössischen Quellen erwähnt.[4] Diese enorme Diskrepanz von 65 zu 13 Klöstern, also eine Minderung um 80%, ist augenfällig, und die Frage stellt sich von selbst, warum am Ende der angelsächsischen Epoche Englands die Frauen das Klosterleben nicht mehr als Alternative gesehen haben wie in der Zeit bis ca. 850, falls sie es denn überhaupt jemals getan haben.

Um die in Frageform gekleidete These meines Aufsatzes, die vor allem von Seiten der US-amerikanischen Frauenforschung immer wieder aufs Neue vorgetragen wird,[5] ob das Klosterleben von den Frauen der Zeit als Alternative zur Ehe betrachtet wurde, beantworten zu können, möchte ich im folgenden vier Punkte näher untersuchen:
- Erstens werde ich die Rolle der Klöster sowie der Klosterfrauen in der Welt betrachten, um zu verstehen, ob das Klosterleben gleichzusetzen ist mit einem "Abschied von der Welt";
- zweitens untersuchen, wer in ein Kloster eintrat, das heißt nach der sozialen Schicht, aber vor allem auch nach dem familialen Status der Frauen fragen, nämlich ob sie Jungfrauen, Witwen, Geschiedene, Ehefrauen waren, um zu sehen, ob die Mehrzahl der Nonnen potentielle Ehefrauen waren;
- drittens möchte ich die Frage aufwerfen, ob sich auch für Nonnen eine Alternative zum Klosterleben anbot, das heißt, ob sie eine Ehe eingehen konnten - mit weltlicher und kirchlicher Sanktion;
- viertens schließlich nach der Motivation der Frauen für ihren Klostereintritt fragen.

Zur Rolle der Klöster und der Klosterfrauen
in der Zeit bis um 850

Die Zeit bis um 850 war wesentlich geprägt von großen königlichen Doppelklöstern, also Klöstern, in denen Frauen und Männer in der Weise beieinander wohnten, daß ihr Kloster "räumlich und rechtlich eine Einheit"

---

4   Vgl. dazu meinen in Kürze erscheinenden Aufsatz "Die angelsächsischen Doppelklöster".

5   Dies ist eine der Hauptthesen von Suzanne Fonay WEMPLE, Women in Frankish Society. Marriage and the Cloister 500-900, Philadelphia 1981, bes. S. 125-188, hier S. 151.

bildete.[6] Von den 65 in den Quellen der Zeit nachzuweisenden Frauenklöstern fällt ca. ein Drittel in diese Gruppe der Doppelklöster, das heißt nahezu alle Klöster, von denen wir aus anderen Quellen wissen als aus wortkargen Chroniken und Urkunden. Diesen Klöstern standen von der Zeit ihrer Gründung bis zur zweiten Hälfte des 8. Jahrhunderts immer Äbtissinnen, meist königlicher Abkunft, vor, die größte Macht innerhalb und außerhalb der Mauern in Händen hielten.[7] Welche Funktion aber hatten diese Klöster und damit ihre Vorsteherinnen in der Welt?

Wenn wir sie mit reinen Männerklöstern des gleichen Zeitraums vergleichen, kommen wir zu folgenden Ergebnissen: Nahezu alle Doppelklöster waren Königsklöster, die entweder von Königen oder königlichen Frauen gegründet worden waren und von Frauen der Gründerfamilie geleitet wurden.[8] In beinahe allen diesen Klöstern sind Aufenthalte des Königs, seiner Familie oder Angehöriger seines Hofes nachzuweisen.[9] Die größte Machtfülle in der Welt hielten jedoch die Äbtissinnen in Händen, welche Klöstern vorstanden, die als Königsgrablegen besondere Bedeutung erhielten. Mit diesen, von den Äbtissinnen zu Kultstätten entwickelten Grablegen, wie beispielsweise Whitby,[10] Repton[11] und den westsächsischen Klöstern Wimborne, Wareham

---

6   Dies ist die Definition von Stephan HILPISCH in seinem Standardwerk: Die Doppelklöster: Entstehung und Organisation (Beiträge zur Geschichte des alten Mönchtums und des Benediktinerordens 15) Münster 1982, S. 1.

7   Dazu BALTRUSCH-SCHNEIDER (wie Anm. 4).

8   Nur wenige Ausnahmen sind mit einiger Sicherheit nachzuweisen, wie z. B. das Kloster der Aethelhild in Lindsey, die *de nobilibus* war (zu Aethelhild: HE 3,11, wie Anm. 2, S. 149f.); ihre Herkunft erschließbar über ihren Bruder Aethelhun in HE 3,27, S. 192; auch die Äbtissin des Klosters Tynemouth wird als *ad saeculum ... nobilissima* bezeichnet: Beda, Vita Sancti Cuthberti 35, ed. und übersetzt v. Bertram COLGRAVE, Two Lives of Saint Cuthbert: A Life by an Anonymous Monk of Lindisfarne and Bede's Prose Life. Text, Translation and Notes, Cambridge 1940, S. 264; im folgenden zitiert BVCuth nach Kapitel mit Seitenzahl.

9   Z. B. in Coldingham: Vita Wilfridi episcopi Eboracensis 39, ed. Wilhelm LEVISON, MGH SS rer. Mer. 6, S. 231 (im folgenden zitiert als Vita Wilfridi nach Kapitel mit Seitenangabe); Whitby: HE 4,21 (wie Anm. 2) S. 254 (zu Whitby vgl. auch Anm. 9), und Buggas Kloster: s. Bonifatii et Lullii epistolae 105, ed. Michael TANGL, MGH Epp. sel. 1, S. 229 (im folgenden zitiert als Bon. ep. mit Nummer des Briefes und Seitenangabe).

10   Im Verlauf des 7. Jahrhunderts wurden hier neben vielen anderen Edlen drei Könige bestattet, nämlich Edwin und Oswiu (HE 3,24, wie Anm. 2, S. 179) sowie wahrscheinlich auch der Halbbruder der Äbtissin Aelfflaed und Sohn Oswius, Aldfrith, bzw. wurde ein Kult um Edwin entwickelt, was insbesondere an der diesen begleitenden Vita Gregorii auct. anon. 12-19, ed. Bertram COLGRAVE, The Earliest Life of Gregory the Great by an Anonymous Monk of Whithby. Text, Translation and Notes, Lawrence 1968, S. 94-104, deutlich wird; im folgenden zitiert als Vita Gregorii mit Kapitel- und Seitenangabe.

und Shaftesbury,[12] waren entsprechende Funktionen der Klöster für die Welt verbunden, nämlich

- erstens hatten sie als wichtige religiöse Aufgabe für die Einheit und Bewahrung der Königsfamilie wie auch des gesamten Stammes zu beten;[13]
- zweitens dienten sie als Orte der Zusammenkunft des königlichen Rates[14] bzw. zur Abhaltung von Synoden;[15]
- drittens schließlich waren sie Fluchtburg für alle verfolgten und in Not geratenen Mitglieder der Familie, wie an Whitby, Repton und Wimborne deutlich wird.[16]

---

11   Der mercische König Aethelbald wurde hier bestattet: Angelsächsische Chronik a. 757, ed. Charles PLUMMER, Two of the Saxon Chronicles Parallel with Supplementary Extracts from the Others. A Revised Text, 2 Bde., Oxford 1892-1899, revised in 1952 with a bibliographical note by Dorothy WHITELOCK (im folgenden zitiert als ASC); daß Repton als Kultstätte für den oder wohl die mercischen Könige entwickelt wurde, ist an architektonischen Merkmalen zu sehen; vgl. in diesem Zusammenhang Harold McCarter TAYLOR, Repton reconsidered: a study in structural criticism, in: England Before the Conquest. Studies in Primary Sources Presented to Dorothy Whitelock, hg. v. Peter CLEMOES and Kathleen HUGHES, Cambridge 1971, S. 351-389.

12   In Wimborne fand König Aethelred, König Alfreds Bruder und unmittelbarer Vorgänger, seine letzte Ruhestätte (ASC [MS A] a. 871, wie Anm. 11, S. 72), in Wareham wurde König Beorhtric begraben (ASC [MS A] a. 784, S. 52), in Shaftesbury Königin Aelfgifu (Chronicon Aethelweardi 4,6, a. 948 = 944, 946, ed. Alistair CAMPBELL, The Chronicle of Aethelweard, London 1962) und König Edward the Martyr (ASC [MS C] a. 979, S. 122).

13   So z. B. Whitby (HE 3,20, wie Anm. 2, S. 178).

14   So z. B. Wilton, wo sich 838/839 der königliche Rat traf (Councils and Ecclesiastical Documents relating to Great Britain and Ireland, 3 Bde., ed. Arthur West HADDAN und William STUBBS, Oxford 1869-1878, Bd. 3, S. 620); Nachweis für das Kloster: ASC (MS A) a. 871 (wie Anm. 11) S. 72.

15   Z. B. die berühmte Synode von Whitby 664, die über römische oder keltische Observanz entscheiden sollte: Vita Wilfridi 10 (wie Anm. 9) S. 202f., und HE 3,25 (wie Anm. 2) S. 183.

16   Der Bischof Trumwine von Abercorn floh vor den Pikten in das Kloster Whitby, wo er sich mit einigen der Seinen bis zu seinem Tod aufhielt (HE 4,26, wie Anm. 2, S. 267); die Verwandtschaft mit der Äbtissin Aelfflaed und deren Mutter, Königin Eanflaed, kann aus Namensvergleichen erschlossen werden. Der spätere Eremit Guthlac, Angehöriger des mercischen Königshauses, fand Zuflucht im Kloster der Äbtissin Aelfthryth von Repton (Felix, Vita s. Guthlaci 20, ed. und übersetzt von Bertram COLGRAVE, Felix's Life of Saint Guthlac. Introduction, Text, Translation and Notes, Cambridge 1956, S.84; im folgenden zitiert als Vita Guthlaci mit Kapitel- und Seitenangabe); zu diesem Fall vgl. auch Dagmar B. SCHNEIDER, Anglo-Saxon Women in the Religious Life: A Study of the Status and Position of Women in an Early Mediaeval Society, Diss. phil. Cambridge (masch.) 1985, S. 278f. Der Sohn König Aethelreds nahm 900 nach dem Tod König Alfreds im Kampf um den Thron das Kloster Wimborne ein, wo sein Vater und wohl auch andere Vorfahren bestattet waren (ASC [MS A] a. 900, wie Anm. 11, S. 92, bzw. a. 871, S. 72).

Wenn wir nun die Männerklöster der Zeit mit den Frauen- bzw. Doppelklöstern vergleichen, können wir feststellen, daß diese sehr selten von Angehörigen einer Königsfamilie geleitet wurden und nie von ehemaligen Königen; obwohl sich angelsächsische Könige auch in heimische Klöster zurückgezogen haben,[17] scheint eine Mehrheit von ihnen nach Rom gegangen zu sein.[18] Die Zusammensetzung der Männerkonvente erscheint durchwegs weniger "hochadlig" als die der Doppelkonvente, sicherlich auch ein Grund dafür, daß die Äbte gemeinsam mit ihren Mönchen häufiger von den Königen aus ihren Klöstern vertrieben wurden.[19] Obwohl auch die Äbtissinnen dezidierte Standpunkte in Auseinandersetzungen einnahmen, wie beispielsweise Hilda von Whitby[20] oder Aelfthryth von Repton,[21] wird doch nie von einer Vertreibung von Frauen aus einem Kloster berichtet - außer als Folge von Kriegshandlungen. Abgesehen von den großen Kathedralklöstern wie Canterbury und York, wurden Männerklöster nicht als Königsgrablegen ausgewählt,[22] es sei denn auf Veranlassung einer Königin und auf Grund rein politischer Gründe.[23] Schließlich suchten königliche politische Flüchtlinge

---

17 Z. B. der mercische König Aethelred (HE 5,19, wie Anm. 2, S. 329, und 5,24, a. 704, S. 356) und Sebbi, König der Ostsachsen (HE 4,11, S. 225f.).

18 So die westsächsischen Könige Caedwalla und Ine (HE 5,7, ebd. S. 292-294), der mercische König Cenred und der ostsächsische König Offa (HE 5,19, S. 321f.).

19 Dies insbesondere im Zusammenhang mit der Auseinandersetzung um die römische oder keltische Observanz; Opfer waren z. B. der hl. Cuthbert (BVCuth. 7, wie Anm. 8, S. 174; 8, S. 180) oder Wilfrid, der Bischof von York, der sein ganzes Leben immer wieder unter Vertreibungen zu leiden hatte (z. B. Vita Wilfridi 44, wie Anm. 9, S. 238; 60, S. 257).

20 Hilda von Whitby war beispielsweise auf Seiten der irischen Kirche in der Auseinandersetzung um die römische Observanz: HE 3,25 (wie Anm. 2) S. 183.

21 Die Äbtissin wird in einem Brief von Bischof Wealdhere von London an Erzbischof Berchtwald erwähnt, in dem es um die Beherbergung politischer Flüchtlinge und die Auseinandersetzung der Äbtissin mit dem mercischen König Cenred geht - auch Guthlac floh vor Cenred (vgl. Anm. 16); der Brief ist ediert von Pierre CHAPLAIS, The letter from Bishop Wealdhere of London to Archbishop Brihtwold of Canterbury: the earliest original 'letter close' extant in the West, in: Medieval Scribes, hg. v. Malcolm B. PARKES und Andrew T. WATSON, London 1978, S. 3-23, hier S. 22f.

22 Grundlegend Karl Heinrich KRÜGER, Königsgrabkirchen der Franken, Angelsachsen und Langobarden bis zur Mitte des 8. Jahrhunderts: ein historischer Katalog, München 1971.

23 So ließ z. B. die Nordhumbrierin Osthryth, die mit dem mercischen König Aethelred verheiratet war, ihren Onkel, König Oswald, nach Bardney bringen, ein Kloster in der Provinz Lindsey, die erst kürzlich ihrer Familie verlorengegangen war (HE 3,11, wie Anm. 2, S. 148). Sie setzte diese Translation durch, obwohl die Mönche darüber sehr verärgert waren, denn der heilige Oswald stammte aus einer anderen Provinz (ebd.); wahrscheinlich wollte Osthryth mit einem nordhumbrischen Heiligen aus ihrer Familie ein Gegengewicht zu den neuen mercischen Herren Lindseys schaffen.

Männerklöster nicht als Fluchtburgen auf, denn eine ideelle Unterstützung, wie die, welche sie in den Doppelklöstern an den Gräbern ihrer Vorfahren finden konnten, konnte ihnen hier nicht gewährt werden.

Wenn wir uns einem Vergleich der Aktivität von Frauen- und Männerklöstern in der Kirche zuwenden, können wir feststellen, daß auch hier eine gewisse Diskrepanz bestand: Die Frauenklöster taten sich hervor bei der Ausbildung des Klerus - viele Bischöfe des 7. und 8. Jahrhunderts kamen aus Doppelklöstern,[24] ebenso viele Missionare und Missionarinnen.[25] Weiterhin waren speziell die Äbtissinnen der großen königlichen Doppelklöster in der Vermittlung zwischen Kirchenmännern und der Welt besonders tätig[26] - eine Rolle, die nicht im gleichen Maß von den Männerklöstern und ihren Äbten zu verzeichnen ist, das heißt eigentlich gar nicht bestand. Die Äbte waren, wie bereits erwähnt, vielmehr abhängig von den Launen und dem guten Willen der Könige und häufiger als Opfer denn als Handelnde, wie die Äbtissinnen, in die Auseinandersetzungen verwickelt.

Betrachten wir schließlich noch das Leben im Kloster selbst, so können wir ebenfalls Unterschiede feststellen, allerdings in anderer Weise als bezüglich Welt und Kirche. Im klösterlichen Bereich sind zwar die Nonnen und Äbtissinnen noch stärker an den liturgischen Handlungen beteiligt gewesen, als dies ihre Schwestern in der Zeit der benediktinischen Reform waren, jedoch auf Grund christlicher bzw. kanonischer Vorschriften von vielen Handlungen bereits ausgeschlossen gewesen;[27] ebenso gravierend scheint das Bild bezogen auf die wissenschaftlichen Leistungen zu sein. Kein weiblicher Aldhelm, kein weiblicher Beda Venerabilis, und von den Lindisfarner Prachthandschriften vergleichbaren künstlerischen Leistungen kann keine Rede sein. Schrieben, malten, dachten die Frauen also nichts? Ganz so kraß scheint der Unterschied zwischen Mönchen und Nonnen allerdings nicht gewesen zu sein, wenn man nur das Quellenmaterial, das gedruckt vorliegt, genauer

---

24 HE 4,23 (wie Anm. 2) S. 254f., für das Kloster Whitby.

25 Erzbischof Lul von Mainz entstammte beispielsweise mit ziemlicher Sicherheit dem Doppelkloster Inkberrow (Bon. ep. 49, wie Anm. 9, S. 78ff.). Viele andere Missionare werden in der Bonifatiuskorrespondenz genannt bzw. in Rudolf von Fuldas Vita Leobae abbatissae Biscofesheimensis 10, ed. Georg WAITZ, MGH SS 15,1, S. 125 (im folgenden zitiert als Vita Leobae mit Kapitel- und Seitenangabe), allen voran Leoba selbst.

26 Vgl. dazu SCHNEIDER (wie Anm. 16) S. 286-295.

27 Vgl. ebd. S. 179-194.

untersucht: Allein daraus kann man ersehen, daß Frauen Handschriften illuminierten[28] sowie Heiligenleben und Briefe schrieben.[29] Es ist auch zu vermuten, daß man das eine oder andere bei genauerer Analyse vor allem der Handschriften noch wird finden können,[30] jedoch scheint es insgesamt weniger gewesen zu sein als das, was die Mönche der Männerklöster hervorgebracht haben.

Was bedeutet dies nun alles für die Frauen und besonders für unsere Fragestellung? Klosterfrauen, insbesondere die Äbtissinnen, hatten als solche eine führende Stellung in der Welt und in der Kirche inne, eine Tatsache, die unter anderem deutlich wird am Verbrüderungsbuch des Klosters Lindisfarne, in dem Königinnen und Äbtissinnen in einer Liste zusammengefaßt erscheinen, also den gleichen sozialen Status aufwiesen.[31] Sie waren Frauen, die nicht der Welt den Rücken zugekehrt hatten, um asketisch zu leben, sondern die umgekehrt, das Kloster als Machtbasis im Rücken, im Unterschied zu ihren männlichen Kollegen in die politischen Geschehnisse eingriffen. Dieses politische Eingreifen konnte im großen Stil nur von den Königsklöstern aus geschehen, besonders den Klöstern, welche als königliche Grablegen dienten, nicht von "zweitrangigen" Adelsklöstern aus, wenn auch für alle Doppelklöster gilt, daß sie ihren Familien als ideelle, kulturelle und religiöse Zentren dienten.

Politisch und organisatorisch aktiv waren die Frauen auch im Bereich der Kirche, sie bildeten Klerus, Missionare und Missionarinnen aus und vermittelten

---

28 Bonifatius bat Eadburh um ein Exemplar der Petrusbriefe in Gold (Bon. ep. 35, wie Anm. 9, S. 60). Zur Identität von Eadburh vgl. SCHNEIDER (wie Anm. 16) S. 165.

29 So beispielsweise das Leben der Aethelburh von Barking und ihres Klosters, welches nur bei Beda zusammengefaßt überliefert ist (HE 4,7-11, wie Anm. 2, S. 219-227); über die Möglichkeit weiblicher Autorschaft vgl. SCHNEIDER (wie Anm. 16) S. 169; eventuell das Leben Gregors des Großen aus dem Kloster Whitby (wie Anm. 10), wobei hier allerdings kein Aufschluß über das Geschlecht des Autors zu gewinnen ist; schließlich das Leben der hl. Willibald und Wynnebald, welche die angelsächsische Missionarin Hugeburh im Kloster Heidenheim verfaßte (Vitae Willibaldi et Wynnebaldi auctore sanctimoniali Heidenheimsensi, ed. Oswald HOLDER-EGGER, MGH SS 15,1, S. 80-117), sowie die Briefe, welche unter anderem in der Bonifatiuskorrespondenz überliefert sind (Bon. ep. 8, wie Anm. 9, S. 3f.; 13, S. 18ff.; 14, S. 21ff.; 15, S. 26ff.; 29, S. 52f.; 55, S. 97f.; 97, S. 217f.; 143, S. 282; 147, S. 284f.; 148, S. 285ff.). Zur Diskussion der Briefüberlieferung vgl. SCHNEIDER (wie Anm. 16) S. 158-168, zur Hagiographie ebd. S. 168-173, zu von Frauen geschriebenen Gebetbüchern ebd. S. 173-178.

30 Vgl. dazu den Beitrag von Rosamond McKITTERICK, in diesem Band S. 65-118.

31 Liber vitae Dunelmensis, ed. Jan GERCHOW, Die Gedenküberlieferung der Angelsachsen (Arbeiten zur Frühmittelalterforschung 20) Berlin-New York 1988, S. 304-320, hier S. 304f. Vgl. auch SCHNEIDER (wie Anm. 16) S. 33f.

in Auseinandersetzungen; auch hier ist also keine Weltabgeschiedenheit zu erkennen - auch nicht für die Nonnen. Im engeren Klosterbereich schließlich sehen wir tendenziell weniger Aktivität im Bereich der Bildung (nicht der Ausbildung), nämlich der Produktion von Handschriften und der Abfassung von gelehrten Traktaten.

Das Kloster der Frauen im frühmittelalterlichen England spielte also eine aktive Rolle in der Welt, war Teil des Herrschaftsapparates einer Königs- oder Adelsfamilie, mit festbestimmten Aufgaben, in keiner Hinsicht von der Welt abgeschnitten, sondern mitten im Leben stehend.

Die Zusammensetzung der Frauenkonvente: Wer trat in ein Kloster ein?

Aus dem bisher Gesagten geht bereits hervor, daß nur eine kleine soziale Elite in die Doppelklöster eintreten konnte, wenn uns auch der soziale oder familiäre Hintergrund der meisten Klosterfrauen nicht aus den Quellen erschließbar ist. Da aber nur eine einzige *paupercula sanctimonialis* im Sinn von "arm an weltlichen Gütern" in den Quellen der Zeit erwähnt wird[32] und man bereits um 830 Besitz in ein Kloster einbringen mußte, um eintreten zu dürfen,[33] scheint es durchaus folgerichtig, daß Frauen aus niederen sozialen Schichten, die insbesondere als Witwen ein religiöses Leben führen wollten, dies außerhalb der Klöster in ihren eigenen Häusern taten - recht viele ärmere religiöse Witwen sind nachweisbar.[34]

Wenn wir nach dem Familienstand der Frauen fragen, die in die Klöster gingen, so ist bei etwas über der Hälfte der Frauen, nämlich 57,3%, kein Aufschluß aus den Quellen zu gewinnen;[35] von lediglich 15,5% wird erwähnt, daß sie Jungfrauen, von 17,1%, daß sie Witwen waren. 2,5% hatten ihre

---

32 Vita Wilfridi 65 (wie Anm. 9) S. 261.

33 Vgl. dazu die Urkunde S 1482, zitiert nach Peter Hayes SAWYER, Anglo-Saxon Charters: an annotated list and bibliography, London 1968; die Urkunde ist gedruckt und übersetzt von Florence Elizabeth HARMER, Select English Historical Documents of the Ninth and Tenth Centuries, Cambridge 1914, Nr. 2, S. 3-5.

34 Im angelsächsischen England des 7. und 8. Jh. sind, anders als im gleichzeitigen Frankenreich, lediglich Witwen, aber keine Gott geweihten Jungfrauen außerhalb der Klostermauern in den Quellen erwähnt.

35 Diese und die folgenden Zahlen beruhen auf der Auswertung von prosopographischem Material über alle erwähnten religiösen Frauen im angelsächsischen England. Ich hoffe, diese Prosopographie an anderer Stelle zu veröffentlichen.

Männer *pro amore Dei* verlassen, und 7,6% werden als *feminae* bezeichnet, wohl ebenfalls Frauen, die Eheerfahrungen hatten und von ihren Männern geschieden waren - auf die Scheidung der Ehen bei den Angelsachsen komme ich noch zurück. Einen Trend, wenn auch nicht mehr, kann man diesen Zahlen sicherlich entnehmen, nämlich daß die Mehrheit der Klosterfrauen, über die etwas überliefert ist, nämlich 27,7%, Erfahrung mit einer Ehe gemacht hatten und nur eine Minderheit der Nonnen Jungfrauen waren.[36]

Die Vermutung, daß die Witwen den größten Teil der Nonnen der ersten beiden christlichen Jahrhunderte des angelsächsischen Englands ausgemacht haben, wird auch dadurch bestätigt, daß die "Propaganda" der Kirchenmänner insbesondere auf diese abzielte. Selbst Aldhelm, der erste angelsächsische Autor überhaupt (er starb um 709), wandte sich in seinem Traktat *De virginitate,* welchen er den Nonnen von Barking widmete,[37] ausdrücklich an die Witwen, die Geschiedenen und an die Ehefrauen (vgl. Abb. 5). Immer wieder betont er, daß die körperliche Unversehrtheit allein noch nicht die wahre Jungfräulichkeit ausmache, welche man nur preisen könne, wenn sie, begleitet von Demut, Keuschheit des Herzens und Disziplin,[38] im Schutzwall eines freien Willens (*in praesidio liberae mentis*) bewahrt werde.[39] Außer der körperlichen Unversehrtheit könnten aber diese Frauen die gleichen Verdienste aufweisen wie die Jungfrauen und sogar diese übertreffen, denn letztere liefen Gefahr, sich allein ihrer Unversehrtheit wegen über ihre Mitstreiterinnen zu erheben.[40] Beiden Gruppen aber empfahl Aldhelm den gleichen Pfad zum Himmelreich: Nur durch die mühevolle wissenschaftliche Betätigung, durch Le-

---

36 Man muß allerdings erwähnen, daß eine Zuordnung der Frauen nicht immer eindeutig möglich ist. Ganz sicher kann man nur sein, wenn eine Frau als *uidua* bezeichnet wird; so wird z. B. von Aethelthryth von Ely, die ihren Ehemann *pro amore Dei* verlassen hatte, behauptet, sie sei eine *uirgo* gewesen (HE 4,19, wie Anm. 2, S. 243); Frauen, die als *feminae* bezeichnet werden, können sowohl ehemals verheiratete Frauen, wie Rudolf von Fuldas Scheidung der Nonnen von Wimborne in *virgines* und *feminae* vermuten lässt (Vita Leobae 4, wie Anm. 25, S. 123f.), aber auch Jungfrauen gewesen sein; so Beda über die Nonne Begu in Whitby (HE 4,23, wie Anm. 2, S. 257). Bei Beda sind die Begriffe *uirgo* und *femina* austauschbar, wie an seinen Bezeichnungen für die Doppelklöster bzw. deren Äbtissinnen deutlich wird: Coldingham, Ely und Watton sind *monasteria uirginum* (HE 4,25, S. 262; 4,19, S. 244; 5,3, S. 285), Aethelburh, die erste Äbtissin von Barking wird als *mater deuotarum feminarum* bezeichnet (HE 4,6, S. 219), Whitby als *monasterium famulorum famularumque Dei* (HE 4,26, S. 267).

37 Opera, ed. Rudolf EHWALD, MGH AA 15, S. 209-323; das Lobgedicht ebd. S. 325-471; die Widmung des Prosawerkes S. 228f.

38 Ebd. 13, S. 234, und passim.

39 Ebd. 58, S. 319.

40 Ebd. 9, S. 236ff.; 10, S. 238f., und 11, S. 239f.

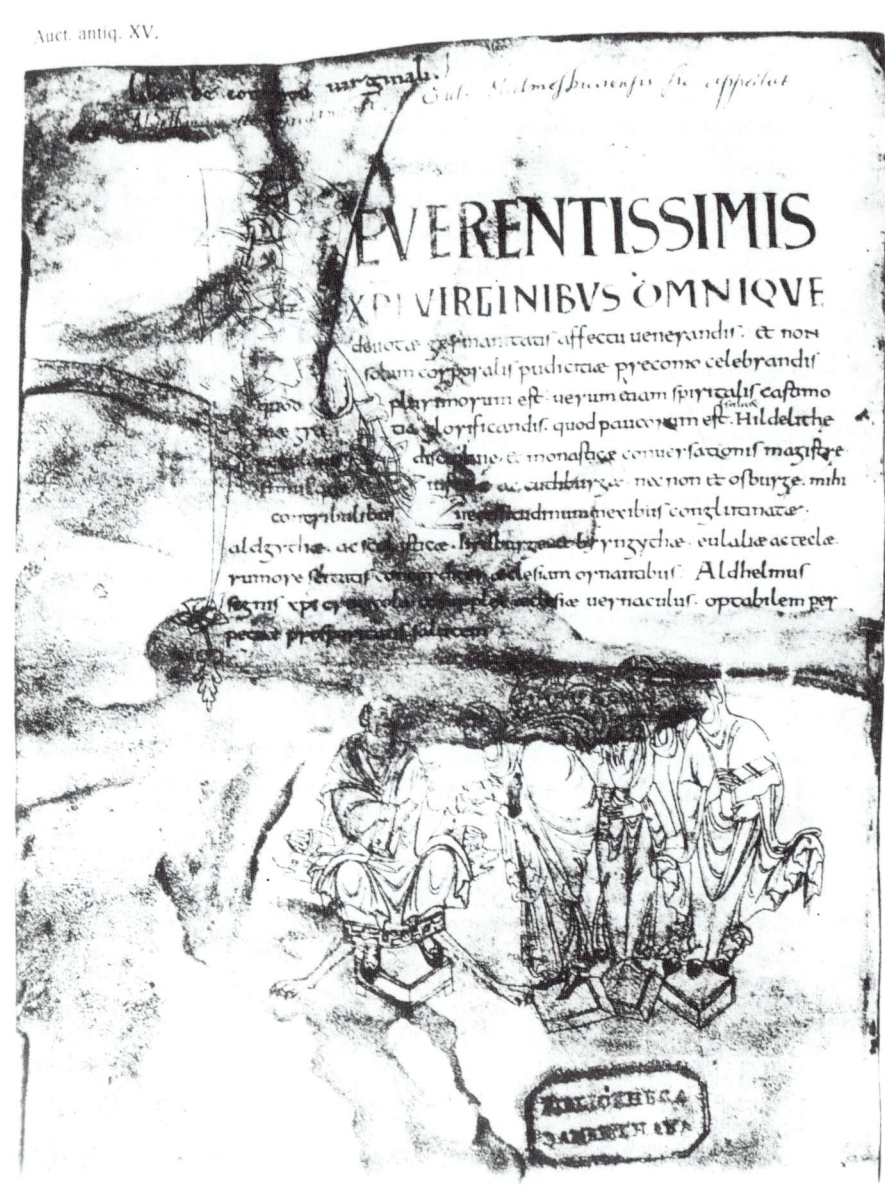

Abb. 5 Aldhelm überreicht den Nonnen von Barking seinen Jungfrauenspiegel. Leider
beschädigtes Titelblatt aus dem Codex Lambethanus.

sen und Meditation, sei alle Neigung zur Sünde zu überwinden und der Gipfel der Tugend zu erringen.[41] Man darf wohl annehmen, daß Aldhelms *De virginitate* deshalb so stark auf die Gruppe der Nicht-Jungfrauen Bezug nahm, weil diese den Hauptteil der Nonnen von Barking ausgemacht haben.[42]

Wie bei Aldhelm ist auch bei den anderen angelsächsischen Kirchenmännern - so z. B. Alkuin - kein Unterschied in der Einschätzung der Verdienste der Frauen zu erkennen. Bis ins 11. Jahrhundert forderten Männer der Kirche die Witwen (und nur diese) auf, ein religiöses Leben zu führen, doch wurden diese seit der benediktinischen Reform zunehmend zu einer Sondergruppe, die nicht mehr vergleichbar ist mit der der jungfräulichen Klosternonnen. Die Warnungen, die in den Gesetzen Knuts des Großen verankert sind, Witwen nicht vorschnell zu weihen,[43] obwohl deren Autor Wulfstan in einem Appell an die Witwen diese wie Generationen von Kirchenmännern vor ihm zum religiösen Leben aufrief,[44] haben ihre Wurzel in fränkischen Bestimmungen, die im großen Stil während der benediktinischen Reform in England rezipiert worden sind. Bereits 829 mahnte das *Concilium Parisiense*, Witwen nicht vorschnell zu Äbtissinnen zu erheben,[45] und dieses Mißtrauen gegenüber den Witwen schlich sich auch in die Schriften mancher Kirchenmänner der späten angelsächsischen Epoche ein. Allerdings sorgte man hier auch zu dieser Zeit noch für Frauen (und auch Männer), die erst spät im Leben in ein Kloster eintreten wollten. Ausdrücklich wurde die Übersetzung der *Regula Sancti Benedicti* ins Angelsächsische von König Edgar angemahnt,[46] und ein Exemplar, das sich an Frauen richtet, ist auch überliefert.[47]

---

41 Dies wird deutlich an seinen Beispielen christlicher Märtyrerinnen und ihrer Darstellung; vgl. dazu SCHNEIDER (wie Anm. 16) S. 199-201.

42 Vgl. in diesem Zusammenhang Michael LAPIDGE, Introduction to Aldhelm's Prose 'de virginitate', in: Aldhelm: The Prose Works, hg. v. Michael LAPIDGE u. Michael HERREN, Ipswich u.a. 1979, S. 51-58.

43 II Cnut 73,3, ed. Felix LIEBERMANN, Die Gesetze der Angelsachsen, Bd. 1, Halle 1903, S. 360/361.

44 I Polity 93-97 = II Polity XV 198-202, ed. Karl JOST, Die "Institutes of Polity, Civil and Ecclesiastical": Ein Werk Erzbischof Wulfstans von York (Schweizer Anglistische Arbeiten 47) Bern 1959, S. 136f.

45 C. 39, MGH Conc. 2,2, S. 637.

46 An Account of King Edgar's Establishment of Monasteries, ed. Dorothy WHITELOCK, Martin BRETT und Christopher N. L. BROOKE, Councils and Synods with other Documents relating to the English Church, Bd. 1,1, 871-1066, Nr. 33, S. 142-154, hier S. 151.

47 Dazu Mechthild GRETSCH, Aethelwold's translation of the Regula Sancti Benedicti and its Latin exemplar, Anglo-Saxon England 3, 1974, S. 125-151, hier S. 138f.

Wer waren nun aber die Jungfrauen und die Witwen, die in ein Kloster gingen? Denn wenn wir hören, daß Aldhelm die Klosterfrauen anwies, sich wissenschaftlich zu betätigen, dann müssen wir fragen, wie die Witwen oder geschiedenen Frauen dazu in der Lage waren - und waren sie es überhaupt? In der Tat gibt es eine große Menge an Quellenmaterial, welches gerade dies beweist: die Bildung der ehemals verheirateten Frauen.[48] All diese Frauen aber, soweit wir nähere Informationen über sie haben, stammten aus Königsfamilien oder dem hohen Adel, und einige von ihnen wurden nachweislich von privaten Lehrern oder Lehrerinnen - vornehmlich Nonnen - unterrichtet.[49] Andere wurden in Klöster geschickt - sicherlich mit der gleichen Maßgabe wie die Knaben, die Bischof Wilfrid zur Erziehung übergeben worden waren und die später wählen sollten, ob sie lieber dem Herrn oder dem König dienen wollten.[50] Bereits zu einer Zeit, als noch keine Klöster für Frauen im angelsächsischen England bestanden, schickten die Angelsachsen ihre Töchter in fränkische Klöster, um sie dort zu erziehen (*filias suas eisdem erudiendas mittebant*),[51] und aus der *Vita Bertilae*, der Äbtissin von Chelles, wissen wir, daß Männer und Frauen aus England zu ihr eilten, um sich unterweisen zu lassen;[52] dies bedeutet jedoch nicht, daß die Frauen in jedem Fall in die Klöster, in die sie geschickt wurden oder in die sie aus eigenem Willen zur Erziehung gingen, auch eingetreten wären. Spätere Quellen bestätigen diesen Bildungseifer der Frauen.[53]

Es scheint mir eine plausible Erklärung zu sein, daß all die gebildeten Witwen, die uns als Klosterfrauen entgegentreten, ihre erste Bekanntschaft mit dieser Lebensform als junge Mädchen gemacht haben, als sie zur Erziehung ins Kloster gingen. Meine These ist also, daß Frauen häufig "zwei Klosterkarrieren" hatten und daß sie selbst entscheiden konnten, ob sie im Kloster verbleiben wollten oder lieber in die Welt zurückkehren und eine Ehe eingehen wollten.

---

48 Vgl. z. B. den Brief der verwitweten Äbtissin Eangyth, welcher im Corpus der Bonifatiuskorrespondenz überliefert ist (Bon. ep. 14, s. o. Anm. 29).

49 Vgl. dazu SCHNEIDER (wie Anm. 16) S. 142-144.

50 Vita Wilfridi 21 (wie Anm. 9) S. 216.

51 HE 3,8 (wie Anm. 2) S. 142.

52 Vita Bertilae abbatissae Calensis 5, ed. Wilhelm LEVISON, MGH SS rer. Mer. 6, S.105f.

53 Vgl. dazu SCHNEIDER (wie Anm. 16) S. 140-142.

Gab es für Nonnen die alternative Lebensform der Ehe?

Es gibt zwar lediglich zwei namentlich überlieferte Fälle von Nonnen, die geheiratet haben,[54] viele weitere Quellen - erzählende wie auch normative - bestätigen jedoch die Nonnenheirat und zeigen, wie allgemein verbreitet diese im angelsächsischen Frühmittelalter war. Bereits 726 wurde Bonifatius auf seine Anfrage hin, ob Jungen oder Mädchen, die von ihren Eltern in der Kindheit als Oblaten ins Kloster gegeben worden waren, als Jugendliche zwecks Heirat wieder austreten dürften, von Papst Gregor II. angewiesen, daß dies unter allen Umständen zu vermeiden sei.[55] Daß die Anfrage des Bonifatius nicht nur kontinentale Verhältnisse betraf, sondern sich ganz besonders auf angelsächsische Zustände bezog, wird unter anderem aus seinem Mahnschreiben an König Aethelbald von Mercien deutlich. Diesem warf er Unzucht und Hurerei mit Nonnen vor,[56] kritisierte aber ganz generell die Zustände auf der Insel: Viele Nonnen würden verführt, bekämen Kinder, die sie dann häufig auch noch umbrächten, und all dies käme von der zu laxen Handhabung des Königs in dieser Frage.[57] Bereits unter den Königen Osred und Ceolred, also zu Beginn des 8. Jahrhunderts, wäre das *adulterium nonnarum,* der Ehebruch der Nonnen, gleichsam von Staats wegen - *publice* - erlaubt gewesen,[58] und ich bin mir sicher, daß dieses *publice* hier die gesetzlich verankerte Möglichkeit der Eheschließung für Nonnen bedeutet. 786 beschloß eine angelsächsische Synode, den Nonnen die Eheschließung bzw.

54　Die beiden *famulae Dei* Dunne und ihre Tochter Bugga erhielten Land, um ein Kloster zu errichten (SAWYER 1429, von 736/737, wie Anm. 33, gedruckt in Walter de Gray BIRCH, Cartularium Saxonicum: A Collection of Charters Relating to Anglo-Saxon History, Bd. 1, London 1885, Nr. 156); aus einer Urkunde von 774 (SAWYER 1255, gedruckt in Gray BIRCH Bd. 1, Nr. 217) erfährt man, daß Bugga das Kloster verlassen haben muß, um eine Ehe einzugehen, da ihre Tochter Hrothwaru von der Großmutter Dunne das Kloster erben sollte, die Mutter Bugge aber, auf Grund des zarten Alters ihrer Tochter, die Urkunden des Klosters Withington zur Aufbewahrung erhielt; ihre Weigerung, die Urkunden später der Tochter auszuhändigen, hatte einen Rechtsstreit zur Folge, der uns über den Fall informiert. Der zweite Fall einer Nonne, die eine Ehe einging, betrifft den im anderen Zusammenhang genannten Neffen Alfreds des Großen, Aethelwold: Bei seiner Einnahme des Klosters Wimborne entführte er auch eine der Nonnen "gegen das Gebot des Königs und des Bischofs" (s.o. Anm. 16).

55　Bon. ep. 26 (wie Anm. 9) S. 44-47, hier 46.

56　Bon. ep. 73, S. 148f.

57　Ebd. S. 151.

58　Ebd. S. 152.

die Ehe mit Nonnen zu verbieten.[59] Doch gegen die weltlichen Interessen scheint sich die Kirche in diesem Punkt nicht durchgesetzt zu haben. So beschwerte sich 874 Papst Johannes VIII. in einem Brief an König Burgred von Mercia über diesen unhaltbaren Zustand,[60] und Fulko von Reims schrieb um 890 in dieser Sache an den Erzbischof Plegmund von Canterbury und Alfred den Großen, die Nonnenheirat als uraltes Herkommen bei den Angelsachsen bezeichnend.[61] Aber noch im Gesetzeskodex eben dieses Königs Alfred finden sich nähere Bestimmungen zur Nonnenheirat. Er legte fest, daß die Heirat vom zuständigen Bischof und vom König erlaubt werden mußte, weil sich andernfalls bestimmte erbrechtliche Nachteile für Mutter und Kind im Fall des Todes des Ehemannes ergäben (die beiden beerbten den Vater in diesem Fall nicht, bzw. wenn das Kind der Eheleute starb, erhielt die Muttersippe nichts vom Wergeld).[62] Diese Bestimmungen zeigen zum einen, daß eine Nonne nach dem Austritt aus dem Kloster wieder in ihre Sippe zurücktrat, zum anderen, daß man in der Zeit Alfreds es noch nicht wagte, ein Paar zu trennen, das sich gegen Königs- und Bischofsgebot zusammengetan hatte. Erst zur Zeit Knuts des Großen, im Gesetzestext von 1020, wird der Ehemann einer Nonne exkommuniziert und verliert sein gesamtes Vermögen an den König.[63]

Daß im 10. Jahrhundert das Problem des Austritts von Nonnen noch genauso aktuell war wie zu Anfang der Epoche, läßt eine Passage in der *Regularis Concordia* vermuten, welche auf besonderen Wunsch des heiligen Dunstan, des Erzbischofs von Canterbury, in diesen Text aufgenommen worden war: Er wollte die Zugänglichkeit der Nonnenklöster für König und Angehörige des Hofes wie auch für alle anderen Laien unmöglich machen.[64] Knuts Gesetz

---

59   Dies geht aus einem Synodalbericht an Papst Hadrian hervor: Alcvini Epistolae 3, ed. Ernst DÜMMLER, MGH Epp. 4, S. 19-29, bes. cc. 15 und 16, S. 25.

60   MGH Epp. Karol. Aevi 5, Nr. 35, S. 293.

61   Flodoard von Reims berichtet von zwei Briefen, die Fulko, der Erzbischof von Reims, an Alfred den Großen und Plegmund, den Erzbischof von Canterbury, geschrieben hatte (Flodoardi historia Remensis Ecclesiae, ed. Johannes HELLER und Georg WAITZ, MGH SS 13, S. 566); Fulko wollte die "perverse Meinung", die aus heidnischem Irrtum entstanden war und bis in diese Zeit sich gehalten hatte, ausreißen, nämlich u.a., daß man Nonnen "beflecken" dürfe (S. 566); der Brief an Plegmund bezieht sich auf den an Alfred (S. 568).

62   Alfred 8 - 8,3 (wie Anm. 43) S. 54/55; vgl. dazu o. Anm. 16 bzw. 54, Aethelwolds "Fall".

63   Cc. 16 und 17 (wie Anm. 43) S. 274.

64   Regularis Concordia Anglicae Nationis c. 7, ed. Kassius HALLINGER, Corpus Consuetudinum saeculi X/XI/XII: Monumenta non-Cluniacensia (Corpus consuetudinum monasticarum 7,3) Siegburg 1984, S. 61-147.

aber zeigt, daß es bis ins 11. Jahrhundert hinein der Kirche nicht völlig gelungen war, die Frauen im Kloster zu halten.

Bevor ich mich der letzten Frage meines Aufsatzes zuwende, möchte ich noch anmerken, daß es sich bei den angelsächsischen Klosterfrauen bis auf die Zeit der benediktinischen Reform tatsächlich um Nonnen gehandelt hat - in deren eigenem Verständnis jedenfalls. Die Diskussion darum, ob wir die Klosterfrauen dieser Zeit in ordentliche Nonnen und weniger ordentliche Kanonissen einteilen können, erscheint im Lichte von Begriffsuntersuchungen völlig falsch. Alle Begriffe, mit denen Klosterfrauen dieser Zeit belegt wurden, waren synonym gebraucht, und eine Unterscheidung von Nonne und Kanonisse ist zumindest im angelsächsischen England erst im 11. Jahrhundert zu machen.[65] M. E. ist es daher völlig verfehlt, wenn wir heute den Frauen von damals unsere Interpretation ihres Lebens aufpressen wollen und sie nach unseren Kategorien in verschiedene Gruppen teilen und meinen, daß nur eine Stiftsdame, eine Kanonisse, nicht aber eine Nonne heiraten konnte. Die Frauen selbst betrachteten sich als Nonnen und wurden von der Kirche und den Kirchenmännern ihrer Zeit als Nonnen betrachtet, und ich glaube, daß dies ein ausreichender Grund für uns sein sollte, es dabei zu belassen.

Sind Motive für einen Klostereintritt erkennbar?

Nun haben natürlich nicht alle Frauen das Kloster wieder verlassen wollen, um zu ehelichen, viele wollten dort auch verbleiben. Wenn wir annehmen, daß viele Angelsachsen ihre Töchter auch noch nach der Zeit Bedas ins Kloster geschickt haben, um sie dort erziehen zu lassen,[66] und ihnen dann die Wahl ließen, was sie tun wollten, im Kloster zu bleiben oder in die Welt zurückzukehren, dann wird auch das ständige Hin und Her zwischen der Kirche und den Klöstern einerseits und der Welt, König und Adel, andererseits einsichtig. Die einen versuchten, ihre einmal gewonnenen Mitglieder zu behalten, die anderen wollten sich ihre Freiheit und ihr Selbstbestimmungsrecht bewahren. Die Auseinandersetzungen traten auch erst in dem Moment auf, als die Klöster nicht mehr gänzlich als Familieneigentum betrachtet wurden, nachdem Bischöfe sich am vorhandenen kanonischen Recht orientierten und nicht

---

65 Vgl. Dazu SCHNEIDER (wie Anm. 16) S. 81-85.

66 Dies ist eine Parallele zum *fostering*, welches von den Angelsachsen praktiziert wurde und auch aus den skandinavischen Ländern bekannt ist, also dem Übergeben der Kinder an Pflegeeltern von früher Kindheit an.

alleine mehr an den Interessen der Familien, denen sie entstammten; das aber war erst seit der benediktinischen Reform der Fall. In der frühen angel-sächsischen Zeit kam Kritik lediglich von außerhalb der Insel oder auf Druck und Empfehlung päpstlicher Legaten zustande.

Es gab unter den jungen Mädchen, welche von den Eltern ins Kloster gegeben worden waren, wohl manche, die dort auch verbleiben wollten, die das religiöse Leben der Welt vorzogen, welches aber in dieser Zeit ein durchaus tätiges, kein asketisch-zurückgezogenes war. Von mancher *uirgo* wird auch berichtet, daß sie kränklich war. Eine schöne Parallele dazu findet man in König Alfreds Erziehungsprogramm: Er wünschte, daß alle Knaben wenigstens englisch lesen und schreiben lernen sollten; diejenigen aber, die nicht tauglich für weltliche Tätigkeiten waren, sollten Latein lernen und für ein religiöses Leben vorbereitet werden.[67] Es ist nicht sehr wahrscheinlich, daß die Angel-sachsen und -sächsinnen über ihre Töchter sehr viel anders dachten als über ihre Söhne, und es wird ihnen leichter gefallen sein, diejenigen ihrer Frauen im Kloster zu belassen, welche für die Welt nicht im vollen Umfang "taugten" - wobei ich selbstverständlich keiner Nonne dieser Zeit ein ernsthaftes religiöses Motiv dafür absprechen will, das Leben im Kloster dem Leben in der Welt vorgezogen zu haben.

Neben den jungen Frauen, welche im Kloster verblieben, wissen wir von einigen wenigen Frauen, daß sie ihre Männer *pro amore Dei* verlassen haben - die bekannteste unter diesen Frauen ist sicherlich Aethelthryth, die Gründerin und Äbtissin von Ely. Diese hatte ihren zweiten Ehemann, König Ecgfrith, lange und vergeblich darum gebeten, die Sorgen der Welt hinter sich lassen und im Frieden Gott dienen zu dürfen. Erst nach langer Zeit erlaubte er ihr, diesen Schritt zu gehen.[68] Ähnlich scheint der Fall Cuthburhs, der Schwester König Ines von Wessex, gelegen zu haben, die ihren Ehemann Aldfrith, einen nordhumbrischen König, verließ und das Kloster Wimborne gründete.[69] Beide Ereignisse fallen an das Ende des 7. Jahrhunderts. Ein glühender religiöser Eifer ist aber nicht ausschließlich Sache der Frauen gewesen, von noch mehr Männern aus dieser Zeit wird berichtet, daß sie ihre Familien, Ehefrauen und

---

67 Vgl. dazu Asser, De rebus gestis Aelfredi 75, ed. William Henry STEVENSON, Asser's Life of King Alfred together with the Annals of St. Neots erraneously ascribed to Asser, Oxford 1904 (ND. 1959) S. 58, und King Alfred's West-Saxon Version of Gregory's Pastoral Care, ed. Henry SWEET, Early English Text Society OS 45, Oxford 1871, S. 6.

68 HE 4,19 (wie Anm. 2) S. 243: *saeculi curas relinquere.*

69 ASC a. 718 (wie Anm. 11) S. 42.

Kinder verlassen hätten, um Gott allein zu dienen. Dies hören wir beispielsweise von Dryhthelm, einem Mann, der eine Jenseitsvision hatte,[70] oder von König Offa von Ostanglien, der als junger Mann seine Frau verließ und gemeinsam mit König Cenred von Mercien nach Rom ging, um dort sein Leben zu vollenden.[71] Am Fall des Königs Sebbi, der ebenfalls lange Zeit versucht hatte, von seiner Frau die Erlaubnis zu erhalten, das weltliche Leben hinter sich lassen zu dürfen, wird deutlich, daß für Frauen und Männer das gleiche Scheidungsrecht galt.[72] Besonders eindrucksvoll aber ist diese Problematik im Fragment eines Gedichtes überliefert, das sein Herausgeber Michael Lapidge dem 7. bzw. 8. Jahrhundert zuordnet:[73]

Gott will ich mich zuwenden,
meine Frau will ich nicht.
Herr, darum bitte ich dich:
Dir will ich dienen.
Weiche von mir, Frau!

Gut hat uns Gott zusammengefügt;
Mein Herz erfreut sich darüber.
Dies würde Gott gefallen:
Mein Mann an meiner Seite.
Ach mein süßer Ehemann!

Du Unglück, hebe dich hinweg:
Ich will solche Worte nicht hören!
Wenn es dir gefällt zu ehelichen,
such dir einen anderen Mann.
Weiche von mir, Frau!

---

70 HE 5,12 (wie Anm. 2) S. 303-310, bes. S. 309f.

71 Vgl. oben Anm. 18.

72 HE 4,11 (wie Anm. 2) S. 225: *uitam priuatam et monachicam cunctis regni diuitiis et honoribus praeferens, quam et olim iam, si non obstinatus coniugis animus diuortium negaret, relicto regno subisset.*

73 A Seventh-Century Insular Latin Debate Poem on Divorce, Cambridge Medieval Celtic Studies 10, 1985, 1-23, mit dem rekonstruierten Text S. 23: *Ad Deum uertere uolo, / Uxorem meam ego nolo. / Domine, hoc tibi rogo: / Tibi sic seruire uolo. / Recede a me, uxor! // Bene nos iunxerat Deus; Congaudet animus meus. / Placuisset hoc in Deum: / Maritus in latus meum. / Dulcis iugalis meus! // Calamitas, regredere: / Ista uerba nolo audire! / Si te delectat nubere, / Alium uirum perquire. / Recede a me, uxor! // Die atque nocte doleo, / Propter uirum carum fleo. / Si tibi me fraudat Deus / Non dehinc iaces in latus. / Dulcis iugalis meus!//*

Tag und Nacht trauere ich,
um meinen süßen Ehemann weine ich.
Wenn mich Gott deiner beraubt,
wirst Du nicht mehr an meiner Seite liegen.
Ach, mein süßer Ehemann!

Wie der Ehestreit ausgegangen ist, ist unbekannt, wahrscheinlich entstammt
das Gedicht der Feder eines Mönchs oder auch einer Nonne, die mit dem
Problem zumindest indirekt vertraut war. Was aus diesen Quellen sowie
Bußbüchern und weltlichen Gesetzen hervorgeht, ist, daß entgegen der Lehre
des Paulus und der Kirchenväter die Kirche des 7. und 8. Jahrhunderts es
akzeptieren mußte, daß die Scheidung der Ehepartner im gegenseitigen
Einverständnis möglich und durchaus üblich war. Sie versuchte dieses
Scheidungsrecht aber dahingehend einzuschränken, daß Männer wie Frauen
nur dann ihren Partner verlassen konnten, wenn sie bereit waren, sich Gott
zuzuwenden. 877 oder 878 aber mahnte dann Papst Johannes VIII. Aethelred,
den Erzbischof von Canterbury, gemäß biblischer Lehre, daß er - wohl
wissend, daß es keine Erlaubnis geben könne, sich scheiden zu lassen, außer
im Falle eines Ehebruchs - dafür Sorge tragen solle, daß dieses unkanonische
Verhalten im angelsächsischen England nicht weiterhin andauere.[74] Das
Verlassen des Ehepartners *pro amore Dei* wurde damit von der Kirche nicht
mehr unterstützt.

Ein letzter Punkt: Warum schließlich suchten so viele Witwen ein Kloster auf?
Wir hatten gesehen, daß das Kloster ein hervorragender Ort war, in der Welt
zu wirken in einem Maße, in dem Witwen auch königlicher Herkunft sonst nicht
tätig werden konnten.[75] Dazu kommt sicherlich auch, daß Frauen der frühen
angelsächsischen Zeit bestimmte Aufgaben im Bereich des Religiösen hatten,
was hier jetzt auszuführen zu weitgehend wäre. Ein weiterer ganz wesentlicher
Aspekt aber tritt in den wenigen kostbaren Selbstaussagen der Frauen
entgegen, nämlich das Alleinsein, das Auf-Sich-Gestelltsein in der Welt. So
beklagt Eangyth in einem Brief an Bonifatius von 719/722 "den Verlust der
Freunde und Gesippten, der Verwandten und Vettern. Wir haben keinen Sohn
noch Bruder," schreibt die Äbtissin eines Klosters in Kent, "keinen Vater oder
Vatersbruder, nur eine einzige Tochter, die alle ihre Lieben in dieser Welt

---

74 MGH Epp. Karol. Aevi 5, S. 71f.

75 Lediglich von einer einzigen verwitweten Königin ist überliefert, daß sie die politischen
    Zügel für ein Jahr nach dem Tode ihres Mannes an sich genommen habe (ASC [MS
    A] a. 672, wie Anm. 11, S. 34).

gänzlich verloren hat ... Einen anderen, der unser Blutsverwandter wäre, gibt es nicht, sondern Gott hat sie in verschiedener Weise zu sich genommen. ... Aus all diesen und ähnlichen Gründen" (dazu waren noch Schwierigkeiten im Kloster und Anfeindungen beim König gekommen) "wird uns das Leben zuwider, und es ekelt uns fast davor weiterzuleben."[76] Das Motiv für Witwen, in ein Kloster einzutreten, könnte sehr häufig der Verlust der Gesippten gewesen sein, denn auch in anderen Briefen[77] sowie in der angelsächsischen Poesie klingt die Trauer darüber an.[78] Aus diesen persönlichen Aussagen wird m. E. deutlich, daß das Kloster ein schützender Hafen gerade für solche Frauen (und auch Männer) gewesen sein muß, die völlig auf sich alleine gestellt in einer nicht gerade freundlichen Umwelt sich behaupten mußten. Die Klostergemeinde war ein Sippenersatz - in der Frühzeit tatsächlich auch noch ein recht intakter Verwandtschaftsverband, denn man ging grundsätzlich nur in Klöster von Verwandten bzw. in Klöster, in denen bereits Verwandte lebten.[79]

Zusammenfassung

Wie also soll man nun die Frage beantworten, ob das Klosterleben in der frühen angelsächsischen Zeit eine Alternative zur Ehe zumindest für die soziale Elite dargestellt hat? Es ist sicherlich verführerisch, dieser These zuzustimmen, wenn man die große Zahl der Klöster einerseits, die ausführlichen Bestimmungen zum Verlassen des Ehepartners *pro amore Dei* andererseits betrachtet. Doch diese Bestimmungen waren keine Maßnahme, um die große Menge der eintrittswilligen Ehefrauen zu kanalisieren, sondern ein Versuch der Kirche, mit den häufigen Scheidungen bei den Angelsachsen zu Rande zu kommen.

Bestimmt keine Alternative zur Ehe stellte das Kloster für die jungen Mädchen dar, die nur zur Erziehung ins Kloster gingen, für die Kranken und Witwen, welche hier ein tätiges Leben führen konnten in einer Gemeinschaft, die

---

76 Bon. ep. 14 (wie Anm. 9) S. 23f.; dt. Übersetzung von Reinhold RAU, Briefe des Bonifatius (Freiherr- vom-Stein-Gedächtnisausgabe 4b) Darmstadt 1968, S. 55f.

77 Z. B. in Bon. ep. 13 (wie Anm. 9) S. 18-21.

78 Als Beispiel dafür möge das Gedicht "Der Wanderer" genügen, in dem neben dem Verlust des Herrn auch und gerade der Verlust der Gesippten deutlich wird (The Exeter Book, ed. George Philip KRAPP und Elliot Van Kirk DOBBIE, The Anglo-Saxon Poetic Records, Bd. 3, New York-London 1936, S. 134-137).

79 Vgl. dazu SCHNEIDER (wie Anm. 16) S. 247-250.

größeren Rückhalt und Schutz bieten konnte, als wenn diese Frauen auf sich allein gestellt in der Welt gelebt hätten. Wenn man schließlich noch die vielen Nonnen betrachtet, welche aus dem Kloster heraus wieder in die Welt zurückkehrten, um zu ehelichen, dann wird deutlich, daß das Kloster nur für wenige Frauen eine Alternative zur Ehe gewesen sein kann, aber umgekehrt für sehr viele eine Alternative zum ehelosen Leben, zum Alleinsein in der Welt.

Nur in der Frühzeit des angelsächsischen Christentums konnte das Kloster für die verschiedenen Gruppen von Frauen diese Funktionen erfüllen, in einer Zeit, in der das Kloster noch integraler Bestandteil des Lebens in der Welt war, im Besitz der Stifterfamilien mit weitgefaßten Aufgaben. In der Zeit der benediktinischen Reform, in der das Leben der religiösen Frauen zunehmend in fest definierten Bahnen verlief, in der die Nonne von der Kanonisse deutlich unterschieden wurde, in der man Witwen kritisch gegenüberstand, in dieser Zeit bestand nur noch wenig Interesse von seiten der Frauen, in ein Kloster einzutreten. Die meisten verblieben jetzt auf ihren Gütern, die königlichen Witwen insbesondere traten ebenfalls nicht mehr in Klöster ein, und das politische Potential der Frauenklöster war, wie das menschliche, auf einen kleinen Bruchteil dessen zusammengeschrumpft, was es in früher angelsächsischer Zeit dargestellt hatte.

Rosamond McKitterick

FRAUEN UND SCHRIFTLICHKEIT IM FRÜHMITTELALTER[*]

Der Anteil der Frauen an der Schriftlichkeit im frühmittelalterlichen Europa läßt sich nicht ohne einen Blick auf die Frage der Schriftlichkeit und der Schreibpraxis dieser Zeit betrachten. Die Bedeutung schriftlicher Kommunikations- und Aufzeichnungsformen im geistlichen und weltlichen Leben der frühmittelalterlichen Reiche der Franken hervorzuheben, heißt nicht nur anzuerkennen, daß die Franken sich der Schriftlichkeit für praktische Zwecke bedienten und daß deren Anwendung weit davon entfernt war, das ausschließliche Vorrecht einer klerikalen Elite zu sein: Die Verwendung der Schrift in der fränkischen Gesellschaft des achten und neunten Jahrhunderts spiegelt darüber hinaus eine grundlegende soziale und mentale Einstellung wider.[1] Schreiben war in der Karolingerzeit nicht lediglich Ausdrucksmittel einer personen-, gruppen- oder "nationen"-bezogenen Identität in rechtlichen, sozialen oder historischen Zusammenhängen, sondern eine wesentliche Komponente solcher Identität. Den Grad der von einem Individuum oder einer gesellschaftlichen Gruppe (von Männern oder Frauen) ausgeübten und hochgeschätzten Schreibtätigkeit zu untersuchen, führt daher zu einem besseren Verständnis des Individuums oder der Gruppe im Spiegel des von ihnen selbst hinterlassenen schriftlichen Niederschlags.

"Gelehrtheit" (literacy) schließt die technische Fertigkeit des Lesens und Schreibens und eine verbreitete Kenntnis dessen ein, was man mit einem Alphabet anfangen kann. Sie umfaßt ebenso Bildung und soziale Gewohnheit, sie enthält eine Bindung der Traditionen und des Denkens an das Schreiben und fußt auf einem Verständnis der Macht des geschriebenen Wortes, das von der römischen Verwaltung ebenso beeinflußt ist wie vom christlichen Gebrauch der Schrift. Man muß mehrere Ebenen der Lese- und Schreibfähigkeit in Betracht ziehen, von der einfachen, pragmatischen Fähigkeit, ein paar leichte Wörter zu lesen, bis zum Verständnis und Genuß eines komplexen, philosophi-

---

*   Für die Übersetzung des englischen Beitrags ins Deutsche möchte ich Hans-Werner Goetz herzlich danken.

1   Vgl. dazu ausführlich Rosamond McKITTERICK, The Carolingians and the written word, Cambridge 1989.

schen Traktats. Die Vorstellung von einer berufsmäßigen Ausübung der Schriftlichkeit ließ es höheren Gesellschaftsschichten überflüssig erscheinen, sie selbst anzuwenden. Wenn jemand einen Schreiber einschaltete, so bedeutet das nicht zwangsläufig, daß er oder sie selbst nicht in der Lage war, zu lesen oder zu schreiben, wohl aber darf man daraus auf eine Gewohnheit schließen, auf schriftliche Verständigungsformen zurückzugreifen, um bestimmte Geschäfte, wenn auch nur indirekt, auszuführen. In jeder Gesellschaft umfaßt Schriftlichkeit folglich nicht nur die Frage, wer lesen und schreiben kann, sondern wie solche Fähigkeiten wirken, welchen Zwecken sie dienen und welche mentalen, emotionalen, geistigen, physischen und technischen Anpassungen zu ihrer Anwendung nötig sind. Vor allem aber sind die Funktionen und Anwendungsmöglichkeiten von Schriftlichkeit in Beziehung zu den jeweiligen Bedürfnissen bestimmter Gesellschaften zu setzen.[2]

Vor dem Hintergrund solcher allgemeiner Überlegungen können wir die Rückwirkungen der Schriftlichkeit auf die Möglichkeiten der Rolle der Frauen in der frühmittelalterlichen Gesellschaft nur verstehen lernen, wenn wir die Natur der Belege einer weiblichen Schriftlichkeit untersuchen. Daher werde ich mich zunächst auf die technischen Fertigkeiten der Schriftlichkeit konzentrieren und die Belege für Frauen als Schreiberinnen, Autorinnen und Leserinnen untersuchen.

I. Weibliche Schreibtätigkeit: einige Vorbemerkungen

Hinsichtlich der **Schreiberinnen** sind einige allgemeine Probleme zu beachten. Erstens stammt das Material über Schreiberinnen im frühen Mittelalter fast durchweg aus geistlichen Institutionen, über die wir viel zu wenig wissen. Zweitens gibt es keine allseits gültigen Kriterien, männliche und weibliche "Handschriften" (im Sinne von Schreibweisen) zu unterscheiden, und kann sie, trotz einiger fehlgehender Versuche, auch gar nicht geben.[3] Mag man manche unterschiedlichen Bedingungen in Mönchs- und Nonnenklöstern noch als gesellschaftliche Folge des Geschlechts, Alters oder Standes, der Bildung oder des Ranges des Konvents in der lokalen Gesellschaft und des Ordens

---

2   Zu weiteren Aspekten vgl. The uses of literacy in early mediaeval Europe, hg. v. Rosamond McKITTERICK, Cambridge 1990.

3   Vgl. Albert BRUCKNER, Weibliche Schreibtätigkeit im schweizerischen Spätmittelalter, in: Festschrift Bernhard BISCHOFF, hg. v. Johanne AUTENRIETH und Franz BRUNHÖLZL, Stuttgart 1971, S. 447.

ansehen, dem dieser angehörte, so haben vor allem die Außenbeziehungen der einzelnen Klöster und die einheimischen und regionalen Schreibtraditionen zwangsläufig die Ausbildung eines Schreibstils beeinflußt.[4] Sie wirken sich auf die Verschiedenheit der Buchschriften in weit höherem Maße aus als das unterschiedliche Geschlecht.

Solche logischen Überlegungen werden durch grundlegende historische Fakten gestützt, wenn man nämlich die Erzeugnisse eines Klosters wie Zwiefalten in Baden-Württemberg betrachtet, das Mönche, Nonnen und Laienbrüder beherbergte und dessen schöne, im 12. Jahrhundert reihenweise hergestellte Bücher von Mitgliedern jeder dieser drei Gruppen geschrieben sein könnten. Vom paläographischen Befund her fehlt jedes Indiz, die Schriften Mönchen oder Nonnen zuzuweisen.[5] Wenn aber in jeder Epoche weiblicher Schreibtätigkeit rein paläographische Kriterien fehlen, so bedarf es eines inneren Beweises in den Handschriften, um mit einiger Sicherheit Schreiber und Schreiberinnen zu unterscheiden, beispielsweise die Erwähnung von Frauen in den Kolophonen oder Schreibernotizen innerhalb oder am Ende der Lagen, die dann paläographisch auf andere, in demselben Schrifttyp verfaßte Bücher bezogen werden können, deren Schreiber nicht zu identifizieren sind. Selbst wenn die Namen von Schreiberinnen in einem Buch genannt sind, braucht man weitere Informationen über die Herkunft, Anhaltspunkte in der Liturgie, in Heiligenkalendern oder in bezug auf andere Ortsnamen, die es gestatten, das Buch einem bestimmten Entstehungsort zuzuweisen. Wer sich in der Buchherstellung des frühen Mittelalters auskennt, weiß freilich, daß auf solchen Hinweisen leicht Kartenhäuser errichtet werden, die bei der geringsten Skepsis oder beim Auftreten widersprüchlicher Belege in sich zusammenbrechen und die doch im wachsenden Vertrauen auf eine sich ansammelnde Wahrscheinlichkeit immer wieder errichtet worden sind.

Drittens müssen wir bei der Frage nach weiblichen Schreiberinnen im frühen Mittelalter eingestehen, wie wenig wir eigentlich über bestimmte männliche oder weibliche Schreiber dieser Zeit wissen. Wir kennen weder ihre Identität

---

4   Zu den Einflüssen auf die Ausbildung der Schrifttypen vgl. Bernhard BISCHOFF, Die Rolle von Einflüssen in der Schriftgeschichte, in: Paläographie 1981, hg. v. Gabriel SILAGI (Münchener Beiträge zur Mediävistik und Renaissance-Forschung 32) München 1982, S. 93-105.

5   Vgl. Sigrid von BORRIES-SCHULTEN/Herrad SPILLING, Die Romanischen Handschriften der Württembergischen Landesbibliothek Stuttgart, Teil I: Provenienz Zwiefalten, Stuttgart 1987.

noch ihre Schreibbedingungen, geschweige denn ihr Geschlecht. Die Mehrzahl der vor dem 11. Jahrhundert entstandenen Handschriften läßt sich nur annähernd lokalisieren und selten einem bestimmten Zentrum zuordnen. Sicherlich finden sich unter den bekannten Namen der frühmittelalterlichen Schreiber nur wenige weibliche, doch bedenkt man, wie selten Schreibernamen, außer in Urkunden, überhaupt überliefert sind, so wäre es verfehlt, aus diesen mageren Belegen entweder auf eine gewöhnliche oder auf eine exzeptionelle Tätigkeit von Schreiberinnen im frühen Mittelalter zu schließen. Wenn man bedenkt, daß es viele, nicht genauer zuweisbare Handschriften und viele Klöster und Konvente in Europa gibt, denen überhaupt noch keine Handschriften zugewiesen worden sind, so besteht zumindest die theoretische Möglichkeit, daß einige Nonnenklöster und Kanonissenstifte, besonders in den Jahrzehnten einer ungeheuren Produktion im Zusammenhang mit der Karolingischen Renaissance, zur Buchherstellung beigetragen haben. Die nachweisbaren Nonnen- oder Kanonissenskriptorien - bei der Unsicherheit der Belege kann man noch nicht von "identifizieren" sprechen - mögen wegen der besonderen sozialen, kirchlichen oder politischen Umstände, auf denen sie gründeten, Ausnahmen gewesen sein. Man muß aber fragen, weshalb das so ist.

Die Probleme der Herkunft der Frauen und der Bücher sind gleichermaßen schwer zu lösen. Wir wissen von jungen Mädchen, die in ein Kloster eintraten, dort erzogen wurden und lesen und schreiben lernten. Wer aber hat sie unterrichtet? War es eine der Schwestern oder ein männlicher Beichtvater oder ein männlicher Angehöriger desselben Ordens? Da die Organisation der Mönchsorden und Klöster im späten Mittelalter einen völlig anderen institutionellen Rahmen geschaffen hat, als wir ihn im frühen Mittelalter, vor der cluniazensischen Reform, beobachten, können die Antworten auf solche Fragen je nach der behandelten Epoche höchst unterschiedlich ausfallen.

Ferner darf man ohne genauere Kenntnis der spezifischen erzieherischen und sozialen Umstände nicht voraussetzen, daß Frauen sich zu allen Zeiten für dieselben, bevorzugten Bücher interessiert haben. Bestimmte soziale Funktionen könnten die Annahme stützen, daß Männer ein größeres Interesse an rechtlichen Themen hatten als Frauen, doch waren Frauen sicherlich genauso geneigt, spezifische Kenntnisse in bestimmten Bereichen des Erbrechts zu erlangen wie ihre Brüder und männlichen Beschützer. Das Interesse wurzelt in der Ausbildung und den sich bietenden Möglichkeiten. Kurz, kein Wissensgebiet kann von vornherein als eher für Männer als für

Frauen geeignet gelten, solange eine solche Annahme nicht durch innere Belege über das Publikum eines Textes gestützt wird.

In dem vorliegenden Beitrag möchte ich zeigen, daß Schreiben im frühen Mittelalter keine ausschließliche Angelegenheit der Mönche und männlichen Schreiber und daß das Abschreiben von Büchern eine anerkannte Tätigkeit zumindest einiger dem religiösen Leben geweihter Frauengemeinschaften war. Wenn man den Frauen im frühen Mittelalter ebenso wie den Männern eine Rolle in der Buchherstellung zuweisen kann, dann sagt das, wie ich bereits in den einleitenden Bemerkungen angedeutet habe, etwas über den Grad der Schriftlichkeit aus, über die praktische und religiöse Funktion von Männern und Frauen in geistlichen Gemeinschaften, über die Kommunikation zwischen verschiedenen Klöstern und Stiften und den Prozeß der Bildung in den Konventen sowie möglicherweise in der gesamten Laienbevölkerung. Wir erhalten dadurch ein vollständigeres Bild der frühmittelalterlichen Kultur und Gesellschaft. Die Erforschung der Existenz von Nonnenskriptorien ist daher mehr als nur der bescheidene Wunsch, anhand der abgeschriebenen Textarten, der Schriftarten und der Organisation eines Skriptoriums einen Beitrag der Frauen an der mittelalterlichen Buchherstellung geltend zu machen. Sie versucht nicht nur zu belegen, daß Frauen zumindest zeitweise weit eher daran beteiligt waren, Bücher abzuschreiben, als daß man sie davon ausschloß. Schreibfähigkeit spiegelt auch mehr wider als nur die Fähigkeit, ein Skriptorium zu organisieren. Sie betrifft die kulturellen Zusammenhänge der Existenz von Schreiberinnen insgesamt auf allen Ebenen der Schreibfähigkeit einschließlich des zugrundeliegenden gesellschaftlichen und kirchlichen Rahmens, der den Erwerb solcher Fähigkeiten erst ermöglichte.

II. Nonnenhandschriften und Frauen als Schreiberinnen

Um diesen allgemeinen Erwägungen nun konkrete Beobachtungen folgen zu lassen, wende ich mich den Nonnenskriptorien in den frühmittelalterlichen Frankenreichen zu. Zuerst werde ich kurz die Bücher durchmustern, die wohl tatsächlich in Frauenklöstern geschrieben worden sind, um anschließend den historischen Kontext, das Beziehungsgeflecht zwischen den Konventen, soweit es sich in den Büchern widerspiegelt, und die weitere Bedeutung der Tätigkeit von Nonnen zu betrachten.

Die klassische Behandlung eines frühmittelalterlichen Nonnenskriptoriums stammt von Bernhard Bischoff über ein Skriptorium, das er mit überzeugenden Argumenten dem Nonnenkloster in Chelles zuordnete, das von Gisela, der Schwester Karls des Großen, geleitet wurde und von ca. 785 bis 810 tätig war.[6] Teile der Kölner Handschrift des Psalmenkommentars Augustins,[7] vermutlich im Auftrag des Kölner Erzbischofs Hildebald (785-819) erstellt, sind von Frauen unterzeichnet: Girbalda, Gislidis, Agleberta, Adruhic, Altildis, Gisledrudis, Eusebia und Vera. Ihre Schrift ist eine karolingische Minuskel, die Hände sind, trotz der Zahl der beteiligten Schreiberinnen, einander sehr ähnlich, und allen gemeinsam sind ornamentale Zierinitialen und Prunkkapitalen. All das spricht für ein gut geschultes Skriptorium. Die abgeschriebenen Texte sind von hoher Qualität, die Schreiberinnen waren fachkundig und verstanden den Text, den sie abschrieben. Die Qualität der Texte, sämtlich einschlägige Schriften der Kirchenväter oder maßgebliche Texte der christlichen Kirche, zeigt, daß wir es mit gut ausgebildeten Schreiberinnen zu tun haben, die geistig ebenso begabt waren wie jeder andere Schreiber des achten und neunten Jahrhunderts, den wir identifizieren können.

Selbstverständlich müssen nicht alle Codices ausschließlich von Frauen geschrieben worden sein; Chelles war, wenn es als Entstehungsort anzusehen ist, ursprünglich ein Doppelkloster. Man weiß zu wenig über die Organisation des Klosters in der Folgezeit, nimmt aber an, daß es Elementen sowohl der Benedikt- wie der Columbanregel folgte, um zu ermitteln, wie das Abschreiben der Bücher organisiert war.[8] Außerdem erwähnen auswärtige Anspielungen auf Chelles seit der Mitte des 8. Jahrhunderts nur noch Nonnen und keine Mönche mehr. Zur Zeit Karls des Großen fehlt jeder Hinweis auf Chelles als Doppelkloster. Die wenigen Anspielungen deuten an, daß es von Nonnen bewohnt war.[9] Dennoch sollte man die Möglichkeit einer Zusammenarbeit frommer Männer und Frauen bei der Buchherstellung in Erwägung ziehen.[10]

---

6   Bernhard BISCHOFF, Die Kölner Nonnenhandschriften und das Skriptorium von Chelles, in: DERS., Mittelalterliche Studien, Bd. 1, Stuttgart 1965, S. 17-35.

7   Dombibliothek 63, 65 und 67.

8   Vgl. Friedrich PRINZ, Frühes Mönchtum im Frankenreich, Darmstadt ²1988, S. 174f.

9   Vgl. BISCHOFF, Kölner Nonnenhandschriften (wie Anm. 6) S. 26.

10 Diese Möglichkeit erwägt in bezug auf die Buchproduktion in einer a-b-Schrift der Corbie Minuskel: T. A. M. BISHOP, The prototype of Liber Glossarum, in: Mediaeval Scribes, Manuscripts and Libraries. Essays presented to N. R. KER, hg. v. Malcolm B. PARKES und Andrew G. WATSON, London 1978, S. 69-86, und DERS., The scribes of the Corbie a-b, in: Charlemagne's Heir. New perspectives on the reign of Louis the Pious, hg. v. Peter GODMAN und Roger COLLINS, Oxford 1990, S. 523-536. Die

Die Existenz von Schreiberinnen in Chelles könnte jedenfalls ein kurzzeitiges Phänomen gewesen sein. Bischoff hält den Einsatz von Nonnen als Schreiberinnen am Ende des 8. Jahrhunderts für eine Folge der Karolingischen Renaissance.[11] Eher ist jedoch anzunehmen, daß die engen Beziehungen zwischen Chelles und dem Hof Karls des Großen die dortige Buchproduktion ankurbelten. Bischoffs Bemerkungen über Chelles als Heimstätte dieser Schreiberinnen wirft beispielsweise ein bezeichnendes Licht auf die Beziehungen, die die Äbtissin Gisela, die Schwester Karls des Großen, mit dem angelsächsischen Gelehrten Alkuin unterhielt, und die Art und Weise, wie diese beiden gegenseitig Briefe austauschten, erweist Gisela als eine gebildete, feinfühlige Frau, die mehr über die Bibel und die Bibelkommentare Alkuins und der Kirchenväter erfahren und verstehen wollte.[12] Sie erwähnt die Briefe des Hieronymus an Paula und Eustochium, Augustins Bibelexegese und Beda,[13] und Alkuin bittet sie mehrfach, bestimmte Werke abzuschreiben.[14] Folglich setzt er die Existenz eines Skriptoriums in Chelles voraus. Vielleicht haben Giselas Verwandtschaft mit Karl dem Großen und ihre Beziehungen zur Hofgesellschaft Chelles eine Ausnahmestellung bezüglich der Beteiligung von Frauen am Schreiben und Lesen von Büchern verliehen, so daß darin eine einzigartige Folgeerscheinung der Karolingischen Renaissance zu sehen ist. Man darf, mit anderen Worten, das Beispiel von Chelles nicht von vornherein verallgemeinern.

Daß Chelles aber nicht völlig einzigartig war, wird deutlich, wenn wir einige paläographisch und kunsthistorisch miteinander verwandte Handschriften betrachten, die älter sind als die Minuskel-Codices der dortigen Nonnen, in einer starken, schweren Unziale oder einer festen Halbunziale mit deutlichen Anklängen an insulare Schriften geschrieben sind und insulare Methoden der Pergamentbearbeitung anwenden. Sie lassen sich in mehrere Gruppen einteilen und, wie ich in einem früheren Beitrag gezeigt habe, einem Verband

---

"Zusammenarbeit" erfolgte aber nicht gleichzeitig, sondern eher nacheinander.

11 BISCHOFF, Kölner Nonnenhandschriften (wie Anm. 6) S. 32.

12 Ebd. S. 27f. Vgl. auch die Auseinandersetzung zwischen Donald BULLOUGH, Alcuin and the kingdom of heaven, in: Carolingian Essays, hg. v. Uta-Renate BLUMENTHAL, Washington 1983, S. 1-69, bes. S. 59-61, und John J. CONTRENI, Carolingian Biblical Studies, ebd. S. 71-98, bes. S. 90f. Vgl. u. S. 116.

13 MGH Epp. 4, z.B. Nr. 15, 195, 196, 216, 279. Über die Bedeutung der Briefe des Hieronymus in der Karolingerzeit vgl. Rosamond McKITTERICK, Women in the Ottonian church: an iconographic perspective, in: Women in the Church, hg. v. Diana WOOD (Studies in Church History 27) Oxford 1990, S. 79-100.

14 MHG Epp. 4, Nr. 214, 216.

von Frauenkonventen im Pariser Becken zuordnen, nämlich Jouarre, Rebai, Faremoutiers (Brie), Andelys-sur-Seine und Chelles, sämtlich im siebten Jahrhundert gegründet und mit Bindungen zu Familien, aus denen Bischöfe der nahegelegenen Diözesen hervorgingen.[15] Die älteste Gruppe habe ich Jouarre zugewiesen und in einem im Erscheinen begriffenen Beitrag Gründe dafür angeführt, daß die Handschriften der Gruppe Vat. reg. lat. 316 und Oxford Bodleian Library Laud. misc. 126 ein späteres Stadium des Skriptoriums von Jouarre repräsentieren, bevor es seinen Rang zugunsten des Tochterklosters Chelles verlor.[16] Es ist hervorzuheben, daß der Charakter der Unziale in diesen Büchern zwar persönliche Züge erkennen läßt, jedoch völlig mit der gängigen Entwicklung der fränkischen Unziale des siebten und achten Jahrhunderts übereinstimmt.[17] Diese Frauen blieben folglich ganz im Rahmen der allgemeinen Schreibtradition. Ihre Schreibschulung und ihre Schreibmethoden sind vollkommen mit denen anderer Zentren jener Zeit vergleichbar.

Fragt man, wo die für diese Bücher verantwortlichen Schreiberinnen gelernt haben mögen, Bücher in dieser Weise abzuschreiben, so besteht eine Möglichkeit in der von Herrad Spilling im Zusammenhang mit der Schriftentwicklung in Fulda vorgeschlagenen These, in den Mustervorlagen selbst den wirksamsten Schreiblehrer zu sehen.[18] Die Frauen kopierten demnach die Unzial- und Halbunzialschriften ihrer Texte und paßten sie ihrer eigenen Schreibweise an, um auf diese Weise ihren eigenen Schrifttyp zu schaffen.

---

15 Vgl. Rosamond McKITTERICK, The diffusion of insular culture in Neustria between 650 and 850: the implications of the manuscript evidence, in: La Neustrie. Les pays au nord de la Loire de 650 à 850, hg. v. Hartmut ATSMA (Beihefte der Francia 16,2) Sigmaringen 1989, S. 395-432.

16 Die Handschriften sind in chronologischer Folge: Cambridge, Gonville und Caius College 820 (K), Gallikanisches Sakramentarium: Elias Avery LOWE, Codices Latini Antiquiores, Bd. I-XI + Suppl., Oxford 1935-71 (fortan als CLA abgekürzt), II,130; Paris, Bibliothèque Nationale MS lat. 10399, ff. 4-5, 46 und BN lat. 10400, f. 27 (Eusebius Rufinus), CLA V,594; Paris BN lat. 6413 und Karlsruhe Landesbibliothek 339 (Isidor von Sevilla, De natura rerum et Sententiae), CLA V,567; Vat. reg. lat. 316 (Gelasianum), CLA I,105; Oxford, Bodleian Library Laud. misc. 126 (Augustinus, De Trinitate), CLA II,252; Autun, Bibliothèque Municipale 20 (Gregor der Große, Dialogi, und Augustinus, Enchiridion), CLA VI,719; Paris, BN lat. 4808, f. 121 (Symphosius), CLA V,558; Oxford Bodleian Library Douce f.1 (Gelasianum), CLA II,239; Montpellier, Bibliothèque de la Ville 3 (Evangeliar), CLA VI,791. Ausführlich dazu: Rosamond McKITTERICK, Nuns' scriptoria in eighth-century England and Francia, im Druck.

17 Vgl. Rosamond McKITTERICK, Frankish uncial in the eighth century: a new context for the work of the Echternach scriptorium, in: Willibrord, zijn wereld en zijn werk, hg. v. Petty BANGE und Antonius Gerardus WEILER, Nimwegen 1990, S. 350-364.

18 Herrad SPILLING, Angelsächsische Schrift in Fulda, in: Von der Klosterbibliothek zur Landesbibliothek, hg. v. Arthur BRALL, Fulda 1978, S. 47-98.

Falls es sich um fränkische Vorlagen handelte, so spräche das für den inneren Zusammenhalt der sich in diesen Codices spiegelnden allgemeinen Schreibtradition. Doch hätte man immer noch die b-Minuskel und das gelegentliche Vorkommen einer sogar kursivartigen Schrift zu erklären, die einen unmittelbareren Kontakt der Frauen dieses Konvents mit lebenden Schreiblehrern nahelegen. Während Frauen, die der Gemeinschaft als Erwachsene beitraten, das Schreiben noch zu Hause gelernt haben könnten, wurden diejenigen, die als junge Mädchen ins Kloster kamen, vermutlich dort in allen nötigen Fertigkeiten unterwiesen.

Eine weitere Möglichkeit bestand darin, daß die Gründer selbst oder diejenigen, die an der Erstgründung am meisten interessiert waren, bei der Errichtung eines möglichst unabhängigen Konvents ihren (geistigen) Einfluß geltend machten und ohne Zweifel Musterexemplare zur Verfügung stellten und Anweisungen für das Abschreiben von Texten gaben, damit die Schreiberinnen eine hinreichend ähnliche Handschrift und einen gefällig einheitlichen Stil entwickelten. Wie man aus den Viten der Gründer der betreffenden Klöster weiß, wurden die ursprünglichen Wohltäter und ersten Äbte und Äbtissinnen des Klosterverbandes des Seinebeckens direkt vom Beispiel Columbans inspiriert, und sie hielten Kontakt mit Luxeuil. Faremoutiers (Brie), Jouarre, Chelles, Remiremont und das Marien- und Johanneskloster in Laon, um nur die augenfälligsten Beispiele zu nennen, wurden sämtlich mit Hilfe der Mönche aus Luxeuil gegründet.[19] An anderer Stelle habe ich zu zeigen versucht, daß gerade Luxeuil - direkt oder indirekt - nicht nur in den Konventen des Seine- und Marnetals, sondern auch im Marien- und Johanneskloster in Laon, in denen aller Wahrscheinlichkeit nach die von Frauen geschriebenen Codices der a-z-Schrift entstanden, und in dem Nonnenkloster, das für die große Gruppe der a-b-Schrift verantwortlich war, sowohl die monastische Observanz anregte als sie auch im Entwerfen von Briefen, im Schreiben und im Abschreiben von Büchern unterwies.[20]

Im Lichte der besonderen Beziehung der Nonnen von Chelles beim Abschreiben von Büchern im Auftrag des Erzbischofs Hildebald von Köln und der Tatsache, daß auch die Bischofssitze, wie Bischoff vermutete, die notwendigen Texte für die kleineren Kirchen lieferten,[21] habe ich ferner die These aufge-

---

19 PRINZ, Frühes Mönchtum (wie Anm. 8) S. 140-142, 166, 173f.

20 Vgl. McKITTERICK, Nuns' scriptoria (wie Anm. 16).

21 BISCHOFF, Kölner Nonnenhandschriften (wie Anm. 6) S. 17f.

stellt, daß die Arten der in diesen Klöstern wie auch in den Schreibstuben, denen die Gruppen des sog. *Missale Francorum*, des *Missale Gallicanum Vetus* und eine Reihe anderer Handschriftenpaare und kleinerer, verwandter Gruppen zuzuweisen sind, abgeschriebenen Bücher eine besondere Dienstleistung dieser Nonnen nahelegen.[22] Jene Nonnen, die solche Texte, und zumal die Sakramentare, zum Gebrauch in ihrer eigenen Kirche durch den Priester, der der Gemeinschaft diente, herstellten, fertigten daneben möglicherweise auch liturgische Bücher und andere Texte für die Kirchen ihres unmittelbaren Bistums an.[23]

So läßt sich hinsichtlich des Abschreibens liturgischer Bücher eine auffällige Konzentration in den Diözesen Paris und Meaux des 8. Jahrhunderts beobachten, die im Sakramentar von Gellone gipfelte, das für den Gebrauch im Bistum Meaux angepaßt wurde.[24] Das läßt darauf schließen, daß die Nonnen von Faremoutiers, Jouarre, Chelles und möglicherweise weiterer Klöster Bücher nicht ausschließlich zu ihrer eigenen Erbauung und für die Fastenlesungen, sondern auch für den praktischen Gebrauch der Bistümer herstellten, denen sie angehörten. Die Nachfrage nach Büchern deutet an, daß bischöfliche und geistliche Auftraggeber wahrscheinlich auch die notwendigen Unterlagen zur Verfügung stellten.[25]

Diese These läßt sich untermauern, wenn man die Belege für die Schreibtätigkeit einiger weiterer Nonnenkonvente hinzunimmt, die anscheinend in Verbindung mit einem Bistum oder einem regen Missionszentrum in den

---

22 Vat. reg. lat. 11 (*Psalterium Duplum*), CLA I,101; Vat. reg. lat. 317 (*Missale Francorum*), CLA I,103; London, British Library Harley 5041, ff. 79-100 (*Vita sancti Fursei*), CLA II, 202b, und Vat. pal. lat. 493, ff. 10-99 (*Missale Gallicanum Vetus*), CLA I,93; Paris, BN n.a. lat. 2334, ff. 3, 4, 8, 37-38, 60-64, 122, 129 (restaurierte Blätter im Ashburnham Pentateuch), CLA V,693b. Vgl. auch Rom, Vallicelliana B. 62, CLA IV,433; Köln, Historisches Archiv, Kasten B, Nr. 24, 123, 124 (*Gelasianum*), CLA VIII,1165; Paris BN lat. 12048 (*Sacramentarium*), CLA V,618; Cambrai, Bibliothèque Municipale 300 (Augustinus, *De trinitate*), CLA VI,739.

23 Vgl. McKITTERICK, Diffusion of insular culture (wie Anm. 15) S. 411-12, und DIES., Nuns' scriptoria (wie Anm. 16).

24 Paris, BN lat. 12048 (CLA V,618). Zu den liturgischen Büchern des achten Jahrhunderts vgl. Rosamond McKITTERICK, The Frankish church and the Carolingian reforms, 789-895, London 1977, S. 115-133, und Bernard MORETON, The eighth century Gelasian sacramentary, Oxford 1976.

25 Vgl. zum Beispiel die Bitte des Bonifatius an die Äbtissin Eadburg, ihm die Briefe des hl. Petrus in Goldschrift abzuschreiben: Bonifatius, ep. 35, ed. Reinhold RAU, Darmstadt 1968, S. 114: *Et ad scribendum hoc, quod rogo per Eoban presbiterum destino.*

ostrheinischen Gebieten wirkten. Unter den Codices der Würzburger Dombibliothek finden sich mehrere von Frauen geschriebene Handschriften-
gruppen, wie die in einzelnen Büchern überlieferten Namen nahelegen.[26]
Wenn sich Frauennamen wie Abirhilt und Guntza in diesen Büchern auf die
Schreiberinnen und nicht auf die Besitzerinnen beziehen, haben wir einen
Beweis für Frauen in der mainhessischen Gegend, die Bücher abschrieben,
um den praktischen Bedürfnissen ihrer Diözese zu dienen wie auch die für die
eigene Frömmigkeit nötigen Bücher abzuschreiben, und zwar in einer Weise,
die eine geläufige Schreibpraxis dieser Region und vor allem die Entwicklung
einer eigenständigen kontinentalen Insularminuskel widerspiegelt.[27] Ein
solches Phänomen ist weniger überraschend, wenn man an die vielen
schreibkundigen und sogar gelehrten angelsächsischen Freundinnen wie
Bugga denkt, mit denen Bonifatius korrespondierte und von denen er Bücher
erbat. Einige dieser Frauen, wie Leoba und Walburg, die Schwester Willibalds
und Wynnebalds, unterstützten die Missionsarbeit in Deutschland.[28] Zentren
solcher Handschriftenproduktion waren daher wahrscheinlich Tauberbischofsheim, das von der angelsächsischen Nonne und Freundin des
Bonifatius, Leoba, geleitet wurde, und Kitzingen, das zumindest anfangs
ebenfalls unter der Aufsicht des Bonifatius stand.[29]

Im Zusammenhang mit den Missionsgebieten am Niederrhein und in Friesland
haben Forschungen über die mit Echternach verbundenen Handschriften,
besonders die Unzialschriften, die Möglichkeit der Existenz eines eigenen
Trierer Nonnenskriptoriums, vielleicht in Pfalzel oder Oeren, in den Blick
gebracht, das mit Echternach in Verbindung stand und mit diesem Kloster die
Aufgabe gemeinsam hatte, die für die monastische und pastorale Arbeit
notwendigen Bücher herzustellen.[30] Außerdem ist es möglich, daß wir im
Evangeliar von Maesyck den erhaltenen Restbestand der Bücher vor uns

---

26 Bernhard BISCHOFF/Josef HOFMAN, Libri Sancti Kyliani. Die Würzburger Schreibschule
    und die Bibliothek im VIII. und IX. Jahrhundert, Würzburg 1952, S. 7f., 52f., und
    Rosamond McKITTERICK, Anglo-Saxon missionaries in Germany: reflections on the
    manuscript evidence, Transactions of the Cambridge Bibliographical Society 9, 1989,
    S. 291-329, bes. S. 300f.

27 McKITTERICK, Anglo-Saxon missionaries (wie Anm. 26) S. 311f.

28 Bonifatius, Epp. 29 und 96, und Vita Liobae, MGH SS 15,1, S. 127-131.

29 Zur Geschichte dieser Klöster vgl. PRINZ, Frühes Mönchtum (wie Anm. 8) S. 242-245.

30 McKITTERICK, Frankish uncial (wie Anm. 17), und DIES., Nuns' scriptoria (wie Anm. 16).
    Vgl. auch Matthias WERNER, Adelsfamilien im Umkreis der frühen Karolinger. Die
    Verwandtschaft Irminas von Oeren und Adelas von Pfalzel (Vorträge und Forschungen
    Sonderband 28) Sigmaringen 1986.

haben, die Harlindis und Reglindis in Aldenyck hergestellt haben, eine Arbeit, die ihr Biograph lobend herausstellt.[31]

Betrachten wir nun, wie das Abschreiben von Büchern zu einem Element des täglichen Lebens und Wirkens einer Nonnengemeinschaft wurde. Keine einzige Regel sieht explizit das Abschreiben von Büchern vor, auch nicht die Nonnenregel des Caesarius von Arles;[32] lediglich die Caesariusvita gibt einen Hinweis auf die Menge schöner Codices, die von Caesaria und ihren Nonnen zum Gebrauch in seiner Kirche in Arles bestimmt waren.[33] Auch die Benediktregel[34] und die Verordnungen für Mönche und Nonnen (sanctimoniales) der Aachener Synode von 816 geben keinerlei Hinweise.[35] Trotz fehlender Verfügungen über das Abschreiben von Büchern in den den Mönchen und Nonnen, Kanonikern und Kanonissen zugänglichen Regeln verwandte eine große Anzahl religiöser Gemeinschaften, welcher Regel sie auch folgten, dennoch ein beträchtliches Ausmaß an Zeit und Geld auf die Buchproduktion. Die Regeln Benedikts, Caesarius' und anderer sowie die Aachener Verordnungen gewähren den notwendigen Spielraum zur Buchherstellung in der Klostergemeinschaft nur im Zusammenhang mit Vorkehrungen über folgende Tätigkeiten: eine für die Bedürfnisse des Klosters sinnvolle Handarbeit, die Erfüllung der Fastenlesungen und der täglichen Lesungen sowie die Unterrichtung der Novizinnen.[36] Im Kapitel 22 der Aachener Beschlüsse für Nonnen wird beispielsweise die Nützlichkeit des Lesens bestätigt.[37] Handarbeit ist - wenig überraschend, da es den sanctimoniales erlaubt war, ihre eigenen Dienerinnen mitzubringen - überhaupt nur einmal erwähnt, indem sie als Gegenmittel zur Muße (otium) empfohlen wird.[38] Dagmar Schneider hat gemeint, die einzige Art der Handarbeit, die die sanctimoniales verrichten konnten, sei das Herstellen ihrer eigenen Kleider gewesen, wofür sie Wolle und

---

31 AA SS 22. März, S. 348.

32 Caesarius von Arles, Regula sanctarum Virginum aliaque opuscula ad sanctimoniales directa, ed. Germain MORIN (Florilegium Patristicum tam veteris quam medii aevi auctores complectens 34) Bonn 1933.

33 Vita sancti Caesarii, ed. Bruno KRUSCH, MGH SS rer. Mer. 3, Hannover 1896, S. 433-501.

34 Regula sancti Benedicti, ed. Justin McCANN, London 1954.

35 MGH Conc. 2,1, S. 307-464.

36 Z. B. Regula Benedicti c. 48 (wie Anm. 34) S. 110-113.

37 MGH Conc. 2,1, S. 452.

38 Ebd. c. 14, S. 448.

Leinen empfingen (c. 13).[39] Doch ist es gut möglich, daß Handarbeit auch das Abschreiben von Büchern einschloß, denn es gibt eine umfassende religiöse Rechtfertigung der Schreibtätigkeit, die sowohl als Arbeit gewertet als auch in ihrem heiligen Zweck abgegrenzt wurde.[40] Die Buchproduktion konnte daher ohne weiteres zu einem wesentlichen Teil des monastischen und geweihten Lebens werden. Im Lichte der reichen Belege aus Mönchsklöstern[41] und der vorhin nachgewiesenen Nonnenskriptorien kann man kaum bezweifeln, daß beide Formen religiöser Gemeinschaften, die männliche und die weibliche, das nutzten und daß sie ihre so eingesetzten Fähigkeiten in den Dienst der Kirche und des Glaubens stellten.

Chelles stand keineswegs zeitlich am Ende einer bedeutenden Entwicklung, die das Abschreiben von Büchern seitens religiöser Frauengemeinschaften zum eigenen Gebrauch oder im Dienst eines benachbarten Bischofssitzes zu einem normalen Vorgang werden ließ. Die Betriebsamkeit der Nonnenskriptorien endete nicht im frühen neunten Jahrhundert, denn es gibt Hinweise dafür, daß die Schreibtätigkeit im gesamten neunten und zehnten Jahrhundert auch weiterhin eine ebenso normale Beschäftigung von Nonnen und Kanonissen wie von Mönchen und Kanonikern war.[42] Man muß vielmehr zwischen Klöstern wie Chelles, das ein für eine systematische Buchproduktion organiertes Skriptorium besaß, und solchen unterscheiden, die anscheinend nur Frauen in ihrer Gemeinschaft hatten, die genügend gebildet waren, um ihre eigenen Notizen zu machen, Briefe zu schreiben und Urkunden auszufertigen. Bedeutsame Zeugen für die Fortdauer der Schreibfertigkeiten in karolingischen Nonnenklöstern sind zunächst Jouarre (falls man diesem Konvent tatsächlich

---

39 Dagmar SCHNEIDER, Anglo-Saxon women in the religious life. A study of the status and position of women in an early mediaeval society. Ph. D. Diss. (ms.) Cambridge 1986; MGH Conc. 2,1, S. 447.

40 Z. B. Würzburg, Universitätsbibl. HS M.p.th.f. 64, fol. 94v; Cambridge, Corpus Christi College HS 192, fol. 97; vgl. auch die Gedichte Alcuins, MGH Poet. 1, S. 320.

41 Vgl. Bernhard BISCHOFF, Panorama der Handschriftenüberlieferung aus der Zeit Karls des Großen, in: DERS., Mittelalterliche Studien Bd. 3, Stuttgart 1981, S. 5-38.

42 Die Möglichkeit eines Scriptoriums in Kochel, dem benachbarten Frauenkloster Benediktbeurens, hat Bernhard BISCHOFF anhand einer Folge von sieben um 800 datierten Handschriften (Die Gruppe um Clm 4549 [Kochel?]) vorgeschlagen: Bernhard BISCHOFF, Die südostdeutschen Schreibschulen und Bibliotheken in der Karolingerzeit, Teil I: Die Bayerischen Diözesen, Wiesbaden ³1974, S. 22f. Vgl. auch die nicht immer haltbaren Bemerkungen von Alain J. STOCLET, Gisele, Kisyla, Chelles, Benediktbeuren et Kochel. Scriptoria, bibliothèques et politique à l'époque carolingienne. Une mise au point, Revue Bénédictine 96, 1986, S. 250-270.

die b-Minuskel zuweisen darf)[43] und dann Chelles selbst mit seinem enormen Bestand an Reliquienetiketten, den Jean-Pierre Laporte entdeckt hat. Die Mehrzahl der Etiketten, nämlich die paläographisch vor 800 datierbaren, ist bereits ediert.[44] Eine ansehnliche Minderzahl aber datiert noch aus dem neunten Jahrhundert und liefert den sicheren Beweis für einen Fortbestand der Schreibfähigkeit zumindest einiger Nonnen; viele Hände sind auf diesen Etiketten weiterhin belegt, zu viele für Zweifler, die sie nach wie vor Priestern zuschreiben wollen. Die Probleme, die die zunehmende Vereinheitlichung der karolingischen Minuskel für die Identifizierung bestimmter karolingischer Skriptorien des späten 9. Jahrhunderts aufwirft, wirken auch auf Chelles zurück.[45] Die ständig abnehmende Eigenständigkeit der Nonnenminuskel, die Bischoff in der jüngsten Gruppe der Bücher beobachtet hat, erschwert die Feststellung, wer für diese Etiketten verantwortlich war, erheblich.[46] Dennoch legen es die anhaltende Verbindung mit der Gemeinschaft der hohen Damen des karolingischen Königshauses und die Stiftung von Büchern wie eines in St. Amand hergestellten und von der Königin Irmintrud, der Gemahlin Karls des Kahlen, nach 860 dem Kloster Chelles geschenkten Sakramentars[47] nahe, daß der Konvent seine gewohnten Tätigkeiten beibehielt und die Mitglieder weiterhin fähig waren, die geschenkten Bücher sinnvoll zu gebrauchen. Zwar ist einzugestehen, daß hier bisher ein erkennbarer Beleg für die fortdauernde Tätigkeit eines organisierten Skriptoriums, das sich von der religiösen Gemeinschaft abheben würde, fehlt; doch waren zumindest einige ihrer Mitglieder schreibkundig.

Reliquienetiketten sind auch aus den Frauenkonventen in Vreden (um 839) und Neuenheerse (aus dem späten 9. und frühen 10. Jahrhundert) erhalten.[48] Sie

---

43 Vgl. dazu McKITTERICK, Nun's scriptoria (wie Anm. 16).

44 Hartmut ATSMA/Jean VEZIN, Authentiques et reliques provenant de l'ancien monastère Notre-Dame de Chelles (VIIe-VIIIe siècles), in: Chartae Latinae Antiquiores Bd. 18, 1985, S. 84-108, Nr. 669. Zu einer Reliquienliste aus Jouarre vgl. André WILMART, Liste des reliques réunies à Jouarre au IXe siècle, Analecta Reginensia (Studi e Testi 59) Rom 1933, S. 4-17.

45 Vgl. Rosamond McKITTERICK, Carolingian book production: some problems, The Library, Sixth series 12, Nr. 1, 1990, S. 1-33.

46 Vgl. BISCHOFF, Kölner Nonnenhandschriften (wie Anm. 6) S. 23.

47 New York, Pierpont Morgan Library MS Glazier 57.

48 Vgl. Klemens HONSELMANN, Reliquientranslationen nach Sachsen, in: Das erste Jahrtausend. Kultur und Kunst im werdenden Abendland an Rhein und Ruhr, hg. v. Victor ELBERN, Düsseldorf 1962, S. 158-193, Abb. 2 und 3.

sind in einer gewöhnlichen, aber wohlgeformten karolingischen Minuskel geschrieben und können durchaus von den Nonnen erstellt worden sein.

Den zweiten Beweis liefern die Verbrüderungs- und Gedenkbücher (*Libri memoriales, Libri vitae, Libri confraternitatum*), vor allem der *Liber memorialis* von Remiremont. Ursprünglich als Mönchs- oder als Doppelkloster gegründet, war Remiremont bis zur Mitte des 8. Jahrhunderts ein Nonnenkonvent geworden.[49] Im Jahre 817 beschlossen die Nonnen, der Benediktregel zu folgen, die sie im Laufe des 11. Jahrhunderts, als der Konvent in wachsendem Maße aristokratisch wurde, gegen die etwas weniger strenge Kanonissenregel tauschten.[50] Der Entschluß, den berühmten *Liber memorialis* anzulegen, eines der beiden aus Nonnenklöstern stammenden unter den sieben vor dem Jahre 1000 erhaltenen Gedenkbücher, wurde mit Zustimmung der Äbtissin Teuthild im Jahre 820/21 getroffen und führte zu 11 500 Nameneinträgen vor allem in den beiden Jahrzehnten zwischen 840 und 860 - die Hauptphasen lagen in der Zeit von 845 bis 850 und von 862 bis 863 - , bis diese Praxis am Ende des zwölften Jahrhunderts abbrach.[51] Allen festgehaltenen Namen von Lebenden, Toten, Schenkern und Wohltätern wurde der gleiche geistliche Gewinn zuteil. Die historische Bedeutung dieses bemerkenswerten Buches ist gewaltig, aber im Kontext der Schriftlichkeit ist vor allem die Tatsache seiner Kompilation schlechthin wichtig, und einige Charakteristika verdienen genauere Beachtung. Es handelt sich um ein Gedenkbuch, das zum täglichen liturgischen Gebrauch gedacht war. Die ersten Kompilatoren ließen, zwecks späterer Ergänzung, genügend Raum in den Listen der Lebenden und Toten und in den Nekrologien (Todesnachrichten), der bald mit den Namen von Schenkern, Dienern und Freunden sowie mit Traditionsnotizen ausgefüllt wurde, wobei man auf die ursprüngliche Anordnung und Zielsetzung oft wenig Rücksicht nahm. Die Gedenkeinträge scheinen in der zweiten Hälfte des 10. Jahrhunderts aufzuhören, das Besitzverzeichnis wurde 965 angefügt, und die sich anschließen-

---

49 Vgl. Stephan HILPISCH, Die Doppelklöster (Beiträge zur Geschichte des alten Mönchtums und des Benediktinerordens 15) Freiburg i. Br. 1928, und Eduard HLAWITSCHKA, Studien zur Äbtissinnenreihe von Remiremont (7.-13. Jh.) (Veröffentlichungen des Instituts für Landeskunde des Saarlandes 9) Saarbrücken 1963. Über die *Libri Vitae* vgl. Nicolas HUYGHEBAERT, Les Documents Necrologiques (Typologie des Sources du Moyen Age Occidental 4) Turnhout 1972.

50 Vgl. Eduard HLAWITSCHKA, Zur Klosterverlegung und zur Annahme der Benediktregel in Remiremont, Zeitschrift für die Geschichte des Oberrheins 109, 1961, S. 249-269.

51 Rom, Bibliotheca angelica 10. Vgl. MGH Libri Memoriales I. Liber Memorialis von Remiremont, hg. v. Eduard HLAWITSCHKA, Karl SCHMID und Gerd TELLENBACH, München 1981.

den Urkundenauszüge reichten bis in die zweite Hälfte des 11. Jahrhunderts. Hlawitschka, Schmid und Tellenbach identifizierten nicht weniger als 58 Schreiber und Schreiberinnen, die mehr als fünf Einträge vornahmen, darunter die besonders rührigen Schreiber «6», «47» und «51», und weitere rund 80 Schreiber(innen), mit einem oder zwei Einträgen. Das Gedenkbuch von Remiremont ist somit das Werk von weit über 100 Schreiber(inne)n, deren größerer Teil im neunten und zehnten Jahrhundert schrieb und die unterschiedlich schreibkundig waren. Sie alle liefern somit Schriftproben während der gesamten Karolingerzeit. Diese Schrift ist eine voll entwickelte, ganz in der fränkischen Schreibtradition stehende karolingische Minuskel (auch wenn kalligraphische wie religiöse Maßstäbe im zehnten Jahrhundert anscheinend absanken).[52] Mögen die Schreibtraditionen in Remiremont auch eine spezifische Entwicklung durchgemacht haben, sie waren jedenfalls weit davon entfernt, von den anderweitigen Entwicklungen abgeschnitten zu werden und hatten - zumindest in dieser Hinsicht - vollen Anteil an der Karolingischen Renaissance.

Die Identität der meisten dieser Schreiber(innen) ist nicht bekannt. Wir kennen eine Nonne namens Cecilia, die zur Zeit der Äbtissin Imma zwischen 818/19 eine Urkunde schrieb (f. 47r, nr. II) - doch handelt es sich dabei nicht um ein Original, sondern um eine spätere Kopie, die im dritten Viertel des zehnten Jahrhunderts vom Schreiber «42» angefertigt wurde und nur Cecilias Namen überliefert - und eine weitere Nonne namens Lizudis (f. 40). Wir besitzen auch eine Urkunde des *cancellarius* Landald, doch kann es sich dabei wiederum nur um die Kopie einer außerhalb des Klosters, vielleicht von einem Gerichtsschreiber angefertigten Urkunde handeln;[53] es scheint mir unwahrscheinlich, daß der *cancellerius* selbst diesen Eintrag vorgenommen hat.[54] Natürlich mag es sich bei einigen Schreibern, wie Schmid vorgeschlagen hat, um die männlichen Priester, die *sacerdotes loci presentis*, die der Abteikirche dienten und deren Namen im *Liber memorialis* (fol. 42v) festgehalten sind, sowie ihre Nachfolger oder die Priester, deren Namen in den Nekrologien auftauchen,[55] gehandelt haben, doch ist es unvorstellbar, daß sie alle Priester waren. Wie auch Schmid zugibt, genügte schon Bischoffs Studie über Chelles, selbst ohne

---

52 Vgl. die Analyse der Schreiberhände, ebd. S. 157-176.

53 Ebd. S. XXV, und HLAWITSCHKA, Äbtissinnenreihe (wie Anm. 49) S. 49-51. Zu Gerichtsschreibern vgl. McKITTERICK, Carolingians (wie Anm. 1) S. 118ff.

54 Vgl. HLAWITSCHKA (wie Anm. 49) S. 49f.

55 Ebd. S. XXV.

die weiteren, hier zusätzlich angefügten Belege, um die Ansicht zu stützen, daß die Nonnen selbst dieses bemerkenswerte Buch zusammengestellt haben: Einige Schreiberinnen gaben ihm die systematische Anlage, bevor es allen zugänglich wurde. Da Bücher und Urkunden, die man zum Vergleich heranziehen könnte, fehlen, läßt es sich leider nicht sicher entscheiden, *welche* Einträge von Nonnen und *welche* von Priestern vorgenommen wurden. Da das Buch aber so eng mit dem liturgischen Tagesablauf und den Außenbeziehungen des Klosters verbunden war, scheint es mir, im Spiegel der Hinweise auf schreibende Nonnen und der Unterschiede in der Konzeption, Anlage und im Inhalt zwischen dem *Liber memorialis* von Remiremont und den Verbrüderungsbüchern der Reichenau, von Pfäfers und St. Gallen, am wahrscheinlichsten, das ganze Unternehmen in erster Linie den Nonnen zuzuschreiben.[56] Mit anderen Worten: Wir besitzen im Gedenkbuch von Remiremont ein beredtes Zeugnis der Schreibpraxis in einem Frauenkloster des neunten und zehnten Jahrhunderts.

Wie aus Chelles im späteren neunten Jahrhundert, so gibt es auch aus Remiremont wenig Hinweise auf ein organisiertes Skriptorium, wenn man nicht die Bücher, die jetzt in Epinal liegen und die einst dem Peterskloster in Sens gehörten und offensichtlich aus Remiremont stammen, als traurige Reste der Arbeit einer leistungsfähigen Werkstatt deuten will. Mehrere Bände aus Epinal, wie zum Beispiel ein Evangelistar,[57] enthalten Notizen von Schenkungen an Remiremont aus dem zehnten Jahrhundert, die von verschiedenen Händen in der Mitte des zehnten Jahrhunderts in das Buch übertragen wurden, darunter die Hand der Schreiberin «26», die den "Herzog" Riquinus von Verdun zum 15. November und weitere Mitglieder seiner Familie in das Totenbuch eintrug wie auch Bischof Dado von Verdun (880-923) und seine *familia* hinzufügte.[58] Solche Nachträge wurden zweifellos in Remiremont vorgenommen, und es ist nicht unwahrscheinlich, daß dieses Evangelistar wie auch ein Florilegium weitere Beispiele der Tätigkeit eines Skriptoriums im Remiremont des neunten Jahrhunderts darstellen.[59] Lowe (CLA VI,761) und Bischoff lokalisieren die Handschrift Epinal 105 lediglich nach Ostfrankreich. Sie ist in einer frühen

---

56 Vgl. Karl SCHMID, Zum Quellenwert des Liber Memorialis von Remiremont, Deutsches Archiv für die Erforschung des Mittelalters 41, 1985, S. 345-389.

57 Bibliothèque publique 105.

58 Vgl. HLAWITSCHKA, Äbtissinnenreihe (wie Anm. 49) S. 49f., 129f. und 142 Anm. 120.

59 Epinal, Bibliothèque publique Ms 72. Ich habe diese Handschriften nicht eingesehen und mache diese Vorschläge nur aufgrund der Provenienz. Die Frage bedarf einer näheren Untersuchung.

karolingischen Minuskel geschrieben, die dem späten achten oder frühen neunten Jahrhundert angehört. Somit wäre sie mindestens zwei Jahrzehnte älter als das nächste sichere Beispiel der Schreibtätigkeit in Remiremont, eben der älteste Teil des Gedenkbuchs. Sicherlich legen es das Format und die Qualität des *Liber memorialis* nahe, ihn nicht für die einzige Leistung der Nonnen bei der Buchherstellung, sondern für das Werk von Schreiberinnen zu halten, die Erfahrung beim Abschreiben von Büchern hatten. Es scheint demnach, daß der *Liber memorialis* in einem schon seit einiger Zeit florierenden Skriptorium erstellt wurde.

Der *Liber memorialis* von Remiremont und die übrigen erhaltenen Zeugnisse der Buchproduktion des Klosters bezeugen aber nicht nur die technischen Schreibfertigkeiten. Einige seiner Merkmale haben - wie die Verbrüderungsbücher überhaupt - eine darüber hinausgehende Bedeutung für die Rolle der Schriftlichkeit und die Wertschätzung des geschriebenen Wortes. Zunächst belegen Urbar und Traditionsnotizen eine hinreichende Organisation der Aufzeichnung und der Urkundenherstellung, die sich den eigenen Angelegenheiten der Nonnen angemessen gewachsen zeigt, und sie bestätigen damit die Bedeutung schriftlicher Dokumente.[60] In bezug auf die verschiedenen Ebenen der Schriftlichkeit ist aber auch an die Briefkorrespondenz der Äbtissin Teuthild mit ihrem Verwandten, dem Seneschall Adalhard, sowie mit Ludwig dem Frommen und der Kaiserin Judith zu erinnern. Diese Briefe bilden eine kleine Briefstellersammlung, den *Indecolarius domnae Thiathilde*, der vermutlich ebenfalls in Remiremont zusammengestellt wurde.[61]

Sodann sind die Listen von Brüdern und Schwestern anderer Konvente, nicht zuletzt der Nonnen von Säckingen und von Sainte-Croix in Poitiers (fol. 40r und 36r) zu berücksichtigen.[62] Wie hat man solche Informationen erhalten? Die Liste der Nonnen und Äbtissinnen von Remiremont vor den Reformen von 816/17 (fol. 35r-v) beruhte wohl auf Aufzeichnungen im Kloster (vgl. Abb. 6).

---

60 Zur Bedeutung der Urkunden für unser Verständnis der Schriftlichkeit im Frühmittelalter vgl. McKITTERICK, Carolingians (wie Anm. 1) S. 77-134.

61 *Indecolarius domnae Thiathilde*, hg. v. Karl ZEUMER, MGH Formulae, S. 525-529. Ein Brief erwähnt die liturgischen Feiern zur Verehrung Ludwigs des Frommen und seiner Gattin Judith. Teuthild war Ludwig, Judith und Karl dem Kahlen in den 30er Jahren des 9. Jahrhunderts treu. Vgl. auch HLAWITSCHKA, Äbtissinnenreihe (wie Anm. 49) S. 36-38.

62 Vgl. Hans SCHNYDER, Säckingen, in: Helvetia Sacra. Abteilung III. Die Orden mit Benediktinerregel, Band 1: Frühe Klöster, Die Benediktiner und Benediktinerinnen in der Schweiz, Erster Teil, hg. v. Elsanne GILOMEN-SCHENKEL, Bern 1986, S. 324-337.

Die anderen Listen, der Mönche der Reichenau, aus Münster-im-Gregoriental, Prüm unter Abt Ansbald, Kornelimünster, Stablo-Malmedy, Lobbes, Schienen am Bodensee, Annegray und Murbach, der Bischöfe und des Domklerus von Mainz, Toul, Verdun, Trier und St. Leger sowie der Nonnen von Säckingen (vgl. Abb. 7) und Sainte-Croix in Poitiers, können nur auf der Basis angeforderter, schriftlicher Listen übermittelt worden sein. Tatsächlich sind im Falle der Reichenau und Prüms unter Abt Ansbald und vermutlich auch Münsters-im-Gregoriental solche zugesandten Listen erhalten; man hat sie einfach als Vorsatzblatt in das Gedenkbuch eingebunden. Die Reichenauer Liste (fol. A1r) ist von einer Reichenauer Hand von ca. 940 geschrieben, die Prümer Liste (fol. Fr) ist ein Pergamentfetzen, der entweder aus Prüm zugesandt oder in Remiremont niedergeschrieben wurde.[63] Eine ähnliche Beziehung verband St. Gallen mit Herford;[64] in St. Peter in Salzburg bestanden Gebetsverbrüderungen mit den Nonnen in Neustadt, Chiemsee, Passau, der *congregatio sancti Pauli de loco qui dicitur monasterium Hunrici* sowie den Nonnenkonventen in Salzburg selbst;[65] und die Reichenau unterhielt im frühen 9. Jahrhundert Beziehungen nicht nur mit mehr als 40 Mönchsklöstern, sondern auch mit den fünf Frauenkonventen in Faremoutiers, Brescia, St. Peter in Lyon, St. Stephan in Straßburg und Zürich.[66] Ein beachtenswerter Nachtrag zwischen 919 und 933 enthält eine Gruppe von Nonnenklöstern, die anscheinend infolge ihrer Beziehungen zu Corbie und Notre Dame in Soissons die Benediktregel übernommen haben, nämlich Gandersheim, Herford, Neuenheerse, Wendhausen und Essen.[67] Folglich dürfen wir auch in diesen Konventen die Anwesenheit schreibkundiger Frauen annehmen, eine Vermutung, die durch weiter unten zu besprechende Belege noch gestützt wird.

---

63 HLAWITSCHKA, SCHMID und TELLENBACH, Liber memorialis (wie Anm. 51) S. 209.

64 Liber Confraternitatum sancti Galli, Augiensis, Fabariensis, hg. v. Paulus PIPER, MGH Necrologia Germaniae, Berlin 1884 (ND. 1983) S. 43.

65 Das Verbrüderungsbuch von St. Peter in Salzburg, hg. v. Karl FORSTNER (Codices Selecti 51) Graz 1974, Faksimile von Hs A1 im Archiv St. Peter in Salzburg, fol. 33, 36, 37; Dioecesis Salisburgensis. Liber Confraternitatum vetustior et Liber confraternitatum recentior, hg. v. Sigismund HERZBERG-FRÄNKEL, MGH Necrologia Germaniae 2, Berlin 1904, S. 14, 29, 50, 53, 54.

66 Johanne AUTENRIETH, Dieter GEUENICH und Karl SCHMID, Das Verbrüderungsbuch der Abtei Reichenau, München 1979, fol. 2 C1, 97 C1 und 105 D1, 96 C1, 134 C1, 8 B1 und auch Hohenburg, 162 C4.

67 Ebd. 87 D5, 87 C5, 87 X5. Vgl. Josef SEMMLER, Corvey und Herford in der benediktinischen Reformbewegung des 9. Jh., Frühmittelalterliche Studien 4, 1970, S. 289-319. Vgl. auch Uwe LOBBEDEY, Zur archäologischen Erforschung westfälischer Frauenklöster des 9. Jh. (Freckenhorst, Vreden, Meschede, Herford), ebd. S. 310-340.

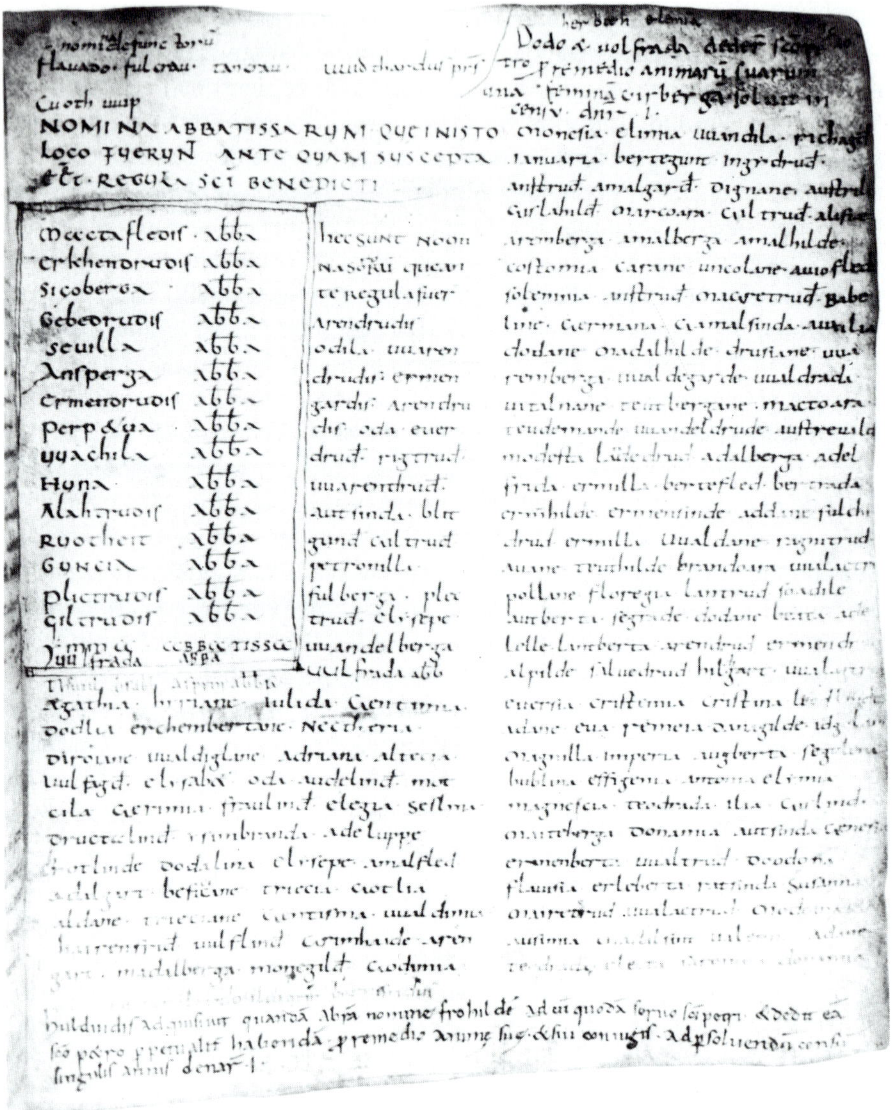

Abb. 6 Gebetsgedenken und Schriftlichkeit in einem karolingischen Frauenkloster: Die Liste der Äbtissinnen von Remiremont. *Liber memorialis* von Remiremont (um 820).

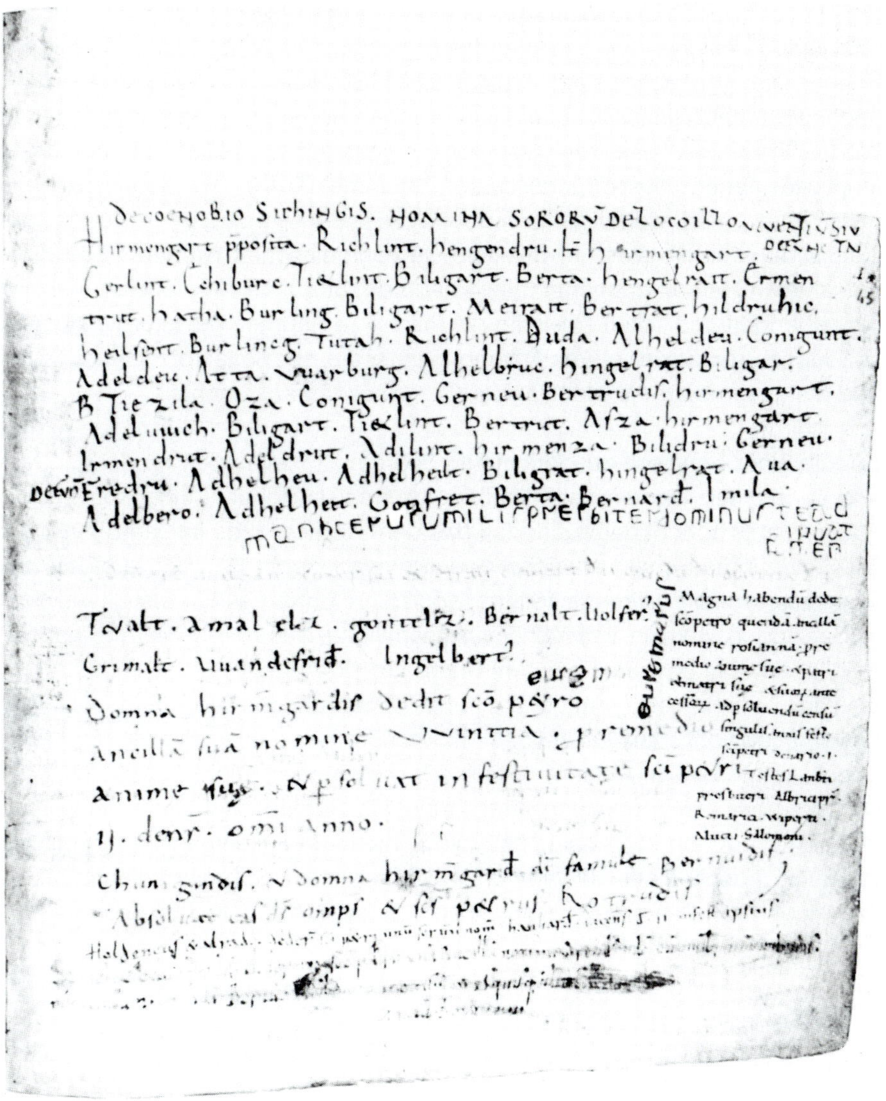

Abb. 7 Verbrüderungseintrag im *Liber memorialis* von Remiremont: Liste des Frauen-
konvents von Säckingen.

Die Verbrüderungsbucheinträge belegen folglich eine schriftliche Kommunikation zwischen den betreffenden Konventen auf einer sichtlich weltlichen Ebene. Die Konzeption und Anlage eines Gedenkbuchs aber beweist ein hochkultiviertes Verständnis der symbolischen Bedeutung des geschriebenen Wortes in einer Weise, die man nur in einer auf Schriftlichkeit bedachten Mentalität findet. Diese Bücher waren "stumme" Texte, die, sobald sie aufgezeichnet waren, weder gelesen noch vorgelesen wurden, doch wegen ihrer liturgischen Rituale stets im Blickfeld der Gemeinschaft blieben.[68] Die darin enthaltenen Namen erinnerten allein dadurch, daß man sie niederschrieb, an die Lebenden und Toten sowie an die Pflicht, im Rahmen der Liturgie all derer kollektiv zu gedenken, deren Namen einzeln auf der Seite verzeichnet waren und die zusammen die Identität der Gemeinschaft ausmachten.

Spuren einer praktisch ausgerichteten Schreibtätigkeit finden wir auch in Milz und Zürich. Milz war ein nur kurzlebiger benediktinischer Nonnenkonvent bei Fulda. Nichts spricht dagegen, daß das dem Kloster Fulda im Jahre 799 oder 800 übersandte Schatzverzeichnis oder zumindest der Entwurf, aus dem der Notar die formelle Urkunde fertigte, von den Nonnen selbst erstellt wurde.[69] In Säckingen wurden wahrscheinlich sämtliche Urkunden, die die Nonnen möglicherweise besaßen, bei dem Brand am 17. August 1272, der das Archiv zerstörte, vernichtet.[70] Zürich hat eine Urkundenserie seit dem Jahr 878 bewahrt, obwohl man ein tätiges Skriptorium nicht feststellen kann.[71] Eine Schule ist in dieser Abtei vor dem 13. Jahrhundert nicht belegt. Daß die Nonnen aber - in Ergänzung ihrer Fähigkeit, Rechtsgeschäfte schriftlich zu bewältigen - schon vorher eine gewisse Schreibkundigkeit besaßen, zeigt sich in einer Handschrift des 10. Jahrhunderts, die jetzt in der Züricher Zentralbibliothek liegt (MS Car C.27), einer Abschrift der *Moralia in Iob* Gregors des

---

68   Vgl. Giles CONSTABLE, The Liber Memorialis of Remiremont, Speculum 47, 1972, S. 261-277.

69   Bernhard BISCHOFF, Mittelalterliche Schatzverzeichnisse Bd. 1, Stuttgart 1967, Nr. 56, S. 63f.

70   Vgl. SCHNYDER, Säckingen (wie Anm. 62) S. 332.

71   Zürich Stadtarchiv C II 2 Abtei Fraumünster, 456 Urkunden (853-1733). Zu anderen archivalischen Quellen vgl. Judith STEINMANN, Zürich, in: Helvetia Sacra Abt.III (wie Anm. 62) S. 1992-1994. Man kann vermuten, daß man in Schwarzach, einem anderen Frauenkonvent, dem die Tochter Ludwigs des Deutschen als Äbtissin vorstand, ebenfalls Schreibkenntnisse besaß.

Großen, die den Nonnen am Ende des 10. Jahrhunderts vom Archidiakon Konrad von Metz überreicht worden war.[72]

Auch in Essen erlauben die handschriftlichen Belege den Schluß, daß die Nonnen schreiben und ihre Bücher mit Buchstaben und musikalischen Noten versehen und glossieren konnten, wenngleich der große Brand des Jahres 946 zweifellos viele Urkunden und Handschriften gerade aus der frühen Geschichte der Gründung vernichtet hat.[73] Jammers war der Ansicht, daß es in Essen kein Skriptorium gab; auf der Grundlage eines in der Landes- und Stadtbibliothek Düsseldorf (D 1) bewahrten Belegs, eines offensichtlich für Essen gedachten, aber in Nordwestdeutschland, vielleicht in Werden, um 870 geschriebenen Sakramentars, und vier weiterer Handschriften nahm er an, daß weder die Neumenzeichen noch die Glossen der Nonnen als hinreichender Beweis einer regelmäßigen Schreibtätigkeit, wie wir sie mit einem Skriptorium verbinden, ausreichten.[74] Bischoff wies allerdings darauf hin, daß eine solche, auf fünf Handschriften gestützte Annahme leicht zu Mißverständnissen führen könne. Auch wenn sich ein Skriptorium erhalten hat und in Handschriftenbelegen einer oder mehrerer Generationen nachweisbar ist, so beweist das noch nicht, daß es sich um eine ständige kalligraphische Werkstatt handelt. Skriptorien erfahren ihre Höhe- wie ihre Tiefpunkte der Aktivität, besonders wenn sie das Ziel haben, eine Bibliothek aufzubauen, oder sich auf die Herstellung von Büchern hoher Qualität, vor allem liturgischer Art, spezialisieren. Schreiber(innen) außerhalb eines solchen Zusammenhangs - und hier wird man Essen einordnen müssen - entwickeln eine weit unterschiedlichere, von individuellen Zügen beeinflußte Schrift.[75] Die Essener Handschriften und ihre

---

72   Zur Geschichte der Benediktinerinnenabtei Fraumünster vgl. Judith STEINMANN, Die Benediktinerinnenabtei zum Fraumünster und ihr Verhältnis zur Stadt Zürich 853-1524 (Studien und Mitteilungen zur Geschichte des Benediktiner-Ordens und seiner Zweige, Ergänzungsband 23) St. Ottilien 1980.

73   Über Essen vgl. Ulrich FAUST, Die Frauenklöster in Niedersachsen, Schleswig-Holstein und Bremen (Germania Benedictina 11) St. Ottilien 1984. Dieser Band ist der einzige in der Reihe Germania Benedictina, der Frauenstifte behandelt. Vgl. auch Erich WISPLINGHOFF, Beiträge zur Geschichte des Damenstifts Essen, Archiv für Diplomatik 13, 1967, S. 110-132.

74   Ewald JAMMERS, Die Essener Neumenhandschriften der Landes- und Stadtbibliothek Düsseldorf, Düsseldorf 1951, und DERS., Die Paläofränkische Neumenschrift: Schrift, Ordnung, Gestalt, in: DERS., Gesammelte Aufsätze zur älteren Musikgeschichte, Bern-München 1969, S. 35-58.

75   Vgl. Bernhard BISCHOFF, Die liturgische Musik und das Bildungswesen im frühmittelalterlichen Stift Essen, Annalen des historischen Vereins für den Niederrhein 157, 1955, S. 191-194.

Notizen beweisen jedenfalls, daß die dortigen Kanonissen schreiben konnten, und sie beschrieben die Ränder ihrer Bücher. Im besonderen bescheinigen die altsächsischen Glossen ihre Verstandeskraft und ihre Bildung, und es ist beachtenswert, daß wir hier eines der wenigen Beispiele zweisprachiger Schriftlichkeit sowohl des gelehrten Latein wie der angeborenen Volkssprache vor uns haben.[76] Ob die Kanonissen ihr eigenes Programm der Buchherstellung entwickelt haben, ist noch nicht hinreichend nachgewiesen, doch hat Gerhard Karpp dafür jetzt die wesentliche Grundlage bereitgestellt.[77] Die großherzogliche Bibliothek in Düsseldorf profitierte von der napoleonischen Säkularisierung kirchlicher Bibliotheken,[78] und im Jahre 1819 stellte der großherzogliche Bibliothekar, Lacomblet, eine Liste der aus Essen stammenden Bücher zusammen, die von Dausend und Kahsnitz in unserem Jahrhundert erweitert wurde.[79] Karpp fügte Belege hinzu, die ihm - so Karpp - der damalige Essener "Bibliothekar" um 900 liefert; ohne Karpp zu nahe treten zu wollen, handelte es sich dabei wahrscheinlich aber um eine Kanonisse, der die Bücher anvertraut wurden, und nicht um den Priester, der den geistlichen und liturgischen Bedürfnissen der Stiftsdamen diente.[80] Sie fügte zu einigen Büchern Titel und, gleichfalls um 900, eine Liste von 18 nichtliturgischen Büchern aus dem Besitz des Damenstiftes hinzu, die heute in der Düsseldorfer Universitätsbibliothek liegt.[81] Drei Bücher dieser Liste, Alkuins Kommentar, eine Abschrift der Paulusbriefe aus der Gegend von Laon oder Reims aus dem späten achten Jahrhundert (MS A 14) und eine vielleicht ursprünglich aus Werden stammende Abschrift des Prudentius aus dem späten neunten oder

---

76 Vgl. Heinrich TIEFENBACH, Xanten-Essen-Köln. Untersuchungen zur Nordgrenze des Althochdeutschen an niederrheinischen Personennamen des neunten bis elften Jahrhunderts (Studien zum Althochdeutschen 3) Göttingen 1984. Zum Sprachproblem wäre noch viel mehr zu sagen, besonders für den deutschen Raum. Vorbemerkungen dazu machen McKITTERICK, Carolingians (wie Anm. 1) S. 1-22, und Dieter KARTSCHOKE, Geschichte der deutschen Literatur im frühen Mittelalter, München 1990.

77 Gerhard KARPP, Bemerkungen zum Bücherbesitz des Essener Damenstifts um 900, in: Octogenario. Dankesgabe für Heinrich Karpp überreicht von Schülern, Verwandten und Bekannten, hg. v. Jürgen HONSCHEID und Gerhard KARPP, Düsseldorf 1988, S. 51-115.

78 Zum Umfeld vgl. Anthony HOBSON, Appropriations from foreign libraries during the French Revolution and Empire, Bulletin du Bibliophile 1989, S. 255-272.

79 Detailliert behandelt bei KARPP, Bemerkungen (wie Anm. 77) S. 61-69.

80 Ebd. S. 102.

81 MS B4, f.IIv, eine Abschrift des von Alkuin verfaßten Kommentars zum Johannesevangelium, die im ersten Viertel des neunten Jahrhunderts im nördlichen Rheinland entstanden ist. Die Universität Düsseldorf besitzt diese Handschriften als Leihgabe der Landes- und Stadtbibliothek Düsseldorf. Abbildung bei KARPP, ebd. S. 99.

frühen zehnten Jahrhundert (Ms F1), lassen sich mit Büchern identifizieren, die
einst nach Essen gehörten und nun in Düsseldorf liegen. Es verbleibt eine
kleine Gruppe von Büchern, vermutlich Essener Herkunft, die nicht in die Liste
aufgenommen sind. Unter den früheren Codices befinden sich ein Band der
biblischen Propheten, der in St. Amand oder in einer fränkisch-sächsischen
Werkstatt zu Beginn des neunten Jahrhunderts geschrieben wurde (MS A 6)
und den die Essener Stiftsdamen wohl von der Paulskirche in Münster erhalten
haben,[82] Alkuins Genesiskommentar in einer ebenfalls dem frühen neunten
Jahrhundert angehörenden Handschrift aus Corbie (MS B 3) sowie ein
Evangeliar von ca. 800 aus Nordostfrankreich oder Austrasien, dessen Schrift
sehr der von Jouarre gleicht. Bei diesen Handschriften handelt es sich
anscheinend um die erhaltenen Reste der Erstausstattung des Essener
Damenstiftes. In der zweiten Hälfte des neunten Jahrhunderts erwarben die
Kanonissen weitere Handschriften, von denen sich ein Band mit kanonischem
Recht aus Rom, *De institutione clericorum* des Hrabanus Maurus aus Reims
und ein Sakramentar aus Werden erhalten haben.[83] Sie alle stammen demnach aus recht unterschiedlichen Gegenden. Die Abschrift des Johanneskom-
mentars Alkuins, die für Gisela in Chelles geschrieben wurde und so schnell
in den Besitz eines anderen Frauenkonventes überging, mag auf Beziehungen
zwischen Chelles und Essen deuten. Mit Ausnahme des Bandes mit kanonischem Recht stammen auch die übrigen Handschriften aus Nord- oder
Nordostfrankreich oder aus Austrasien.

Eine weitere Beziehung zu einem nordfränkischen Frauenkloster enthüllt die
Düsseldorfer Handschrift A 14, die die Paulusbriefe enthält, denn dieser Text
ist mit der sog. Bibel von St. Riquier verwandt,[84] die zwischen 820 und 840
in der Gegend von Paris entstanden ist. Fischer hat angenommen, daß das
darin enthaltene Reliquienverzeichnis nach Argenteuil verweist, das von
Theudrada, einer Tochter Karls des Großen, geleitet wurde, die den Band
vielleicht selbst hergestellt, zumindest aber besessen hat. Die Nähe Argenteuils
zu St. Denis und die mögliche Anforderung von Schreiblehrern von dort würde
die Ähnlichkeit der Schriften dieser Codices mit denen aus St. Denis erklären.
Falls sie tatsächlich in Argenteuil entstanden sind, so wäre noch zu klären, wer
für die Arbeit an diesem Text verantwortlich war. In Anbetracht des Interesses,

---

82 KARPP, ebd. S. 104.

83 Düsseldorf MSS E 1, B 113 u E 1. Ich konnte die frühen Essener Handschriften nur
    flüchtig einsehen und warte auf Karpps weitere Arbeiten zu diesem Problem.

84 Paris BN lat. 45 und 93.

das Gisela in Chelles an der Bibel bekundete, scheint es nicht unwahr-
scheinlich, daß einige Nonnen geeignet waren, eine solch gelehrte, für die
Herstellung des Bibeltextes in diesen zwei Bänden notwendige Tätigkeit zu
verrichten.[85] Jedenfalls gelangte eine diesem Bibelexemplar eng verwandte
Handschrift nach Essen, das vielleicht jedoch nähere Beziehungen zu den
Herstellern dieser Abschrift als mit Argenteuil selbst unterhalten hat.

Ob die Essener Stiftsdamen später ihre eigene Schreibwerkstatt errichten
konnten, bleibt zunächst noch eine offene Frage, es ist aber durchaus möglich,
daß das bis zum beginnenden zehnten Jahrhundert der Fall war. Abgesehen
von zwei Handschriften des elften Jahrhunderts, einem ebenfalls aus Werden
stammenden Psalter und einem Evangeliar aus Corvey, können ganze acht
Handschriften aus dem zehnten und elften Jahrhundert mit Essen in Verbindung gebracht werden; keine davon ist bislang einem anderen Zentrum als
Essen selbst zugeordnet worden.[86] Die paläographische Untersuchung der
Schrift dieser Bücher stützt die Möglichkeit einer Entstehung in Essen. Die
Handschriften des zehnten Jahrhunderts enthalten   Bände der Predigten
Gregors des Großen und Augustins, die Briefe Gregors des Großen, ein
Sakramentar und ein Missale, unter den Büchern des elften Jahrhunderts
befinden sich die *Etymologiae* Isidors von Sevilla und zwei Evangeliare.[87] Die
Art der Überlieferung, daß nämlich Handschriften aus anderen Orten den
Essener Bestand des neunten Jahrhunderts ausmachten, während sich vom
zehnten Jahrhundert an Bücher finden, die vielleicht aus Essen selbst
stammen, wäre völlig vereinbar mit der Errichtung eines Skriptoriums in Essen
im späten neunten oder frühen zehnten Jahrhundert und stimmt ebenso mit
den bisherigen Forschungsergebnissen zu diesen Handschriften überein.
Vielleicht kann eine weitere Beschäftigung mit den Essener Handschriften einer
solchen These größere Zuverlässigkeit verleihen.

---

85 Vgl. dazu Bonifatius FISCHER, Bibeltext und Bibelreform unter Karl dem Großen, in: Karl
     der Große. Lebenswerk und Nachleben, Bd. 2: Das geistige Leben, hg. v. Bernhard
     BISCHOFF, Düsseldorf 1965, S. 188f. Fischer ist allerdings der Meinung, daß die zur
     Herstellung einer solchen Bibel notwendige Editionsarbeit kaum in einem Frauenkloster
     geleistet worden sein kann.

86 Essen, Domschatzkammer Hs. 4 und Hs. 2. Vgl. KARPP, Bemerkungen (wie Anm. 77),
     Tabula, S. 62-79.

87 Düsseldorf MSS B 8, B 80, B 79, D 2, D 3; Hannover, Niedersächsisches Staatsarchiv
     (Fragment); Manchester, John Rylands Library MS 110 (vgl. dazu Rainer KAHSNITZ,
     The Gospel Book of Abbess Svanhild of Essen in the John Rylands Library, Bulletin of
     the John Rylands Library 53, 1970-77, S. 122-166), und Essen, Domschatzkammer Hs.3.

Aus Brescia, einem der Frauenkonvente, die mit der Reichenau eine Gebetsverbrüderung unterhielten, besitzen wir vergleichsweise reiche Belege. Der Konvent des hl. Salvator war ursprünglich eine langobardische Gründung, die von der Königin Ansa, der Gemahlin des Desiderius, um 757 ins Leben gerufen worden war, und die erste Äbtissin wurde deren Tochter Anselburga. Das Kloster war von Anfang an wohlhabend, seine wirtschaftlichen Geschäfte waren gut organisiert, und es profitierte sehr von der königlichen Förderung. Die karolingische Eroberung des Langobardenreichs hatte eigentlich nur einen Wechsel des Schutzherrn zur Folge, doch bleibt es noch zu untersuchen, ob ein karolingischer Einfluß auf das Kloster grundlegende Veränderungen mit sich brachte. Nacheinander übernahmen karolingische Königinnen, zuerst Judith, dann Irmingard und schließlich Gisela, die Klosterleitung (als *rectrix*), während eine ihnen unterstellte Äbtissin die Alltagsgeschäfte des Konvents besorgte. Selbst unter der Äbtissin Berta, der Tochter König Berengars, wuchs der Reichtum des Klosters weiter an.[88] Der reiche Landbesitz Brescias spiegelt sich in den Schenkungsurkunden, die in sich wiederum von der Fähigkeit der Nonnen zeugen, ihre Geschäfte während der gesamten langobardischen und karolingischen Epoche selbst und in schriftlicher Form zu führen.[89] Zumindest in dieser Hinsicht haben die Karolinger die Schreibtradition eher fortgeführt als sie erst in Brescia eingerichtet. Die Schreibkundigkeit der Nonnen zeigt sich darüber hinaus in den Inschriften in ihrer prächtigen Kirche sowie in der Krypta, und sie deutet sich in der langen, übertriebenen Grabinschrift an, die Paulus Diaconus für die Königin Ansa verfaßte.[90] Vor allem aber beweisen die Nonnen ihre Schreibkundigkeit im Gedenkbuch (*Liber vitae*), das in der Mitte des neunten Jahrhunderts angelegt wurde, und zwar in einer Form, die dem Standard der übrigen karolingischen Welt entsprach.[91]

---

88 Vgl. Giovanni TRECCANI DEGLI ALFIERI, Storia di Brescia 1963, und Karl Heinrich VOIGT, Die königlichen Eigenklöster im Langobardenreich, Gotha 1909, S. 20-26. Eine nützliche kurze Skizze der Geschichte Brescias im Frühmittelalter bietet Suzanne F. WEMPLE, S. Salvatore/S. Guilia. A case study in the endowment and patronage of a major female monastery in northern Italy, in: Women of the Medieval World, hg. v. Julius KIRSHNER und Suzanne F. WEMPLE, Oxford 1985, S. 85-102.

89 Codex Diplomaticus Langobardiae, hg. v. Giulio PORRO-LAMBERTENGHI (Historia Patriae Monumenta 13) Rom 1873.

90 TRECCANI DEGLI ALFIERI (wie Anm. 88) S. 434 (Inschrift des 8. Jh. in der Krypta der Abteikirche San Salvatore) und S. 459 und 464 (Freskoinschrift in der Kirche). Zum Gedicht des San Vincenzo al Volturno vgl. John MITCHELL, Literacy displayed: the use of inscriptions at the monastery of San Vincenzo al Volturno in the early ninth century, in: The uses of literacy (wie Anm. 2) S. 186-225.

91 Zur angelsächsischen Gedenküberlieferung vgl. Jan GERCHOW, Die Gedenküberlieferung der Angelsachsen, mit einem Katalog der libri vitae und Necrologien (Arbeiten

Wie der *Liber Memorialis* von Remiremont verbindet das Verbrüderungsbuch
von Brescia liturgische Texte mit den Namens- und Nekrologeinträgen in einem
solchen Ausmaß, daß der gesamte zweite Teil des Buchs ein in einer schönen
karolingischen Minuskel geschriebenes Sakramentar bildet. Neumen, die im
zehnten Jahrhundert hinzugefügt wurden, weisen vielleicht auf ein ähnliches
Interesse an der Musik, wie es die Essener Kanonissen bekundeten. Anders
als in Remiremont, nahmen die Nonnen von Brescia in ihr Gedenkbuch keine
Urkundenabschriften und Traditionsnotizen auf.[92] Daß die Nonnen von Brescia
ein organisiertes Skriptorium besaßen und daß das Gedenkbuch nicht die
einzige Handschrift war, die sie selbst herstellten, wird auch durch das Inventar
von 879/906 bestätigt, das die Bücher der von Brescia abhängigen Kapellen
und Zellen festhält. Darunter finden wir Missalia, Evangeliare, Paulusbriefe,
einen Psalter und verschiedene Schriften der Kirchenväter.[93] Ob diese Bücher
tatsächlich im Skriptorium von San Salvatore hergestellt wurden, läßt sich nicht
entscheiden. Daß die Nonnen aber ein Skriptorium besaßen, in dem sie Bücher
herstellten, wird nicht nur durch den *Liber vitae* und seine vollendete Aus-
führung bestätigt, sondern auch durch drei weitere Codices, die sich nun in
der Biblioteca Queriniana in Brescia befinden. Es handelt sich um eine
Abschrift des Jesaja-Kommentars des Hieronymus aus dem achten Jahrhundert (Ms. A.II.14), Senecas *Epistolae ad Lucilium* mit glossierenden Kom-
mentaren und Randzeichnungen, von denen eine die weltliche Eitelkeit der
Frauen verhöhnt, aus dem zehnten Jahrhundert (Ms. B.II.6) sowie eine
Abschrift von Augustins *De civitate Dei* (G. III.3).[94] Falls diese Bände ihr Werk
waren, bezeugen sie einen hohen Grad der Vollkommenheit und des
Kontaktes mit den Schreib- und Kunststilen, die in Nordfrankreich und
Norditalien verbreitet waren. Daß die Nonnen aber auch Bücher aus anderen
Orten erwarben, zeigt Biblioteca Queriniana Ms F.II.1, ein Evangeliar des

---

zur Frühmittelalterforschung. Schriftenreihe des Instituts für Frühmittelalterforschung der
Universität Münster 20) Berlin-New York 1988.

92   Andrea VALENTINI, Codice necrologio liturgico del monasterio de S. Salvatore o S.
      Guilia in Brescia, 1887. Eine neue Edition bereiten Arnold ANGENENDT und Karl
      SCHMID, Der Liber Vitae von Santa Guilia/San Salvatore in Brescia, MGH Libri
      Memoriales et Necrologia, n.s. 4, vor.

93   Codex Diplomaticus Langobardiae, Nr. 419, S. 706-727, und Breviaria de curtibus
      monasterii, hg. v. Gianfranco PASQUALI, S. Giulia di Brescia, in: Inventari altomedievali
      di terre, coloni e reddite, hg. v. Andrea CASTAGNETTI, Michele LUZZATI, Gianfranco
      PASQUALI, Augusto VASINA (Fonti per la Storia d'Italia 104) Rom 1979, S. 41-94.

94   Abbildungen bei TRECCANI DEGLI ALFIERI (wie Anm. 88) S. 416, 555, 486, 554, 555.
      Möglicherweise ist auch das Purpurevangeliar der Biblioteca Queriniana im Besitz der
      Nonnen von Brescia gewesen.

späten zehnten Jahrhunderts von der Reichenau, und es wird wohl noch weitere unter den erhaltenen Handschriften aus Brescia selbst oder aus anderen Orten geben, die das hohe kulturelle Niveau der Nonnen von Brescia bestätigen und damit das beredte Zeugnis des *Liber vitae* stützen.

Möglicherweise begegnen wir in ganz Sachsen in der Ottonenzeit demselben Phänomen, das wir in Essen beobachten konnten: der Existenz schreibkundiger Nonnen, die nicht sogleich ein Skriptorium einrichteten, um eine Bibliothek aufzubauen oder den Bedürfnissen des Schulunterrichts zu begegnen, sondern die ihre Bücher aus anderen Orten erwarben. Andererseits gibt es unter den Handschriften des zehnten Jahrhunderts, die trotz der meisterhaften Bemühungen Hoffmanns[95] immer noch unzureichend bekannt sind, vielleicht Gruppen, die mit guten Gründen den Frauenkonventen zugeordnet werden können, die dann Bücher einer Qualität und eines Typs hervorgebracht hätten, die von denen der Mönche und Geistlichen nicht zu unterscheiden sind. Ich verweise hier auf die mit den Namen Hitta von Meschede und Uta von Niedermünster (in Regensburg) verbundenen Handschriften.[96] Deren charakteristischer Schmuck im Stil der Kölner und Regensburger Handschriften weist wohl eher auf die Ausbildung der Schreiber(innen), als daß wir diese Bücher genau lokalisieren könnten. Die Herkunft zahlreicher Handschriften des zehnten und frühen elften Jahrhunderts ist noch längst nicht geklärt, darunter die Bücher eines "unbekannten (sächsischen?) Skriptoriums", das Hoffmann ausgesondert hat.[97] Es gibt keinen Grund anzunehmen, daß die Frauen der führenden Konvente des ottonischen Reiches, in Niedermünster, Meschede, Kitzingen, Gandersheim, Freckenhorst, Herford, Quedlinburg und an anderen Orten, nicht fähig waren, ihre Bücher selbst herzustellen. In Gandersheim läßt sich die Schreibfähigkeit im Konvent jedenfalls an den Aktivitäten ihrer bedeutendsten Mitglieder ablesen. Dazu kommt das Zeugnis der Unterschriften einer Adelheit, Hetwich und Mathilt in einer Terenzhandschrift des zehnten Jahrhunderts, die Claudia Villa untersucht hat.[98] Das beweist natürlich noch nicht die Existenz eines organisierten Skriptoriums in Gandersheim, aber es

---

95 Hartmut HOFFMANN, Buchkunst und Königtum im ottonischen und frühsalischen Reich, Stuttgart 1986. Es gibt keine vergleichbare Studie über die französischen Handschriften des 10. Jh.

96 Darmstadt, Hessische Landesbibliothek 1640; clm 13601, HOFFMANN (wie Anm. 95) S. 295.

97 Ebd. S. 129-132.

98 Oxford, Bodleian Library Auct. F.6.27, f.112v. Claudia VILLA, La "Lectura Terentii" I. Da Ildemaro a Francesco Petrarca, Padua 1984, S. 99-136.

wirft die Frage auf, auf welche Weise die Kanonissen oder die Nonnen in dem verwandten benediktinischen Marienkloster in Gandersheim, die über eine ansehnliche Bibliothek verfügten, diese Bücher erworben haben, deren Kenntnis sie besaßen. Der Auftrag, Bücher wie den Hitta- oder Uta-Codex abzuschreiben, und Hinweise auf eine Buchlektüre, wie wir sie aus Gandersheim kennen, belegen, daß zumindest einige Frauen in diesen Konventen schreiben konnten.

Die Schatzverzeichnisse des neunten bis elften Jahrhunderts der Frauenkonvente wie Essen, Kochel, Lamspringe, Altmünster in Mainz, Meschede, Quedlinburg und Andlau, enthalten manchmal die liturgischen Bücher, die man in der Abteikirche brauchte. Noch aussagekräftiger aber ist die Anlage solcher Listen; oft sind sie in ein älteres Evangeliar eingetragen, das sich wohl im Besitz der Nonnen oder Kanonissen befand. Das Züricher Verzeichnis des frühen zwölften Jahrhunderts etwa wurde auf fol. 201v eines gallikanischen Psalters aus der Mitte des neunten Jahrhunderts eingefügt, der wahrscheinlich aus Corbie stammte.[99] Das Verzeichnis von Meschede wurde auf fol. 1v des Hitta-Evangeliars eingetragen, das Verzeichnis von Lamspringe findet sich in einem Evangeliar aus Niedersachsen und das Verzeichnis von Kochel aus der Mitte des zehnten Jahrhunderts erscheint in einem Evangeliar aus Benediktbeuren, das dem frühen neunten Jahrhundert angehört.[100] Es bedarf weiterer Forschungen, um Entstehung und Herkunft der aus dem zehnten und frühen elften Jahrhundert erhaltenen Bücher zu klären und die wichtige Erkenntnis abzusichern, daß Schreibtätigkeit in Nonnenklöstern und Kanonissenstiften keineswegs eine Ausnahme bildete.

Nonnenskriptorien im frühen Mittelalter sind demnach nicht als ein isoliertes Phänomen zu betrachten, und der Anteil der Frauen am Abschreiben von Büchern bildete keinen Sonderfall. Wie viele ihrer männlichen Kollegen, blieben auch die daran beteiligten Frauen meist anonym. Daß es sie aber gab, ist von entscheidender Bedeutung für unsere Einschätzung der Rolle der Frauen, besonders im religiösen Leben, und der Schreibkundigkeit frühmittelalterlicher Frauen überhaupt. Die Fähigkeit und der Drang, Bücher zu schreiben, ließen sich nur realisieren, wenn es eine Anleitung zu Schriftformen und verfügbaren

---

99 Zürich, Zentralbibliothek Car. C 161. Vgl. BISCHOFF, Schatzverzeichnisse (wie Anm. 69) S. 113.

100 Darmstadt, Hessische Landes- und Hochschulbibliothek, Cod. 1640; Wolfenbüttel, Herzog-August-Bibliothek Helmst. 423; München, Bayerische Staatsbibliothek clm 4566, fol. 147. Dazu BISCHOFF, ebd. S. 61f., 48f., 43ff.

Musterbüchern gab und wenn man wußte, wo diese zu finden waren. Das wiederum setzt den Kontakt zu anderen Zentren, soweit es sich um die Entwicklung von Briefformularen handelt, voraus, denn die Schreiber(innen) in jedem der hier behandelten Zentren waren dazu angehalten, im Rahmen der vorherrschenden karolingischen Schrifttraditionen zu schreiben. Ein solcher Kontakt ist aber auch hinsichtlich der Bereitstellung der Vorlagen anzunehmen, und er ist ausdrücklich im *Liber Memorialis* von Remiremont und im Verbrüderungsbuch der Reichenau belegt.

III. Frauen als Autorinnen

Vor dem Hintergrund der inzwischen erworbenen Kenntnisse über eine Schreibtätigkeit von Frauen können wir uns nun der Frage weiblicher Autorschaft zuwenden. Hier gibt es zumindest eine kleine Zahl berühmter Autorinnen des frühen Mittelalters innerhalb und außerhalb des monastischen Milieus, über deren Identität man sich einig ist: Egeria, die Verfasserin eines farbigen Reiseberichts über eine Pilgerfahrt ins Heilige Land;[101] Eucheria und ihr grausames Gedicht, mit dem sie die Annäherungen eines Liebhabers niedriger Herkunft abwehrt;[102] Radegund, deren Briefgedichte das Schicksal ihrer Familie und besonders ihres jüngeren Bruders beklagen;[103] Herchenfreda, deren Briefe an ihren Sohn Desiderius, den späteren Bischof von Cahors, seit langem in ihrer Bedeutung für unsere Kenntnis des merowingischen Briefstils anerkannt sind;[104] Baudonivia, Verfasserin der zweiten Lebensbeschreibung Radegunds;[105] die Nonne Hugeburc von Heidenheim, die das bemerkenswerte *Hodoeporicon* schrieb, in dem sie die Reisen der englischen Brüder Willibald, des späteren Bischofs von Eichstätt, und

---

101 Itinerarium [Peregrinatio Aetheriae], hg. v. Otto PRINZ, München 1960, oder Journal de voyage, hg. v. Pierre MARAVAL und Manuel DIAZ Y DIAZ (Sources Chrétiennes 296) Paris 1982.

102 Aurea concordi quae fulgent metallo, hg. v. Helene HOMEYER, Dichterinnen des Altertums und des frühen Mittelalters, Paderborn 1937, S. 185ff.

103 Carmina, in: Venantii Fortunati Opera Poetica, hg. v. Friedrich LEO, MGH AA 4,1, App. I und III, Berlin 1881, S. 271-275; 278f.

104 Vita Desiderii Cadurcae urbis episcopi, ed. Bruno KRUSCH, MHG SS rer. Mer. 4, S. 569f.; vgl. auch Ian WOOD, Administration, law and culture in Merovingian Gaul, in: The uses of literacy (wie Anm. 2) S. 63-81.

105 De vita sanctae Radegundis, ed. Bruno KRUSCH, MGH SS rer. Mer. 2, S. 364-395.

Wynnebald schildert;[106] die karolingische Adlige Dhuoda, die ein Handbuch als Anleitung für ihren Sohn Wilhelm schrieb, wie er sein Leben als Christ und als Getreuer seines königlichen Herrn zu führen habe;[107] und natürlich Hrotsvith von Gandersheim, deren literarische Experimente und deren typische Verarbeitung ihres Gegenstandes die bescheidenen Beteuerungen mangelnder Fähigkeit Lügen strafen.[108] Sie alle sind bereits näher untersucht, ihre Leistung wird rundherum gewürdigt. Und doch hat man sie - ausdrücklich oder stillschweigend - als Ausnahmefälle behandelt, als Eulen in einer Versammlung von Staren. Viel zu wenig hat man dagegen das Umfeld, in dem diese Frauen ihre ansehnliche Fähigkeit erworben haben könnten, oder die Möglichkeiten bedacht, die sich den Frauen boten und die solche Leistungen wie bei Hugeburc oder Hrotsvith erst möglich machten. Wir sollten das Niveau der Schriftlichkeit in der Gesellschaft daher nicht an den Leistungen ihrer größten Autorinnen messen, noch dürfen wir annehmen, daß sie die Ausnahme bildeten. Vielmehr wäre zu fragen, ob sich bestimmte Merkmale erkennen lassen, die den Text als das Erzeugnis einer Frau erweisen.

In der Praxis freilich stehen der Identifizierung der Schriften von Frauen ähnlicher oder geringerer Größe Schwierigkeiten entgegen, sind doch viele Werke anonym überliefert. Eine Ausnahme bildet natürlich Hrotsvith mit ihren *Gesta Ottonis*, den Taten Ottos des Großen, und ihren *Primordia coenobii Gandeshemensis*, der Frühgeschichte von Gandersheim.[109] Die Argumente, die Hoffmann und, ihm folgend, Haselbach für eine weibliche Autorschaft der *Annales Mettenses priores*, die sie Chelles und möglicherweise Gisela selbst

---

106 Hodoeporicon oder Vita Willibaldi episcopi Eichstetensis und Vita Wynnebaldi abbatis Heidenheimensis, MGH SS 15,1, S. 86-117. Vgl. auch Bernhard BISCHOFF, Wer ist die Nonne von Heidenheim?, Studien und Mitteilungen zur Geschichte des Benediktiner-ordens 49, 1931, S. 387-397; Peter DRONKE, Women writers of the Middle Ages, Cambridge 1984, S. 1-35.

107 Liber Manualis, hg. v. Pierre RICHÉ (Sources Chrétiennes 225) Paris 1975; vgl. DRONKE, Women writers (wie Anm. 106) S. 36-54.

108 Hrotsvithae Opera, hg. v. Paul von WINTERFELD, MGH SSrG 1902, und hg. v. Helene HOMEYER, Paderborn 1970. Vgl. DRONKE, Women writers (wie Anm. 106) S. 55-83.

109 Vgl. HOMEYER (wie Anm. 108) und Patrick CORBET, Les saints ottoniens. Sainteté dynastique, sainteté royale et sainteté feminine autour de l'an Mil (Beihefte der Francia 15) Sigmaringen 1986, S. 111-120. Vgl. auch (mit Ausschnitten in Übersetzung) Marcelle THIEBAUX, The writings of medieval women (Garland Library of Medieval Literature, Reihe B 14) New York-London 1987, S. 81-89.

zuweisen,[110] und die Sonnleitner in bezug auf die *Annales Quedlinburgenses* vorgebracht haben,[111] wie auch die Würdigung der historiographischen Schriften Hrotsviths zeigen, daß solche Fälle durchaus plausibel zu machen sind. In bezug auf die Geschichtsschreibung hat Geberding darüber hinaus eine Entstehung des *Liber Historiae Francorum* in Soissons vorgeschlagen. Er möchte jedoch die Möglichkeit, daß der Text im Marienkloster in Soissons verfaßt wurde, einzig aus dem Grunde ausschließen, weil es sich hierbei um ein Nonnenkloster handelt, obwohl er selbst die aktive politische Rolle der *matronae strenuae* im *Liber Historiae Francorum* erkannt hat.[112] Janet Nelson hat den Ausschluß des Marienklosters mit so abwegigen Argumenten zu Recht in Frage gestellt; sie tritt für eine Zuweisung des *Liber Historiae Francorum* zu diesem Kloster und für eine weibliche Verfasserin ein und beruft sich dabei auf den Inhalt und die entschiedene Bedeutung, die die Quelle den *strenuae matronae* beimißt.[113] Bei der Frage möglicher Geschichtsschreiberinnen des frühen Mittelalters hat sie sich darüber hinaus bemüht, spezifisch weibliche Merkmale zu definieren, mit deren Hilfe eine anonyme Schrift als das Werk einer Frau bestimmt werden kann. Wenngleich sie sich in gewisser Weise der im wesentlichen subjektiven Bestimmung anschließt, die Peter Dronke bei den von ihm untersuchten Autorinnen feststellen will, nämlich dem Merkmal der Unmittelbarkeit einer inneren Kraft, die das, was sie schreiben, antreibt und beschleunigt,[114] vertritt sie auch den plausibleren Standpunkt, daß Frauen wahrscheinlich nicht nur häufiger weibliche Protagonisten erwähnen, sondern auch der politischen Rolle der behandelten Frauen, vor allem der Königinnen und Königstöchter, mehr Raum und Aufmerksamkeit widmen. So finden wir, daß etwa in Hrotsviths Geschichtsschreibung, in den *Annales Mettenses priores*, in den *Annales Quedlinburgenses* und im *Liber Historiae Francorum* ein

---

110 Hartmut HOFFMANN, Untersuchungen zur karolingischen Annalistik (Bonner historische Forschungen 10) Bonn 1958, S. 53-61, und Irene HASELBACH, Aufstieg und Herrschaft der Karlinger in der Darstellung der sogenannten Annales Mettenses Priores (Historische Studien 412) Lübeck-Hamburg 1970, bes. S. 23-25 und 184-190.

111 Käthe SONNLEITNER, Die Annalistik der Ottonenzeit als Quelle für die Frauengeschichte (Schriftenreihe des Instituts für Geschichte. Darstellungen 2) Graz 1988, S. 233-249, und DIES., Selbstbewußtsein und Selbstverständnis der ottonischen Frauen im Spiegel der Historiographie des 10. Jh., in: Geschichte und ihre Quellen. Festschrift für Friedrich HAUSMANN zum 70. Geburtstag, Graz 1987, S. 111-119.

112 Richard GEBERDING, The Rise of the Carolingians and the Liber Historiae Francorum, Oxford 1987, S. 152.

113 Janet L. NELSON, Perceptions du pouvoir chez les historiennes du haut moyen âge, in: Les femmes au moyen âge, hg. v. Michel ROUCHE, Paris 1990, S. 77-85.

114 DRONKE, Women writers (wie Anm. 106) S. X.

gewisses Schlaglicht auf die Rolle der Frauen am Hofe, ihre Förderung des Schatzes der königlichen Familie und auf die verwandtschaftlichen und emotionalen Bindungen in der Familie geworfen wird.[115]

Geberdings beiläufige Ablehnung einer weiblichen Verfasserschaft wirft indes ein bezeichnendes Licht auf das Fehlen vernunftgemäßer Bestimmungskriterien hinsichtlich der Verfasserfrage frühmittelalterlicher Texte. In der Frage, ob eine bestimmte Schrift hinsichtlich ihrer näheren Umstände und im Blick auf bestimmte inhaltliche Akzente und Interessen des Textes eher von einer Frau als von einem Mann verfaßt sein könnte, sind bislang eigentlich nur unbegründete Vermutungen geäußert worden. Das gilt besonders für die Geschichtsschreibung, mit der ein(e) Autor(in) nicht nur eine bestimmte Sicht der Vergangenheit vortrug, sondern auch die historische Identität eines bestimmten Heiligenpatrons, oder einer Familie schuf, oder für die Hagiographie, die ein(e) Autor(in) weniger für sich selbst oder eine bestimmte Person schrieb, sondern mit der er oder sie die Identität einer Gemeinschaft ausdrückte und deren Besitztümer mit denen des Heiligen gleichsetzte.[116] Vor allem neu gegründete Gemeinschaften suchten ihre Identität und ihren Charakter abzustützen, indem sie den Kult ihrer Gründer oder ihrer Heiligen förderten. Ältere Konvente konnten einen neuen Kult errichten, und die Translation von Reliquien an andere Orte bot weitere Möglichkeiten, für den Heiligen und somit für die Kirche, zu der er oder sie gehörte, zu werben.[117] Die Förderung eines Heiligen als Person oder als Repräsentant seiner Gemeinschaft war aber auch Ausdruck der Identität einer bestimmten Familie. Die meisten Heiligen der Merowingerzeit stammten beispielsweise aus adligen oder mächtigen (potentes) Familien, deren Macht somit auf Erden wie im Himmel galt.[118] Ich habe an anderer Stelle betont, daß eine Heiligenvita weit davon entfernt war,

---

115 NELSON, Perceptions (wie Anm. 113), und SONNLEITNER, Annalistik (wie Anm. 111).

116 Wichtig in diesem Zusammenhang: Paul FOURACRE, Merovingian history and Merovingian hagiography, Past and Present 127, 1990, S. 3-38. Zu den bretonischen Heiligenviten in bezug auf Oralität und Schriftlichkeit vgl. Julia M.H. SMITH, Oral and written: saints, miracles and relics in Brittany, c. 850-1250, Speculum 65, 1990, S. 309-343.

117 Vgl. Martin HEINZELMANN, Translationsberichte und andere Quellen des Reliquienkultes (Typologie des Sources du Moyen Âge Occidental 33) Turnhout 1979.

118 Vgl. PRINZ, Frühes Mönchtum (wie Anm. 8); František GRAUS, Volk, Herrscher und Heilige im Reich der Merowinger, Prag 1965; Karl HAUCK, Haus- und sippengebundene Literatur mittelalterlicher Adelsgeschlechter, von Adelssatiren des 11. und 12. Jh. her erläutert, Mitteilungen des Instituts für Österreichische Geschichtsforschung 62, 1954, S. 121-145, bietet wichtige Hinweise auch für das frühe Mittelalter.

einen unparteiischen Beitrag zum sorgsam abgewogenen Gebrauch der Schriftlichkeit zugunsten einer bestimmten Kirche, eines Klosters oder einer Familie zu leisten, um deren Ansehen zu steigern.[119] In der Zeit von 450 bis 750 wurden in Westeuropa, wie man bemerkt hat, mehr Heiligenviten geschrieben als in jeder folgenden, vergleichbaren Epoche der nachkonstantinischen Kirche.[120] Viele dieser Lebensbeschreibungen waren Frauenviten, deren Kult, Gemeinschaften und Familien somit in der gleichen Weise gefördert wurden wie bei den männlichen Heiligen.

Aus welchem Grund sollten wir daher, wenn es um die Vita einer weiblichen Heiligen als Patronin eines Nonnenklosters oder eines Kanonissenstifts geht, annehmen, daß ihr Verfasser männlich war? Umgekehrt wird ja auch höchst selten behauptet, daß eher eine Frau das Leben eines männlichen Heiligenpatrons eines Mönchsklosters geschrieben habe. Natürlich gibt es unmittelbare Belege dafür, daß ein Mann die Vita einer Heiligen verfaßte, wie im Fall des anonymen Priesters, der das Leben der heiligen Gertrud von Nivelles schrieb,[121] im Fall des Venantius Fortunatus, des Autors der älteren Radegundvita,[122] des Priesters Florentius, des Autors der *Vita Rusticulae* aus dem siebten Jahrhundert,[123] des Corveyer Mönchs Agius, der die Vita Hathumods, der ersten Äbtissin von Gandersheim, auf Bitten der Nonnen hin verfaßte, um deren Trauer zu lindern und die Erinnerung an Hathumod zu wahren,[124] Rudolfs von Fulda, des Autors der Leobavita,[125] oder Hucbalds von St. Amand, der die karolingische Version der Vita Rictruds verfaßte, sich dabei allerdings auf frühere Erzählungen stützte, zu denen er Zugang hatte und die

---

119 McKITTERICK, Carolingians (wie Anm. 1) S. 241ff.

120 David HERLIHY, Did women have a renaissance? A reconsideration, Medievalia et Humanistica n. s. 13, 1985, S. 1-22.

121 Vita sanctae Geretrudis, MGH SS rer. Mer. 2, ed. Bruno KRUSCH, S. 447-474; vgl. Jean Jacques HOEBANX, L'abbaye de Nivelles des origines au XIVe siècle (Mémoires de l'Académie Royale de Belgique, Classe des lettres et des sciences morales et politiques XLVI,4) Brüssel 1950.

122 Vita sanctae Radegundis, MGH SS rer. Mer. 2, ed. Bruno KRUSCH, S. 364-376.

123 Vita sanctae Rusticulae, ed. Jean MABILLON, AA SS OSB 2, S. 139-147, und Pierre RICHÉ, Note d'hagiographie mérovingienne. La Vita S. Rusticulae, Analecta Bollandiana 72, 1954, S. 369-377.

124 Vita sanctae Hathumodae, ed. Georg Heinrich PERTZ, MGH SS 4, S. 169; vgl. CORBET, Les saints ottoniens (wie Anm. 109) S. 41-46.

125 Vita sanctae Liobae, ed. Georg WAITZ, MGH SS 15, Hannover 1887, S. 127-131.

durchaus von den Nonnen im Kloster der hl. Rictrud in Marchiennes
entstanden sein könnten.[126]

Wenn aber ein unmittelbarer Beleg fehlt, muß man dann nicht an eine
weibliche Verfasserin denken? Betrachtet man zum Beispiel die bald nach
Balthilds Tod (um 680) verfaßte Balthildvita, so wurde die Rezension A zwar
von Mönchen (wahrscheinlich aus Corbie) in Auftrag gegeben, aber zweifellos
von einer Nonne aus Chelles verfaßt, und nichts weist darauf hin, daß die
Rezension B, eine Überarbeitung aus dem neunten Jahrhundert, und die wenig
spätere *Translatio* nicht auch von einer (oder zwei) Nonnen in Chelles
geschrieben wurden.[127] Die später im Anschluß an die Gertrudvita ent-
standenen Wunderberichte (*De virtutibus*) lesen sich, als seien sie von einem
Mitglied des Konvents verfaßt, und die noch spätere Fortsetzung von ca. 783
hat wahrscheinlich erst recht eine der Nonnen zur Autorin, wenn eine
Entstehung außerhalb des Konvents auch stets möglich bleibt.[128] Doch die
Bildung, die Gertrud selbst besaß, die Bücher aus Rom erwarb,[129] und die
Beziehungen des Klosters zum Königshof im neunten Jahrhundert stützen die
Annahme, daß Nivelles selbst Konventsmitglieder hervorgebracht hat, die einen
Tatenbericht ihrer Gründerin zu schreiben vermochten.[130] Glodsind hatte mit
Hilfe ihrer Schwester, einer Trierer Nonne, ein Kloster in Metz gegründet. Ist es
da nicht angebracht, die erste Fassung der Vita Glodsinds von Metz, auf die
später der Abt Johann von St. Arnulf seinen Bericht stützte, einer Verfasserin
zuzuweisen? Sie wendet sich zwar an die *fratres*, doch sollten wir uns daran
erinnern, daß auch die Balthildvita offenbar von Mönchen in Auftrag gegeben
worden war, und so ist auch die *Vita Glodesindis* vielleicht auf Bitten etwa der
Mönche von St. Arnulf niedergeschrieben worden.[131] Ein weiteres Beispiel
liefert die *Vita Aldegundis*, deren Autor(in) von sich behauptet, im Kloster
Maubeuge erzogen worden zu sein und Aldegund persönlich gekannt zu
haben.[132] Van der Essen nimmt mit Sicherheit eine(n) zeitgenössische(n)

---

126 Vita sanctae Rictrudis, AA SS 12. Mai, S. 81; Hucbalds Prolog, ed. Wilhelm LEVISON,
      MGH SS rer. Mer. 6, S. 91-94.

127 Vita sanctae Balthildis, ed. Bruno KRUSCH, MGH SS rer. Mer. 2, S. 477-508.

128 De virtutibus, ed. Bruno KRUSCH, ebd. S. 464-471, und Virtutum sanctae Geretrudis
      continuatio, ebd. S. 471-474.

129 Vita sanctae Geretrudis c. 2f. (wie Anm. 121) S. 457.

130 Vgl. die Hinweise von HOEBANX, Nivelles (wie Anm. 121) S. 110ff.

131 Vita sanctae Glodesindis, AA SS 25. Juli, S. 203-210.

132 Vita Aldegundis abbatissae Malbodensis, AA SS 30. Januar, S. 1034-1040, und die
      Version Hucbalds, S. 1040-1046; ed. Wilhelm LEVISON, MGH SS rer. Mer. 6, S. 79-94.

Verfasser(in) an, während die Fassung des neunten Jahrhunderts von Hucbald stammt.[133] Und auch die aus dem frühen achten Jahrhundert stammende Vita der Eustadiola, die mit zwanzig Jahren Witwe wurde, aber erst mit neunzig gestorben sein soll, ist wahrscheinlich von einer ihrer Mitschwestern verfaßt worden.[134] Gleichfalls gute Gründe lassen vermuten, daß die Lebensbeschreibungen der Herlindis und Reglindis von Aldenijk das Werk einer dortigen Nonne war; dafür spricht auch der Stolz, mit dem die dortigen Leistungen im Abschreiben von Büchern und in der Stickerei, der weiblichen Kunst schlechthin, berichtet werden.[135] Die *Vitae Amati, Romarici* und *Adelphi*, der Gründeräbte von Remiremont, sind wohl in Remiremont entstanden und sicherlich ebenfalls von den Nonnen als Teil ihrer Bemühungen verfaßt, das Wissen über das eigene Kloster abzusichern und den *Liber memorialis* bei der Begründung einer klösterlichen Identität zu ergänzen.[136] Dabei ist es bezeichnend, daß der Zeitpunkt der Entstehung zu Beginn der Regierungszeit Ludwigs des Frommen mit dem Entschluß, das Gedenkbuch anzulegen, zusammenfällt. Mir scheint, daß diese beiden Unternehmungen als Teil derselben Bemühungen zu werten sind, den Gemeinschaftssinn von Remiremont zu fördern.

Die Viten der merowingischen Heiligen Monegund, Austreberta, Sadalberga, Bertila und der Äbtissin Anstrud von Laon könnte man ebenfalls Autorinnen zuweisen.[137] Vor allem die Bertilavita vom Ende des achten oder Anfang des neunten Jahrhunderts darf wohl als ein weiteres Werk der Nonnen von Chelles

---

133 Leon VAN DER ESSEN, Étude critique et littéraire sur les Vitae des saints mérovingiens de l'ancien Belgique, Louvain-Paris 1907, S. 219-244.

134 Vita sanctae Eustadiolae viduae, AA SS 8. Juni, S. 133f.; vgl. M. de LANGAUDIERE, L'église de Bourges avant Charlemagne, Bourges 1951.

135 Vita Herlindis et Regnildae, AA SS 22. März, S. 34f. Über das Sticken vgl. Mildred BUDNY/Dominic TWEDDLE, The Maaseik embroideries, Anglo-Saxon England 13, 1984, S. 65-96, und Mildred BUDNY, The Anglo-Saxon embroideries at Maaseik: their historical and art-historical context, Mededelingen van de Koninklijke Academie voor Wetenschappen, Letteren en Schone Kunsten von België 45, 1984, S. 57-133.

136 Vita Amati, Romarici et Adelphii abbatum Habbendensium, ed. Bruno KRUSCH, MGH SS rer. Mer. 4, S. 211-221; VAN DER ESSEN (wie Anm. 133) S. 14, bemerkt, daß der Autor (die Autorin) die Vita sancti Arnulfi benutzt hat. Vgl. auch HLAWITSCHKA (wie Anm. 49) S. 16.

137 Vita sanctae Monegundis, AA SS 2. Juli, S. 203-210; Vita sanctae Austrebertae, AA SS 10. Februar, S. 417-429; Vita Sadalbergae abbatissae Laudunensis viduae, ed. Bruno KRUSCH, MGH SS rer. Mer. 5, S. 40-66; Vita Anstrudis abbatissae Laudunensis, ebd. S. 77; Vita Bertilae abbatissae Calensis, ed. Wilhelm LEVISON, ebd. S. 101-109.

oder aber als Beleg einer schriftstellerischen Tätigkeit in Jouarre gelten.[138]
Die *Vita Chrothildis* ist aller Wahrscheinlichkeit nach von jemandem verfaßt
worden, der oder die Chrothild am Ende ihres Lebens gekannt hat,[139] also
vermutlich von einer Nonne aus Chrothilds Kloster in Tours. Die Förderung
eines bestimmten Heiligen konnte dem Anliegen entspringen, die Kirche einer
bestimmten Gegend in ihrer historischen Existenz abzusichern; die älteste
Lebensbeschreibung Gregors des Großen etwa aus Whitby in Northumbrien
könnte ebensogut von einer Nonne wie von einem Mönch dieses Klosters,
verfaßt worden sein.[140]

Für die spätere Zeit scheint es nicht unmöglich, die *Vita Liutbirgae* einer
Verfasserin aus dem Konvent in Halberstadt zuzuschreiben, wohin sich Liutbirg
zurückzog.[141] Wahrscheinlich ist auch die Lebensbeschreibung Odilas, der
Äbtissin von Hohenburg, einem Mitglied des dortigen Konvents zuzuweisen.[142] Die ältere Vita der Königin Mathilde, der Gemahlin Heinrichs I., ist
wohl auf Bitten Ottos II. um 975 in Nordhausen entstanden und entweder von
einer der dortigen Nonnen oder von einem der Priester verfaßt, die das
geistliche Amt in diesem Konvent ausübten. Die Neigung des Autors, der
schamlos die Martinsvita des Sulpicius Severus, die Radegundvita des
Venantius Fortunatus und die Gertrudvita ausplünderte, zum Plagiat beweist
zumindest, daß man diese Texte in Nordhausen kannte.[143] Wahrscheinlich ist
auch die großartige jüngere Mathildenvita, "das Meisterwerk der ottonischen
Hagiographie", das Werk einer Äbtissin oder einer Nonne aus Nordhausen;
beide Werke zeugen von etwas, das Philippe Corbet als "die Tatkraft des
sächsischen Nonnentums [und] die Qualität der geistigen Bildung" bezeichnet
hat. Tatsächlich sind diese beiden Viten der beredteste Ausdruck eines

---

138 Über Bertila vgl. Patrick SIMS-WILLIAMS, Continental influence at Bath monastery in the
    seventh century, Anglo-Saxon England 4, 1975, S. 1-10, und McKITTERICK, Diffusion
    of insular culture (wie Anm. 15) S. 410f.

139 Vita sanctae Chrothildis, ed. Bruno KRUSCH, MGH SS rer. Mer. 2, S. 341-348.

140 The Earliest Life of Gregory the Great, ed. Bertram COLGRAVE, Kansas 1968, ND.
    Cambridge 1985.

141 Vita sanctae Liutbirgae, ed. Otto MENZEL, MGH Dt. MA 3, 1938; vgl. DERS., Die heilige
    Liutbirg, Deutsches Archiv für die Erforschung des Mittelalters 2, 1938, S. 189-193.

142 Vita sanctae Odilae, MGH SS rer. Mer. 6, S. 24-50.

143 Vita Mahthildis reginae antiquior (prior), ed. Rudolf KÖPKE, MGH SS 10, S. 573-582; vgl.
    Wilhelm WATTENBACH/Robert HOLTZMANN, Deutschlands Geschichtsquellen im
    Mittelalter. Die Zeit der Sachsen und Salier, Erster Teil: Das Zeitalter des Ottonischen
    Staates (900-1050). Neuausgabe, besorgt von Franz-Josef SCHMALE, Darmstadt 1978,
    S. 39, und CORBET, Les saints ottoniens (wie Anm. 109) S. 120-155.

entschiedenen Heiligenideals, einer spezifisch königlichen und weiblichen Heiligkeit, die von weitreichender Bedeutung für den Identitätssinn und die religiösen Ideale des ottonischen Königshauses wie der Frauen überhaupt war.[144]

Auch einige Translationsberichte, die Frauenkonvente betreffen, sollten wohl angemessener einer Autorin des betreffenden Klosters oder Stiftes zugeschrieben werden. Einen solchen Fall bildet die *Translatio sanctae Pusinnae* von ca. 860.[145] Pusinnas Leib wurde von Soissons, wo sie am Ende des achten Jahrhunderts verehrt wurde, nach Herford übertragen (beide Klöster standen in enger Verbindung). Auch wenn sich die *Vita Pusinnae* nicht genau lokalisieren läßt - die älteste Handschrift liegt in Frankreich und gehört dem späten zehnten oder frühen elften Jahrhundert an[146] -, so scheint sie doch eher aus Herford zu stammen.

Anstatt in dem Autor einer Frauenvita nur deshalb einen Mann zu vermuten, weil die Annahme einer Verfasserin "unmöglich" scheint, sollten wir an diejenigen denken, die am ehesten an einer Vita ihrer Heiligen interessiert waren und die besten Informationen über sie beibringen konnten. Die wahrscheinlichsten Förderer des Heiligenkultes aber waren, solange nicht andere Gründe dagegen sprechen, logischerweise die Schwestern der eigenen Gemeinschaft. Die allgemeine Feststellung, daß es durchaus Frauen gab, die schreiben konnten und beachtenswerte Prosa- und Versschriften verfaßten, stützen eine solche These. Sicherlich konnte man eine solche Arbeit auch in Auftrag geben oder, wie im Fall Rudolfs von Fulda, dem männlichen Autor die nötigen Informationen mündlich mitteilen. Doch selbst Rudolf stützte sich auf schriftliche Notizen anderer, die vier Schülerinnen Liobas kannten: Agatha, Thekla, Nana und Eoloba.[147]

---

144 Vita Mahthildis reginae (posterior), MGH SS 4, S. 282-302; dazu CORBET, Les saints ottoniens (wie Anm. 109) S. 155-268.

145 Vita sanctae Pusinnae virginis, ed. Baudouin de GAIFFIER, La plus ancienne Vie de Sainte Pusinne de Binson, honoré en Westphalie, Analecta Bollandiana 76, 1958, S. 188-223, und AA SS 23. April, S. 166-170 (Vita) und S. 170-172 (Translatio). Es ist bemerkenswert, wie oft Pusinna in Frauenklöstern wie Essen, Herford und Wendhausen verehrt wird. Zu den Translationen vgl. auch Hanns Leo MIKOLETZKY, Sinn und Art der Heiligen im frühen Mittelalter, Mitteilungen des Instituts für Österreichische Geschichtsforschung 57, 1949, S. 96-103, und Heinrich FICHTENAU, Zum Reliquienwesen im frühen Mittelalter, ebd. 60, 1952, S. 60-89.

146 Paris, Bibliothèque Sainte-Geneviève 3013.

147 Vita sanctae Liobae, praefatio (wie Anm. 125).

Indizien für eine weibliche Verfasserschaft sind weit eher die Herkunft, der wahrscheinliche Ursprung und die Intentionen des betreffenden Werkes als ein subjektives Durchscheinen "weiblicher Interessen" im Text selbst oder in der Hervorhebung der Rolle weiblicher Protagonisten in den erzählten Episoden. Eine weibliche Verfasserschaft zu konstatieren ist eines, spezifisch weibliche Merkmale zu bestimmen, etwas ganz anderes. Wenn die Elementarbildung im frühen Mittelalter für Frauen und Männer in gleicher Weise vermittelt wurde, ginge man fehl in der Erwartung typisch weiblicher Stilmerkmale. Allenfalls ließe sich fragen, ob die schreibende Person bewußt weiblich war und ob sie selbst ihre Schreibbemühungen als ungewöhnlich empfand, eben weil sie eine Frau war. War ihr Geschlecht, mit anderen Worten, ein großes Hindernis, besonders qualifizierend oder ohne Belang für eine erfolgreiche Schriftstellerei?

Freilich darf man hier nicht einem Zirkelschluß erliegen, indem man sich auf unbegründete Vermutungen über die Rolle stützt, die Frauen als Autorinnen erwartungsgemäß spielen. Dronke interpretiert in seinem sonst ausgesprochen scharfsinnigen und einfühlsamen Buch beispielsweise den Prolog Hugeburcs von Heidenheim zu ihrem *Hodoeporicon* als Ausdruck sowohl ihrer Entschlossenheit zu schreiben als auch einer gewissen Angst und eines Trotzes gegenüber der Frage, was denn wohl die Männerwelt von einer Frau halte, die sich in Dingen versucht, die normalerweise von Männern gemacht werden.[148] Dronke glaubt demnach, Hugeburc spiele hier ihre erklärte Unwürdigkeit gegen eine Männerwelt aus. Indem er feststellt, daß die Gelegenheit und die Kraft zu schreiben sich allzu schwer erwerben ließ, um eine äußerliche Beziehung zum Schreiben zu ermöglichen, neigt er zu der vorschnellen Annahme, daß das Umfeld schreibender Frauen etwas Außergewöhnliches war. So deutet er das Selbstbewußtsein der Autorinnen gewissermaßen im Spiegel dieser Annahme und ihr mangelndes Selbstvertrauen als Reaktion auf die Männerwelt.[149] Hugeburc behauptet aber gar nicht, daß sie sich in eine männliche Domäne vorwage. Der Hinweis auf ihre weibliche Zerbrechlichkeit mag ihre Schwäche und Bescheidenheit im Hinblick auf ihre mangelnde Bildung sein, aber er enthält nicht die leiseste Andeutung, daß sie etwas normalerweise Männliches tut. Sicher schreibt Hugeburc in ihrem Vorwort, sie sei sich wohl bewußt, daß es sehr vermessen scheint, wenn sie dieses Buch

---

148 Dronke (wie Anm. 106) S. 35.
149 Ebd. S. XI.

schreibe, wo es doch so viele heilige Priester gebe, die das besser könnten.[150] Meiner Meinung nach ist dieser Satz aber im Blick auf die Leserschaft,
nämlich die ehrwürdigen Priester, Diakone, Äbte und die geliebten Brüder in
Christus, und als Zeichen ihrer Bescheidenheit zu verstehen, die im gesamten
Vorwort zum Ausdruck kommt. Andererseits beansprucht sie eine Befähigung
ohnegleichen, wenn sie das Leben Willibalds beschreibt und sich dort als
dessen "niedrige Verwandte" bezeichnet. In ihrem Schwanken zwischen
vorhandenem und mangelndem Selbstvertrauen, ihrem Gefühl, der vor ihr
liegenden Aufgabe nicht gewachsen zu sein, und ihrem Empfinden, daß Gott
sie unter die hervorragenden Prälaten gestellt hat, "die nicht nur männlich sind,
sondern auch die Würde des göttlichen Amtes besitzen", müssen wir
Hugeburcs Darstellung des Tatbestandes hinsichtlich ihrer rechtlichen, sozialen
und klerikalen Stellung gegenüber Männern erkennen. Man sollte es aber nicht
auf ihren Gebrauch der Schrift und ihre schriftstellerischen Fertigkeiten
ausdehnen.[151]

Das Thema der Schwäche ihres Geschlechts greift auch Dhuoda auf, wenn sie
davon spricht, trotz ihrer Schwäche schreiben zu müssen, weil sie Wilhelms
Mutter sei.[152] Aber gerade diese Schwäche verleiht ihr die Fähigkeit, ihrem
Sohn Wilhelm etwas Einzigartiges mitzuteilen; sie ist stolz darauf, Mutter zu
sein, denn diese Stellung allein gibt ihr die Möglichkeit, etwas zu tun, indem
sie für ihn eine Anleitung in Form eines Handbuchs verfaßt. Weit davon
entfernt, das Schreiben für eine unziemliche Beschäftigung einer Frau zu
halten, ist Dhuoda vielmehr davon überzeugt, aus ihrer Pflicht als Mutter
heraus zur Feder greifen zu müssen.

Das stärkste Argument für die Unziemlichkeit weiblicher Verfasserschaft könnte
man in Hrotsvith, der "gewaltigen Stimme aus Gandersheim", suchen, wenn sie
ihr Werk mit der Bemerkung einleitet, sie habe es heimlich geschrieben, und
beteuert, daß sie es zu vollenden vermochte, "weil ich niemals auf meine
eigene Kraft, sondern stets auf die göttliche Gnade vertraut habe, obwohl die
metrische Darstellung uns Frauen, die wir schwach sind, schwierig und

---

150 Hodoeporicon prol. (wie Anm. 106) S. 86.

151 Dronke verzichtet zu Recht darauf, die stilistischen Eigenarten von Hugeburcs Latein
     als besonders weiblich zu bestimmen. Er hat nur ihre individuellen Eigenarten betont.
     Jede Autorin und jeder Autor haben persönliche Schreibeigenschaften, die sich in der
     Sprache niederschlagen.

152 Dhuoda (wie Anm. 107) S. 80ff.; vgl. Dronke (wie Anm. 106) S. 36-54.

mühsam erscheint."[153] Dronke hat zu Recht darauf hingewiesen, daß
Hrotsviths Scheu ihrer Angst vor der Kritik der Fachleute entsprang, doch aus
ihren Schriften und deren Kontext ergibt sich, daß die Fachleute, deren Kritik
sie sich am meisten zu Herzen nahm, weniger die entfernteren waren, wie etwa
Mitglieder des Königshofes, als vielmehr ihre beiden Lehrerinnen Gerberga und
Rikkardis, die gebildeter seien als sie selbst.[154] Darüber hinaus lassen sich
ihre Zugeständnisse, schwach zu sein, gar nicht von einem gewissen
Selbstbewußtsein und einer Selbstbestätigung trennen. Ich habe bislang keine
explizite Äußerung in den Schriften weiblicher Autoren des frühen Mittelalters
finden können, die besagt, daß sie einen Boden betraten, der normalerweise
oder auch nur gewöhnlich von Männern beschritten wurde.

Das bedeutet erstens, daß Schriftlichkeit ein normaler Bestandteil weiblicher
Konvente, falls nicht sogar der Frauen im frühen Mittelalter überhaupt war, und
zweitens, daß die Äußerungen von Frauen, die sich an die Abfassung eigener
Schriften wagten, sie seien dessen unwürdig und scheuten sich, es zu tun,
ganz den Bescheidenheitstopoi gleichen, die wir auch bei männlichen Autoren
finden, kaum aber als etwas Geschlechtsspezifisches, als Folge der Tatsache
gedeutet werden dürfen, eine Frau zu sein, die männlichen Boden betritt.
Solche Thesen erhärten sich nicht nur aus der bereits besprochenen Existenz
von Schreiberinnen, sondern auch aus den Quellen, für die Schreibkundigkeit
einfach vorausgesetzt werden muß. Hier bieten Briefe entscheidende Informationen.

In den Briefsammlungen der Merowinger- und Karolingerzeit überwiegen die
Korrespondenz von Bischöfen und Päpsten sowie die außergewöhnlich
inhaltsreichen Briefsammlungen eines Bonifatius, Lull, Alkuin oder Lupus von
Ferrières.[155] Nur gelegentlich schrieben Bischöfe an adlige Frauen und
Nonnen, doch schon die leicht zugänglichen, in den Monumenta Germaniae
Historica edierten Briefe erlauben die Feststellung, daß Frauen Briefe sowohl
erhalten wie schreiben konnten. Die besagten Editionen weisen insgesamt
nicht weniger als 54 Frauen vornehmlich des achten und neunten Jahrhunderts
auf, die Briefe schrieben oder empfingen.

---

153 Hrotsvith (wie Anm. 108), Praefatio zu den Legenden, S. 37ff.

154 Ebd.; vgl. Dronke (wie Anm. 106) S. 55-83.

155 Giles CONSTABLE, Letters and Letter Collections (Typologie des Sources du Moyen
    Âge Occidental 17) Turnhout 1976.

Eine Aufstellung erlaubt wichtige Folgerungen hinsichtlich der Ebenen und der gebräuchlichen Anwendung der Schriftlichkeit innerhalb der sozialen Schichten, denen diese Frauen angehörten. Ob sie sich nun auf die Dienste eines Sekretärs oder Notars oder eines anderen Schreibers stützten, sie hatten sich jedenfalls entschlossen, mit anderen Personen auf dem Schriftwege zu verkehren. Aus der Merowingerzeit besitzen wir neben dem Briefwechsel mit der Königin Brunichild[156] den berühmten Mahnbrief der Caesaria II. von Arles an Radegund und Richild von Sainte-Croix in Poitiers,[157] den Brief des Nicetias von Trier an Chlodosind,[158] Erchenfredas Briefe an Desiderius, dessen Brief an eine Äbtissin Aspasia[159] und das Trostschreiben Leodegars von Autun an seine Mutter Sigrada, die sich als Witwe in das Marienkloster zurückgezogen hatte.[160] Wahrscheinlich ist auch der anonyme, von einer Frau an eine andere, wohl höhergestellte gerichtete Brief aus St. Gallen in das siebte Jahrhundert zu datieren.[161] Hinzu kommen die Briefe, die Bischof Donatus von Besançon seiner Regel beifügt und an Gauthsuinda schickt, die damals als Äbtissin dem von seiner Mutter Flavia gegründeten Kloster vorstand.[162] Wir sollten aber auch die Aussagekraft einer schriftlichen Regel für das klösterliche Leben einer Nonnengemeinschaft erkennen, nicht nur im Fall von Jussamoutier, sondern bei all den Konventen, die mit den Regeln des Caesarius, Columban, Benedikt und anderer, der Chrodegangregel oder späteren karolingischen Richtlinien, nicht zuletzt den Aachener Beschlüssen von 816/17, ausgestattet wurden.[163]

Die größte Gruppe von Briefschreiberinnen bilden dreizehn befreundete oder eng verbundene Frauen der angelsächsischen Missionare auf dem Kontinent,

---

156 Epistulae Austrasicae Nr. 9, 25, 26, 28, ed. Wilhelm GUNDLACH, MGH Epp. 3, S. 122ff., 138ff.

157 Epp. aevi Merov. collectae Nr. 11, ed. Wilhelm GUNDLACH, ebd. 450ff.

158 Epistulae Austrasicae Nr. 8, ebd. S. 119ff.

159 Desiderii episcopi epistolae Nr. 1, 14, ed. Wilhelm ARNDT, ebd. S. 201.

160 Epp. aevi Merov. collectae Nr. 17, ebd. S. 464f.

161 St. Gallen, Ms 190, fol. 50-55. Ebd. S. 716ff., und ed. Carl Paul CASPARI, Briefe, Abhandlungen und Predigten aus den zwei letzten Jahrhunderten des kirchlichen Altertums und dem Anfang des Mittelalters, Christiana 1890, S. 169-182.

162 Donatus episcopus Vesontionensis, Regula ad Virgines, Migne PL 87, S. 273-298; engl. Übersetzung von Jo-Ann McNAMARA, The Ordeal of Community. The Rule of Donatus of Besançon (Peregrina Translation Series 5) Toronto 1989.

163 Vgl. Prinz (wie Anm. 8).

insbesondere des Bonifatius und des Lull.[164] Unter den befreundeten Frauen des Bonifatius in England befanden sich die Äbtissin Eadburgh von Thanet, die ihm Bücher sandte und ihrerseits von Bonifatius um eine Abschrift der Petrusbriefe in Goldbuchstaben gebeten wurde, Egburg, die sich als seine Schülerin bezeichnet, die Äbtissin Eangytha, eine gebildete Witwe und ihre Tochter Bugga, mit denen Bonifatius Bücher austauschte, Wiethburga, Lioba, die unter Eadburg in Thanet in die Dichtkunst eingeführt worden war und die dem Bonifatius später nach Deutschland folgte, sowie die Äbtissin Cuniburg, die anscheinend Lull, Denehard und Burchard unterrichtet hat und von der diese drei früheren Schüler "ein paar süße Worte" erbitten.[165] Auf dem Festland erbittet eine Frau namens Cena die Aufmerksamkeit des Bonifatius, und sie bietet ihm ihre Unterstützung an, und Lull exkommuniziert eine Äbtissin Suitha.[166] Zusätzlich haben sich einige Briefe dieser Sammlung erhalten, die wenig mit Bonifatius selbst zu tun haben, nämlich Briefe der Äbtissin Hildelida, die die Vision eines Mönchs von Wenlock schildert, der Äbtissin Sigegyth, der Äbtissin Aelfled von Whitby, die die Äbtissin Adela von Pfalzel um die freundliche Aufnahme einer weiteren englischen Äbtissin bittet,[167] sowie der angelsächsischen Missionarin Berthgyth, die ihrem Bruder Balthard nach dem Tod ihrer Mutter Cynehild, der Tante des Lull, schreibt und ihn bittet, sie in ihrer Einsamkeit in Thüringen zu besuchen.[168] Die Fähigkeit dieser angelsächsischen Frauen, gute lateinische Prosa und manchmal auch Verse, im Fall Liobas in einem vom Unterricht Aldhelms beeinflußten Stil, zu schreiben, bezeugt das hohe Bildungsniveau, das sie erworben hatten.

Unter Alkuins Briefpartnern finden wir Gisela, die Schwester Karls des Großen, dessen Töchter Rotrud und Bertha sowie seine vierte Frau Liutgard, die Äbtissin Adaula (wohl von St. Peter in Salzburg), Gundrada, die Schwester

---

164 Bonifatii Epistulae, ed. Reinhold RAU (Ausgewählte Quellen zur deutschen Geschichte des Mittelalters. Freiherr-vom-Stein-Gedächtnisausgabe 4b) Darmstadt 1968, und Michael TANGL, Die Briefe des heiligen Bonifatius und Lullus, MGH Epp. sel. 1, Berlin 1916.

165 Ebd. Nr. 10, 13, 30, 35; 14; 15, 16, 94; 29, 67 und 96, ed. RAU, S. 30-42, 48-52, 104, 114, 52-60, 60, 62ff., 316ff., 102ff., 206ff., 318ff.

166 Ebd. Nr. 97 und 128, ed. RAU S. 320.

167 Ebd. Nr. 2, 8, ed. TANGL S. 1 und 3.

168 Ebd. Nr. 67; vgl. Dronke (wie Anm. 106) S. 30-33. Berthgyth könnte aber auch eine Nonne in England gewesen sein, die an ihren Bruder in Thüringen schrieb. Ein weiteres Beispiel ist Burginda, eine Frau in Boulogne-sur-Mer: Bibliothèque Municipale MS 74 (CLA VI,738), ed. Patrick SIMS-WILLIAMS, An unpublished seventh- or eighth-century Anglo-Latin letter in Boulogne-sur-Mer, MS 74 (82), Medium Aevum 48, 1979, S. 1-10.

Adalhards von Corbie (und vielleicht auch deren Schwester Theodrada), eine Äbtissin Regnoida und zwei weitere, namenlose Frauen.[169] Wie Bonifatius, hielt auch Alkuin Kontakt zu angelsächsischen Nonnen; in seiner Briefsammlung haben sich Briefe an die Äbtissin Aethilburg von Flaedanbyrg, eine Tochter König Offas von Mercien, die Äbtissin und frühere Königin Aethiltrud, die Mutter des Königs Aethelred von Northumbrien, sowie an eine Mutter erhalten, der er über den Verlust ihres Sohnes Trost spendet. Auch andere karolingische Geistliche schrieben gelegentlich an Frauen aus ihrem Bekanntenkreis, wie Leidrad von Lyon mit einem zwischen 798 und 816 verfaßten Brief an seine Schwester, um sie über den Tod ihres Sohnes hinwegzutrösten.[170] Einhard, Hrabanus Maurus, Frotharius von Toul und Frechulf von Lisieux sandten Briefe oder Abhandlungen an die Kaiserin Judith.[171] In Einhards Briefverkehr haben sich zwei Briefe seiner Frau Imma und einer Blidthrud über die Ehe des Unfreien Wenilo erhalten.[172] Hinkmar von Reims schrieb zu verschiedenen Gelegenheiten an die Königin Irmintrud; so suchte er beispielsweise deren Unterstützung, um auf Karl den Kahlen bei der Besetzung des Bistums Beauvais Einfluß zu nehmen,[173] und er führte einen scharfen Briefwechsel mit der Äbtissin Bertha von Avenay (in einer der wenigen Quellen, die wir vor dem 11. Jahrhundert über diese Abtei besitzen).[174] Papst Nikolaus I. schrieb im Streit um die Scheidung Lothars II. an dessen Gemahlin

---

169 Alcuini Epistolae, ed. Ernst DÜMMLER, MGH Epp. 4, Nr. 15, 154, 195, 196, 213, 214, 216, 228, S. 40ff.; 249, 322ff.; 354ff., 371f. (Gisela); Nr. 36, 102, 103, S. 77f., 148ff. (Aethilberg); Nr. 50, S. 93f. (Liutgard); Nr. 68, 148-150 (Adaula abbatissa); Nr. 72, 195, 196, 213, 214, 216, S. 1144f., 322ff., 354ff. (Rotrud und/oder Berta); Nr. 79 und 105, S. 120ff., 151f. (Aethiltrud); Nr. 106, S. 152ff. (eine Mutter); Nr. 204, S. 337ff. (Gundrada); Nr. 241, 309, S. 386f., 473ff. (Gundrada); Nr. 279, S. 435f. (zwei Frauen); Nr. 297, S. 456 (Äbtissin Regnoida).

170 Leidradi Lugdunensis Epistulae (= Epp. variorum Carolo Magno regnante scriptae) Nr. 31, ed. Ernst DÜMMLER, MGH Epp. 4, S. 543ff.

171 Epp. Einhardi Nr. 1, ed. Karl HAMPE, MGH Epp. 5, S. 116f; Hrabani Mauri Epistolae Nr. 17a und b, ed. Ernst DÜMMLER, ebd. S. 420ff.; vgl. Paris Bibliothèque Nationale, MS lat. 24431, fol. 2; Frotharii Tullensi ep. Nr. 29, ed. Karl HAMPE, ebd. S. 295f.; Epp. variorum Nr. 14, ed. Ernst DÜMMLER, ebd. S. 319f. Judith war als Gelehrte berühmt; vgl. Elizabeth WARD, Caesar's Wife: the Empress Judith, in: Charlemagne's Heir (wie Anm. 10) S. 205-227, und Friedrich von BEZOLD, Die Kaiserin Judith und ihr Dichter Walafrid Strabo, Historische Zeitschrift 130, 1924, S. 377-439.

172 Epp. Einhardi Nr. 37 und 38, MGH Epp. 5, S. 128f., von 828/836.

173 Hincmari archiepiscopi Remensis Epistolae Nr. 4, ed. Ernst PERELS, MGH Epp. 8, S. 2; vgl. auch Nr. 3, 12 und 44, S. 2, 4f. und 25.

174 Ebd. Nr. 11, S. 4; vgl. Françoise POIRIER-COUTANSAIS, Gallia Monastica I: Les abbayes bénédictines du diocèse de Reims, Paris 1974.

Theutberga wie auch an die westfränkische Königin Irmintrud.[175] Diese wiederum tauschte mit den Bischöfen Pardulus von Laon und Heribold Briefe aus, die in die Briefsammlung des Lupus von Ferrières eingegangen sind.[176] Lupus selbst schrieb an Gerhard von der Provence und dessen Frau Bertha, die Tochter des Grafen Hugo von Sens.[177] Johannes VIII. setzte die Tradition des päpstlichen Briefwechsels mit Königinnen fort und schrieb an die Königin Richildis[178] sowie an die Kaiserin Angilberga; dieser Brief beweist, wie tief diese Frau - trotz (oder vielleicht auch wegen) ihres Rückzugs in das Kloster Brescia - in die politischen und kirchlichen Streitigkeiten in der Lombardei verstrickt war.[179] Man wird annehmen dürfen, daß der Papst, und andere neben ihm, weit mehr Briefe mit ihr ausgetauscht haben, als erhalten sind. Hier beweist sich zugleich das Ausmaß des politischen Einflusses, den Frauen durch ihren Briefverkehr ausüben konnten.

Die auffälligsten Briefbeispiele aus dem 10. Jahrhundert, an denen Frauen beteiligt waren, gehören den Intrigen Gerberts von Reims an. Neben einem ausgiebigen Briefverkehr mit Adelheid und Theophanu schrieb Gerbert an die Adlige Imiza, die Herzogin Beatrix von Oberlothringen und die Gräfin Mathilde.[180] Die Handschriften seiner Briefsammlung enthalten darüber hinaus einen Briefwechsel zwischen Adalbero von Reims und Theophanu, zwischen der westfränkischen Königin Emma und den Kaiserinnen Adelheid und

---

175 Nicolai I papae Epistolae de rebus Franciae Nr. 45, 64, ed. Ernst PERELS, MGH Epp. 6, S. 319ff., 376f.

176 Lupus von Ferrières, Epistolae Nr. 66, Bd. 1, S. 242ff.; ed. Leon LEVILLAIN, Loup de Ferrières, Correspondance (Les Classiques de l'Histoire de France au Moyen Âge 10) Paris 1964; Nr. 96, ebd. Bd. 2, S. 112ff. Levillain interpretiert diese Briefe als von Lupus selbst *ex parte reginae* geschrieben.

177 Ebd. Nr. 110, Bd. 2, S. 150ff.

178 Johannes VIII. papae epistolae Nr. 27, 33, 54, ed. Ernst DÜMMLER, MGH Epp. 7, S. 25f., 32f., 49f.

179 Ebd. Nr. 44, S. 42f., Nr. 82, S. 77f., Nr. 91, S. 86f., Nr 94, S. 88, Nr. 212, S. 190f., Nr. 293, S. 255f.; Briefe an andere Frauen: Nr. 47, 49, 54, 62, 229, Fragmenta Registri Johanni VIII. papae Nr. 10, S. 278f., Nr. 11, S. 279.

180 Die Briefsammlung Gerberts von Reims Nr. 20, 181, 204, 208, 215 (Gerbert an Adelheid), 52 (Gerbert an Theophanu), 22 (Gerbert an Imiza), 63 (Gerbert an Beatrix), 50 (Gerbert an Mathilda), ed. Fritz WEIGLE, MGH Die Briefe der Deutschen Kaiserzeit 2, Berlin-Zürich-Dublin 1966, S. 42f., 209f., 246, 249f., 256f., 81f., 44f., 94f., 79.

Theophanu und zwischen Adalbero von Reims und der Herzogin Beatrix von Oberlothringen.[181]

Sicherlich waren die Frauen unter den Briefschreibern und -empfängern der Karolingerzeit in der Minderheit. Aber ihre Korrespondenz spiegelt doch eine schriftliche Kommunikation wider und setzt voraus, daß der Brief beiden Partnern als ein normales und wirksames Kommunikationsmittel galt. Sie beleuchtet zweitens die Anwendung der Schriftlichkeit seitens dieser Frauen sowie der Männer und Frauen, mit denen sie Briefe austauschten, um Freundschaften zu fördern, Geschäfte zu führen, Protektionen zu erbitten oder zu gewähren, Begünstigungen zu erlangen oder gesellschaftlichen und politischen Einfluß auszuüben. Diese Briefschreiberinnen und -empfängerinnen waren im übrigen nicht ausschließlich Äbtissinnen und Nonnen, denn die Briefe richteten sich ebenso an adlige Frauen: Gräfinnen, Königstöchter und Königinnen, die vormals Töchter von Adligen waren. Der wertvolle Einblick in die heiklen Besitzgeschäfte, den uns der Briefverkehr von Einhards Frau Imma bietet, sollte uns besonders vor der vorschnellen Annahme hüten, daß ein solcher Austausch selten war.

IV. Frauen als Leserinnen und Benutzerinnen von Schrifttexten

Der übliche Einsatz schriftlicher Aufzeichnungen bei Rechtsgeschäften seitens religiöser Frauenkonvente läßt sich leider nicht in zahlreichen Fällen nachweisen. Aus Chelles beispielsweise ist vor dem 13. Jahrhundert nichts erhalten, doch die in den *Liber memorialis* von Remiremont aufgenommenen Urkunden, die ununterbrochen fortlaufende Urkundentätigkeit der mächtigen Abtei St. Felix und Regula in Zürich von ihrer Gründung in der Mitte des neunten Jahrhunderts an und die Existenz ehemaliger Archive in Säckingen und Nivelles zeigen uns etwas von der normalen Praxis, Rechtsaufzeichnungen über die Güter eines Konvents aufzubewahren.[182] Da spätere Nonnenklöster Urkunden in der gleichen Weise bewahrt haben wie ihre Brüder in Mönchsklöstern und vor dem 10. Jahrhundert überhaupt wenige Urkundenbücher mit originaler Überlieferung aus Mönchs- *und* aus Frauenklöstern erhalten sind,

---

181 Ebd. Nr. 89, 103, 117, 128, S. 116ff., 133f., 144f., 155f. (Adalbero an Theophanu und Adelheid), Nr. 74, 97, 119, S. 104f., 126f., 146f. (Emma an Adelheid und Theophanu), Nr. 147, S. 173f. (Emma an einen Priester), Nr. 61f., S. 92f. (Adalbero an Beatrix); vgl. auch die Schreiben Hugo Capets an Theophanu, ebd. Nr. 120 und 128, S. 147f., 155f.

182 Vgl. o. S. 86f., Anm. 70–72.

sollten wir uns vor der Annahme hüten, daß Frauenklöster und -stifte keine
Aufzeichnungen über ihre Besitztransaktionen vorgenommen hätten. Gelegentliche Belege über Besitzstreitigkeiten, wie in dem oben angesprochenen
Briefwechsel zwischen Erzbischof Hinkmar von Reims und der Äbtissin Berta
von Avenay, oder über Verwaltung und Erhalt von Besitz, wie wir sie aus dem
Nonnenkonvent Saint-Pierre-les-Dames in Reims,[183] aus Nivelles[184] und aus
Pfalzel[185] kennen, bezeugen, daß Aufzeichnungen angefertigt und bewahrt
wurden, für die man eine elementare, praktisch ausgerichtete Schreibfähigkeit
voraussetzen muß. Selbst wenn die Nonnen und Kanonissen Notare heran-
zogen, muß man anerkennen, daß sie auf die Schriftlichkeit als eine Selbstver-
ständlichkeit zurückgriffen.

Unsere bisherigen Belege setzen gleichsam voraus, daß es einen Unterricht
zur Aneignung der Schreibfähigkeit gegeben haben muß, aber die Konzentration auf diese Früchte der Ausbildung, im Hinblick auf die erworbenen
Fähigkeiten wie auf das Verständnis der bedeutsamen Funktion des
Geschriebenen, muß um die Untersuchung erweitert werden, wie Schreibfähigkeit und Bildung denn erworben wurden und in welchem Ausmaß Mädchen
oder Jungen in Nonnen- und Kanonissenkonventen unterrichtet wurden. Die
Belege auf diesem Gebiet, wie überhaupt im Hinblick auf das frühmittelalterliche Schulwesen, sind spärlich und oft zweideutig.[186] Wir müssen
eingestehen, daß eindeutige Belege über die Ausbildung der Novizinnen,[187]
in Richtung auf ein klösterliches Leben oder auf die im klösterlichen Milieu
geförderten Fertigkeiten, wie Lesen, Schreiben (und Abschreiben) und Singen,
selten sind. Den wenigen, bruchstückhaften Hinweisen ist zumindest die
Vorstellung gemeinsam, daß das Kloster am Ort auch als Schule diente. War
das nächste Kloster aber ein Nonnenkonvent und besaßen die dort dem
religiösen Leben geweihten Nonnen einen gewissen Grad der Gelehrsamkeit
und des Könnens, konnten sie neben den Novizinnen dann auch Knaben

---

183 Vgl. POIRIER-COUTANSAIS (wie Anm. 174).

184 Vgl. HOEBANX, Nivelles (wie Anm. 121).

185 Vgl. Franz-Josef HEYEN, Untersuchungen zur Geschichte des Benediktinerinnenklosters
     Pfalzel bei Trier (ca. 700 bis 1016)(Veröffentlichungen des Max-Planck-Instituts für
     Geschichte 15. Studien zur Germania Sacra 5) Göttingen 1966.

186 Vgl. dazu McKITTERICK, Carolingians (wie Anm. 1) S. 212-227.

187 Kinder im Kloster behandelt Mayke DE JONG, Kind en klooster in de vroege
     middeleeuwen. Aspecten van de schenking van kinderen aan kloosters in het frankische
     rijk 500-900 (Amsterdamse Historische Reeks 8) Amsterdam 1986. Eine englische
     Übersetzung ist in Vorbereitung.

aufnehmen und in bestimmten Fertigkeiten unterrichten? Die Caesariusregel gebot den Frauen ausdrücklich, in die Schule ausschließlich Mädchen oder Frauen aufzunehmen, die in den Konvent eintreten wollten.[188] Caesaria von Arles unterstrich in ihrem Brief an Radegund von Poitiers die Bedeutung *jeder* Frau, die dem Konvent beitrat, um zu lernen und zu lesen; Lesen und Hören der göttlichen Lektionen waren der Schmuck der Seele.[189] Die Verordnungen von 816 wiederum sahen Schulen in den Nonnenklöstern vor, gaben aber nicht an, ob die unterrichteten Mädchen die Absicht haben sollten, ein religiöses Leben zu führen.[190] Analoge Belege aus den angelsächsischen Konventen und Doppelklöstern und aus den sächsischen Kanonissenstiften des zehnten und elften Jahrhunderts deuten eher auf das Gegenteil, daß Mädchen nämlich im Konvent unterrichtet werden konnten, bevor sie in das weltliche Leben zurückkehrten.[191] Wir wissen, daß Ludwig der Fromme in seinen frühen Regierungsjahren Anweisung gab, die Unterrichtung von Jungen in Klosterschulen auf diejenigen zu beschränken, die ein religiöses Leben erstrebten.[192] Aber besagen solche Bestrebungen nicht, daß tatsächlich einige Klöster als Schulen dienten und damit den Kontakt mit der Welt hielten? Selbst wenn der Unterricht aber auf diejenigen beschränkt war, die zumindest die Absicht hatten, ein religiöses Leben zu beginnen oder deren Eltern eine solche Möglichkeit im Auge hatten - und ich habe an anderer Stelle erklärt, daß das nicht notwendig der Fall gewesen sein muß -, bis zu welchem Grad war die Ausbildung im klösterlichen Rahmen dann völlig davon getrennt? Ist es wirklich nicht vorstellbar, daß ein Junge in einem Nonnenkonvent oder zumindest in einem Doppelkloster erzogen werden konnte? Angelsächsische und wenige fränkische Belege beweisen das Gegenteil. Wie sollten wir sonst die eindeutigen Nachrichten bewerten, die Lull uns gibt, der in einem Doppel-

---

188 Caesarius von Arles, Regula ad Virgines c.7 (wie Anm. 32) S. 7. Vgl. Maria Caritas McCARTHY, The Rule for Nuns of St. Caesarius of Arles: a translation with critical introduction (The Catholic University of America, Studies in Mediaeval History, NS 16) Washington 1960, und Cordula NOLTE, Klosterleben von Frauen in der frühen Merowingerzeit. Überlegungen zur Regula ad virgines des Caesarius von Arles, in: Frauen in der Geschichte VII. Interdisziplinäre Studien zur Geschichte der Frauen im Frühmittelalter. Methoden-Probleme-Ergebnisse, hg. v. Werner AFFELDT und Annette KUHN (Geschichtsdidaktik. Studien Materialien 39) Düsseldorf 1986.

189 MGH Epp. 3, S. 452.

190 MGH Conc. 2,1, S. 442.

191 Vgl. SCHNEIDER, Anglo-Saxon Women (wie Anm. 39); Michel PARISSE, Les chanoinesses dans l'empire germanique (IXe-XIe siècles), Francia 6, 1978, S. 107ff.; Karl LEYSER, Rule and Conflict in an early mediaeval Society. Ottonian Saxony, London 1979.

192 MGH Capit. 1, Nr. 170, c. 45, S. 346.

kloster in Inkberrow in England von Cyneburh und in einem unbekannten Kloster von Fufanna unterrichtet worden war,[193] oder die Tatsache, daß Caedmon und fünf künftige angelsächsische Bischöfe in Whitby unter der Äbtissin Hild ausgebildet wurden,[194] daß ein männlicher Visionär im Kloster Wenlock,[195] Guthlac in Repton[196] und ein Junge im Nonnenkloster Barking war?[197] Auf fränkischer Seite haben wir die berühmte Geschichte, daß Bonifatius den jungen Gregor, den künftigen Bischof von Utrecht, prüft, der im Kloster Pfalzel bei Trier erzogen wurde; Thietmar von Merseburg wurde durch eine Verwandte namens Emnilda in Quedlinburg in der Schrift unterrichtet.[198] Darf man annehmen, daß sich ein solcher Unterricht auch auf die Ausbildung von Schreibern erstreckte? So ließen sich etwa der Zusammenhang zwischen Dagulf und Gottschalk und der *ancilla Dei* Ada, der Tochter des Königs Pippin, in Trier und die sogenannte Handschriftengruppe der Ada an der Hofschule zur Zeit Karls des Großen oder ein Schreiber David in zwei liturgischen Büchern aus dem Umkreis von Rebais erklären.[199] Wenn Jungen im allgemeinen wohl nicht in Frauenkonventen unterrichtet wurden, so gibt es im Hinblick auf Mädchen anscheinend keinen Grund, das zu bezweifeln. Ein Unterricht in Essen wird beispielsweise durch den Brief eines Schulmädchens bezeugt, der in einer Handschrift des späten neunten oder frühen zehnten Jahrhunderts verfaßt ist und Bezug auf ihre dortige Lehrerin als *magistra* nimmt.[200] Die Ausbildung muß nicht immer von den Nonnen selbst vorgenommen worden sein. An der Spitze der Schwestern von Faremoutiers im Reichenauer Verbrüderungsbucheintrag (S. 2) stehen zum Beispiel die Namen eines *magister*, des Mönchs Theudenus, und eines weiteren Mönchs Irmindus,

---

193 Bonifatius, ep. 49 (wie Anm. 164). Vgl. Patrick SIMS-WILLIAMS, Curthswith, seventh-century abbess of Inkberrow, near Worcester, and the Würzburg manuscript of Jerome on Ecclesiastes, Anglo-Saxon England 5, 1976, S. 1-22.

194 Beda, Historia ecclesiastica 4,23, ed. Bertram COLGRAVE und Roger Aubray Baskerville MYNORS, Bede's Ecclesiastical History of the English People, Oxford, 1969, S. 408.

195 Bonifatius, ep. 10 (wie Anm. 164) S. 30-42.

196 Felix, Vita sancti Guthlaci 20, ed. Bertram COLGRAVE, Felix's Life of Saint Guthlac, Cambridge 1956 (ND. 1985) S. 84.

197 Beda, Historia ecclesiastica 4,8 (wie Anm. 194) S. 358.

198 Liudger, Vita Gregorii abbatis Traiectensis c.2, ed. G.H. PERTZ, MGH SS 15, S. 67f.; Thietmar von Merseburg, Chronicon 4,16 (11), ed. Werner TRILLMICH (Ausgewählte Quellen zur Deutschen Geschichte des Mittelalters. Freiherr-vom-Stein-Gedächtnisausgabe 9) Darmstadt 1974, S. 132.

199 Vgl. McKITTERICK, Nuns' scriptoria (wie Anm. 16); zu David und Madalberta: BISCHOFF, Nonnenhandschriften (wie Anm. 6).

200 Düsseldorf B 3, fol. 308v.

deren Aufgabe wohl darin bestand, die Novizinnen und Nonnen lesen zu lehren.[201] Hrotsvith aber spricht von ihren beiden Lehrer*innen* Gerberga und Rikkardis,[202] und die *Vita Liutbirgae* enthält eine Schilderung des Unterrichts, den die Heilige Mädchen vermittelte, die anschließend in ihr Elternhaus zurückkehrten.[203] Etwas zahlreicher sind die Belege aus den deutschen Kanonissenstiften der Ottonenzeit. Der Autor der *Vita Mathildis reginae antiquior* berichtet, Mathilde sei in das Stift Herford eingetreten, um Bücher zu lesen und weniger, um ein Gelübde abzulegen; daher konnte sie das Stift wieder verlassen, um Heinrich I. zu heiraten.[204] Die liturgischen Quellen aus Stiften wie Gandersheim, Lamspringe und Essen (dem am besten belegten Beispiel) sprechen für ein hohes Niveau der musikalischen Ausbildung.[205] Es scheint mir aber, daß diese Stifte damit nicht unbedingt etwas Neues geschaffen haben, sondern nur der verbreiteten Praxis weiblicher Konvente in der ganzen Merowinger- und Karolingerzeit folgten, Unterricht anzubieten. Es sei daran erinnert, daß Herford ein Zentrum der benediktinischen Reform des frühen neunten Jahrhunderts,[206] Gandersheim, das berühmteste und einflußreichste dieser Stifte,[207] Meschede, Vreden, Freckenhorst, Essen und Gerresheim sämtlich Gründungen des neunten Jahrhunderts waren.[208] Ihr Ruf und ihr Unterrichtsniveau waren wohl bedeutend für junge Mädchen von hohem Rang, die ihnen anvertraut wurden.

Die bisher zusammengetragenen Belege dieses Abschnitts bezogen sich vor allem auf Frauen, die sich einem religiösen Leben geweiht hatten und in eine religiöse Gemeinschaft eingetreten waren. Die These, daß Frauenkonvente als Schulen für junge Mädchen dienen konnten, ganz gleich, ob sie für die Ehe oder das Kloster bestimmt waren, weist auf eine Würdigung der Laien und

---

201 Vgl. AUTHENRIETH, GEUENICH und SCHMID (wie Anm. 66).

202 Hrotsvitae Opera praef. 7, ed. von WINTERFELD (wie Anm. 108) S. 2.

203 Vita Liutbirgae c. 35 (wie Anm. 141) S. 44.

204 Vita Mathildis reginae prior c. 2 (wie Anm. 143) S. 576; vgl. Thietmar, Chronicon 4,57 (36), 64 (42) (wie Anm. 198) S. 174, 180. Vgl. auch die ungedruckte B.A.-Diplomschrift von Anne WITT, Women in Ottonian Germany as seen through their *Wirken* in nunneries, Historical Tripos, Cambridge 1990.

205 Vgl. BISCHOFF, Schatzverzeichnisse (wie Anm. 69, 99 und 100).

206 Vgl. SEMMLER (wie Anm. 67).

207 Vgl. Hans GOETTING, Das reichsunmittelbare Kanonissenstift Gandersheim (Germania Sacra NF 7. Die Bistümer der Kirchenprovinz Mainz 1. Das Bistum Hildesheim) Berlin-New York 1973.

208 Vgl. FAUST, Frauenklöster (wie Anm. 73).

Laienfrauen, die ihre Töchter solchen Institutionen zum Erwerb einer Bildung anvertrauten. Es sei auch bemerkt, wie viele Frauen - Gründerinnen, aufeinander folgende Äbtissinnen oder berühmte Mitglieder solcher Gemeinschaften - das religiöse Leben erst als Witwen begannen. Sie kamen also bereits als gebildete Frauen und leisteten ihren Beitrag zu dem religiösen Leben, das sie antraten. Nonnenkonvente dienten folglich als Schulen für Frauen der Oberschichten, die eine weitergehende Bildung forderten oder wünschten. Das hat entscheidende Folgen für unsere Erwartungen an die Fähigkeiten und Fertigkeiten der Laienfrauen, scheint es doch, daß die Adlige eine gebildete Frau war, die ihren eigenen Psalter lesen konnte und Empfängerin erbaulicher und exegetischer Traktate war, die ihr gewidmet wurden. Das zeigt sich deutlich an dem erwähnten Briefwechsel zwischen Alkuin und den königlichen Prinzessinnen Gisela und Rotrud mit deren Interesse an seinem Kommentar zum Johannesevangelium oder an den an Königinnen gerichteten Briefen, die vor ihrer Erhebung zum königlichen Rang durch ihre Heirat Adelstöchter gewesen waren. Weitere Hinweise für die Verbreitung der Schreibfähigkeit unter weiblichen Laien ergeben sich aus Belegen über den Besitz oder die Ausleihe von Gebetbüchern, die ich ausführlicher in meinem Buch "The Carolingians and the Written Word" besprochen habe. Wir kennen nicht nur die Buchentleiherinnen, die in den Ausleihlisten aus Köln und Weißenburg überliefert sind, die Frauen, derer in den Testamenten Eccards von Mâcon und Eberhards von Friaul gedacht wird, die Frauen, denen man Blütenlesen (Florilegien), bibelexegetische Schriften und geistliche Ermahnungen widmete, sondern wir besitzen auch Bücher, die in unmittelbarem Zusammenhang mit bestimmten Frauen standen, in ihrem Besitz waren oder von ihnen an ein bestimmtes Kloster oder eine bestimmte Domkirche verschenkt wurden.[209]

Ein weiterer Aspekt der umfassenden Anwendung der Schriftlichkeit seitens männlicher und weiblicher Laien erschließt sich in der Fülle der Privaturkunden aus der karolingischen und ottonischen Zeit in allen fränkischen Reichen und Nachfolgereichen.[210] Der Rückgriff der Laien, Männer wie Frauen, auf schriftliche Formen der Abwicklung von Rechtsgeschäften ist zweifellos ein

---

209 McKITTERICK (wie Anm. 1) S. 261-266, 223-227, 244-250, 252-261, 155-164.

210 Vgl. zum Beispiel Albert BRUCKNER, Regesta Alsatiae aevi Merovingici et Karolini, 496-918. Quellenband, Zürich 1949, Nr. 64, 69, 74-78, 86, 96, 122, 124 (Graf Ebrohard und seine Gattin Chimiltrud, von Uuilliulfus, dem Notar Ebrohards, geschrieben), 134, 147, 155, 194, 199, 202, 207, 209, 229, 278, 302, 306, 328, 330, 335, 336, 341, 343, 346, 354, 356, 357, 358, 373, 380, 383, 408, 418 und 419, 446, 452, 465, 554, 596 (eine Züricher Urkunde), 609, 627, 645, 655, 656 (Statuten der Königin Richaris für Andlau, S. 390-395) und 671. Vgl. für die Weissenburger Traditionen Anm. 207.

beredter Hinweis dafür, wie stark verwurzelt bestimmte Arten schriftlichen Reagierens in der frühmittelalterlichen Gesellschaft waren. Unter den zahlreichen Schenkern an die Klöster Weißenburg, Fulda oder St. Gallen finden sich viele vermögende Frauen; andere sind als Mitschenker, Wohltäter und Zeugen genannt.[211] An einer Reihe von Streitigkeiten zwischen Laien und Klosterkirchen sind Frauen beteiligt. Naturgemäß halten die Kirchen eher solche Streitfälle fest, aus denen sie erfolgreich hervorgegangen sind. Hätte Tours nicht den Besitzstreit um die Kirche des Hispanus gewonnen, so hätten wir nie von Agintrud erfahren, die gemeinsam mit ihrem Bruder Autpert und ihrem Mann Amalgar Notberts Besitzrechte unter Berufung auf eine ihr zugeschriebene Besitzurkunde bestritt.[212] Pippins des Jüngeren Eingreifen in den Streit um die *villa* Marneil und ihre Dependenzen sicherte die Überlieferung des Namens einer Christiana, die diesen Besitz beanspruchte.[213] Wie die männlichen so waren demnach auch die weiblichen Laien überzeugt vom Wert schriftlicher Eigentumsbeweise in Besitzstreitigkeiten, die sie im Rahmen ihrer rechtlichen Stellung ausschlachteten und auf die sie wie ihre männlichen Verwandten zurückgriffen.

Ganz abgesehen von dem Zeugnis, daß gebildete Frauen, die zumindest lesen konnten und Zugang zu schriftlichen Kommunikations- und Ausdrucksformen hatten, in der frühmittelalterlichen Welt nicht ungewöhnlich waren, bieten die hier vorgeführten Belege den auffälligen Eindruck einer Interkommunikation zwischen den Welten der Laienäbtissinnen und der Nonnen, die die Profeß abgelegt hatten, einerseits und den weltlichen Adelsfrauen andererseits. Es handelte sich nicht um abgeschlossene Welten ohne gegenseitige Kontakte.

---

211 Anton DOLL (aus dem Nachlaß Karl Glöckners), Traditiones Wizenburgenses: die Urkunden des Klosters Weißenburg 661-864 (Arbeiten der Hessischen Historischen Kommission) Darmstadt 1979; Edmund E. STENGEL, Urkundenbuch des Klosters Fulda I.1, Marburg 1913 und I.2, Marburg 1956, und E.E.F. DRONKE, Codex Diplomaticus Fuldensis, 1850, ND. Aalen 1962; Hermann WARTMANN, Urkundenbuch der Abtei St. Gallen I und II (700-920), Zürich 1863-66. Vgl. auch Die Klostergemeinschaft von Fulda im früheren Mittelalter, hg. v. Karl SCHMID und Joachim WOLLASCH (Münstersche Mittelalterschriften 8) München 1978, und McKITTERICK, Carolingians (wie Anm. 1). Vgl. den Beitrag von Ingrid HEIDRICH, in diesem Band S. 119-138.

212 Notitia, ed. Marcel THÉVÉNIN, Textes rélatifs aux institutions privées et publiques aux époques mérovingienne et carolingienne, Paris 1887, S. 120-123; vgl. dazu Janet L. NELSON, Dispute settlement in Carolingian West Francia, in: The Settlement of Disputes in Early Mediaeval Europe, Cambridge 1986, S. 45-64, mit englischer Übersetzung und lateinischem Text (S. 248-250).

213 Ingrid HEIDRICH, Titulatur und Urkunden der arnulfingischen Hausmeier, Archiv für Diplomatik 11/12, 1964/65, A 16; Diplomata maiorum domus e stirpe Arnulforum, ed. Georg Heinrich PERTZ, MGH Leges, Hannover 1872, Nr. 18, S. 104.

Mütter und Töchter, Schwestern und Tanten, ganz zu schweigen von Vätern und Töchtern, Brüdern und Schwestern, Oheimen und Nichten, erhielten ihre wechselseitigen Beziehungen aufrecht. Das klösterliche System der Merowinger-, Karolinger- und Ottonenzeit fußte wesentlich auf der Familie und Verwandtschaft, auf Klöstern, die starke Bindungen der Loyalität und Verehrung mit den Gemeinschaften pflegten, in deren Rahmen sie gegründet worden waren. Remiremont mit seinen Namenslisten der ergebenen Laien, Männern und Frauen, die dem Kloster um des Ruhmes Gottes und ihrer unsterblichen Seelen willen Land und Hörige, Töchter und bewegliches Gut vermachten, bietet dafür erneut das beste Zeugnis.

*

Die Untersuchung der verschiedenen schriftlichen Aufzeichnungen, die frühmittelalterliche Frauen hinterlassen haben, deckt einen vielfältigen Gebrauch der Schriftlichkeit durch Frauen und verschiedene Ebenen der erworbenen Bildung auf. Dem religiösen Leben geweihte Frauen konnten auf verschiedene Weise zum religiösen und geistigen Leben ihrer Diözese beitragen. Daß viele Frauen auf schriftliche Formen auch außerhalb des klösterlichen Milieus zurückgriffen, spricht darüber hinaus für die Bedeutung der Schreibfähigkeit auch in der Laiengesellschaft insgesamt und für die Rolle der Frauen bei der Pflege dieser Bedeutung. Schreibfähigkeit bot Männern und Frauen ein Mittel zum Ausdruck ihrer eigenen Identität oder der Förderung der Identität ihres Heiligenpatrons oder ihrer religiösen Gemeinschaft. Schriftlichkeit war kein ausschließlicher Besitz einer männlich-klerikalen Elite, wenngleich sie sich sicherlich auf die oberen Gesellschaftsschichten konzentrierte. Wenn bestimmte handwerkliche Künste, wie der Autor der *Vita Herlindis et Reglindis* betont,[214] wie Weben, Nähen, Sticken und Spinnen, auch als besonders frauengemäß gelten können - wie Kämpfen und Waffentragen als männergemäß galten -, so war die Schreibkunst doch etwas Männern und Frauen Gemeinsames; beide konnten sie in derselben Weise und mit ähnlichen Zielen anwenden. Schriftlichkeit konnte es Frauen daher ermöglichen, in vollem Umfang an dem geistigen Betrieb der frühmittelalterlichen, fränkischen Gesellschaft teilzuhaben, die als eine grundlegend schriftliche Gesellschaft angesehen werden muß.

---

214 AA SS 22. März, S. 348.

Ingrid Heidrich

BESIT UND BESITZVERFÜGUNG VERHEIRATETER UND VERWITWETER FREIER FRAUEN IM MEROWINGISCHEN FRANKENREICH

Die Möglichkeit zur selbständigen Lebensgestaltung war zu allen Zeiten auch bedingt durch die wirtschaftliche Grundlage der Einzelperson und ihr Recht, frei oder mit Einschränkungen über diese wirtschaftliche Grundlage zu verfügen. Wirtschaftliche Grundlage hieß in der Adelsgesellschaft des frühen Mittelalters vornehmlich Grundbesitz. Die Beantwortung der Frage also, ob Frauen im frühen Mittelalter eigenen Besitz haben und inwieweit sie über diesen frei verfügen konnten, berührt einen wichtigen Aspekt des in diesem Band angesprochenen globalen Problems. Ich habe die Fragestellung aus den folgenden Gründen auf das merowingische Frankenreich (6. bis 8. Jahrhundert) und auf die freien verheirateten und verwitweten Frauen eingeschränkt:
1. Wir haben für das merowingische Frankenreich in den sogenannten Formulae und in den Privaturkunden einen differenzierten und doch zugleich überschaubaren Bestand an Quellen, die die tatsächliche Situation (nicht nur die Rechtsnorm) spiegeln.
2. Die Einschränkung auf die freien Frauen war geboten, da Unfreie kein Eigentum und also auch kein Eigentumsverfügungsrecht hatten. Dennoch werden wir sehen, daß die Untersuchung des Quellenmaterials auch Erkenntnisse für den Status der Unfreien abwirft.
3. Die Begrenzung auf die verheirateten und verwitweten Frauen bot sich vom Quellenmaterial her an. Sie erscheint im übrigen besonders hinsichtlich der Frage des Verfügungsrechtes fruchtbar. Daß Klosterfrauen auch unter dem Gesichtspunkt meiner speziellen Fragestellung einen Sonderstatus hatten, wird noch auszuführen sein.

In der bisherigen historischen Forschung ist die von mir formulierte Fragestellung überwiegend auf der Grundlage der Leges, der Rechtsquellen des frühen Mittelalters, angegangen worden. Als Beispiele für diese Verfahrensweise nenne ich das Buch von Edith Ennen, "Frauen im Mittelalter", die mit einer Einführung versehene Materialsammlung von Peter Ketsch in dem Sammelband "Frauen im Mittelalter", aber auch die Aufsätze des Altmeisters der deutschen

Rechtshistoriker, Heinrich Brunner, über das "Weibererbrecht" und die *dos*; die neuesten Beiträge zur Fragestellung Frauen im Frühmittelalter von Raymund Kottje, Gabriele von Olberg, Ruth Schmidt-Wiegand und Jean Verdon behandeln andere Probleme.[1] Die urkundliche Überlieferung wurde, freilich nur selektiv, von stärker sozialgeschichtlich orientierten amerikanischen Historikern, David Herlihy und Suzanne Fonay Wemple, umfänglicher in den Blick genommen.[2] Die Formulae hat eigentlich nur Heinrich Brunner, und zwar als Rechtsquellen, stärker herangezogen.[3] Die Formulae als Spiegelungen von Zuständen, nicht als Rechtsquellen, zu verstehen, diese Sichtweise ist erst in jüngster Zeit von Dieter Hägermann und Karin Nehlsen-van Stryk[4] vertreten worden. Diese neue Sichtweise der Formulae mache ich mir im folgenden zu eigen, denn sie verspricht gerade auch für unsere Thematik Erkenntnisgewinn.

---

1   Edith ENNEN, Frauen im Mittelalter, München 1984, hier bes. S. 34-43, 85ff.; Peter KETSCH, Frauen im Mittelalter, Bd. 2, Düsseldorf 1984, Kap. 4.1, S. 147-160; Heinrich BRUNNER, Die fränkischromanische dos (1894), und DERS., Kritische Bemerkungen zur Geschichte des germanischen Weibererbrechts (1900), beide Beiträge wiederabgedr. in DERS., Gesammelte Aufsätze, hg. v. Karl RAUCH, Bd. 2, Weimar 1931, S. 78-116 und S. 198-217. Neuerdings: Frauen in Spätantike und Frühmittelalter. Lebensbedingungen - Lebensnormen - Lebensformen. Beiträge zu einer internat. Tagung am Fachbereich Geschichtswissenschaften der Freien Universität Berlin, 18. bis 21. Februar 1987, hg. v. Werner AFFELDT, Sigmaringen 1990. Darin die Beiträge von Raymund KOTTJE, Eherechtliche Bestimmungen der germanischen Volksrechte (5.-8. Jh.), S. 211-220, Gabriele von OLBERG, Aspekte der rechtlichsozialen Stellung der Frauen in den frühmittelalterlichen Leges, S. 221-235, Ruth SCHMIDT-WIEGAND, Der Lebenskreis der Frau im Spiegel der volkssprachigen Bezeichnungen der Leges barbarorum, S. 195-209, Jean VERDON, Les femmes laïques en Gaule au temps des Mérovingiens: les réalités de la vie quotidienne, S. 239-261.

2   David HERLIHY, Land, Family and Women, Traditio 18, 1962, S. 89-120, wiederabgedr. in: Women in Medieval Society, hg. v. Susan Mosher STUARD, Philadelphia 1976, S. 13-45; Suzanne Fonay WEMPLE, Women in Frankish Society. Marriage and the Cloister, 500 - 900, Philadelphia 1981.

3   Unter anderem in den in Anm. 1 genannten Beiträgen. Vgl. auch Heinrich BRUNNER, Deutsche Rechtsgeschichte Bd. 1, Leipzig ²1906, S. 575-588. Auch Karl ZEUMER, Über die älteren fränkischen Formelsammlungen, Neues Archiv 6, 1881, S. 9-115.

4   Dieter HÄGERMANN, Einige Aspekte der Grundherrschaft in den fränkischen formulae und in den leges des Frühmittelalters, in: Le grand domaine aux époques mérovingienne et carolingienne. Die Grundherrschaft im frühen Mittelalter. Actes du colloque internat. Gand, 8-10 sept. 1983, hg. v. Adriaan VERHULST (Belgisch Centrum voor Landelijke Geschiedenis. Publikatie 81) Gent 1985, S. 51-77; Karin NEHLSEN-VAN STRYK, Die Freien im Frankenreich als ungelöstes Problem der Rechts-, Sozial- und Verfassungsgeschichte, in: Akten des 26. Deutschen Rechtshistorikertages, hg. v. Dieter SIMON (Ius commune. Sonderheft 30) Frankfurt/M. 1987, S. 427-441, hier bes. S. 433ff.

Zunächst kurz zum Besitzrecht von (freien) Frauen nach den Rechtsnormen. Das spätrömische Vulgarrecht, Rechtsgrundlage für die Romanen im Frankenreich, kannte Erb- und Besitzrecht der Töchter, aber auch eine Nachordnung der weiblichen Erben hinter den männlichen; Gregor von Tours bezeugt im übrigen das Tochtererbrecht für die romanische Bevölkerung.[5] Die Lex Salica, im Kern zwischen 507 und 511 entstanden, schloß dagegen die Töchter vom Erbe an der *terra salica* aus. Dieser in der Literatur viel erörterte Grundsatz wurde zuletzt von Karl Kroeschell im Zusammenhang mit den Erbrechtsbestimmungen der anderen *Leges barbarorum* und des spätrömischen Vulgarrechts diskutiert mit dem Ergebnis, daß die Bestimmung keineswegs einen Ausschluß der Töchter vom gesamten Grunderbe bedeute.[6] Durch Zusatzgesetz König Chilperichs I. (561-584) wurde das Erbrecht der Töchter nach dem Tod der Söhne, durch Zusatzgesetz Childeberts II. von 594 das Erbrecht der Enkel des Erblassers, gleichgültig ob sie von Söhnen oder Töchtern abstammten, anerkannt.[7] Infolge des Nebeneinanderlebens von Bevölkerungsteilen unterschiedlicher Rechtszugehörigkeit hatte sich also in der Erbfrage - wie zweifellos auch in anderen Rechtsbereichen - eine Angleichung der Rechtspraxis vollzogen.[8] Entsprechendes wird man auch für die anderen "Barbaren" auf dem Boden des Frankenreichs annehmen können. Daß verheiratete und verwitwete Frauen kein selbständiges Verfügungsrecht über ihren Besitz hatten, ergibt sich aus ihrer in zahlreichen Leges-Bestimmungen ausgesprochenen Zuordnung zur Munt (Vormundschaft) des Mannes bzw.

---

5   Max KASER, Das römische Privatrecht, 2. Abschnitt. Die nachklassischen Entwicklungen (Handbuch der Altertumswissenschaft 10. Abt., 3. T., 3. Bd., 2. Abschn.) München 1959, S. 355f.; Gregor von Tours, Historia Francorum 10,8, ed. Bruno KRUSCH und Wilhelm LEVISON, MGH SS rer. Mer. 1, Hannover 1951, S. 414ff.; Karl KROESCHELL, Söhne und Töchter im germanischen Erbrecht, in: Studien zu den germanischen Volksrechten. Gedächtnisschrift für Wilhelm EBEL, hg. v. Götz LANDWEHR, Frankfurt/Bern 1982, S. 87-116, hier bes. S. 90f.

6   KROESCHELL (wie vor. Anm.), zusammenfassender Überblick über die Position der Leges zu dieser Frage S. 88f.: eine Gleichordnung der Töchter mit den Söhnen nur im westgotischen Recht, eine Vorordnung der Söhne in den Leges der Burgunder, Alamannen, Bayern und Sachsen. Bei den Thüringern und Chamaven haben die Töchter gar kein Grundstückserbrecht, bei den Langobarden werden sie mit der Aussteuer abgefunden.

7   MGH Capit. 1, ed. Alfred BORETIUS, Nr. 4, c. 3, S. 8; Nr. 7, c. 1, S. 15. Zu den Erbrechtsbestimmungen des Chilperich-Edikts vgl. KROESCHELL (wie Anm. 5) S. 99f.

8   Zu dem gesamten Fragenkomplex vgl. Simeon L. GUTERMAN, The Principle of the Personality of Law in the Germanic Kingdoms of Western Europe from the Fifth to the Eleventh Century (American University Studies, Ser. IX History, vol. 44) New York-Bern-Frankfurt a.M.-Paris 1990, bes. Kap. 8, S. 197-207.

ihrer Sippe.[9] Vielleicht kannte auch das spätrömische Vulgarrecht schon für spezifizierte Fälle eine Einschränkung der Geschäftsfähigkeit zumindest der verheirateten Frau.[10]

Außer dem Erbgang war auch die Eheschließung eine Möglichkeit für die Frau zum Erwerb von Besitz. Während die klassisch-römische *dos* eine Mitgift der Familie der Frau an diese war, wurde diese klassische *dos* im Vulgarrecht der Spätantike durch die *donatio propter nuptias,* eine Gabe des Mannes v o r der Eheschließung an die Frau verdrängt, wie es auch bei den Germanen Rechtsbrauch war.[11] Da die *donatio propter nuptias* zwar vor der Ehe vereinbart, aber erst bei der Eheschließung wirksam wurde, konnte sie mit der bei den Germanen üblichen Morgengabe verschmelzen. Die Begriffe *dos* und *donatio propter nuptias* begegnen im Frankenreich mit gleicher inhaltlicher Bedeutung; der Begriff Morgengabe ist selten. Die fränkischen Leges geben über das Dotationsrecht unzureichender Auskunft als die Formulae.[12]

Und damit sind wir nun bei den Quellen, die nicht die Rechtsnorm, sondern die Rechtspraxis im Frankenreich spiegeln. Es sind dies Urkunden, in denen Frauen als Mitverfügende oder Alleinverfügende auftreten, und Formulae. Unter "Formulae" versteht man Formulare für schriftliche Rechtsgeschäfte, das heißt also Schriftstücke, die die formalen Teile von Urkunden enthalten, aber unter Tilgung aller individuellen Bezüge, wie zum Beispiel Personen- und Ortsnamen, die durch *ille* ersetzt werden.[13] Formulae konnten Urkundenschreibern als Vorlage dienen, können aber im Einzelfall auch aus konkreten Urkunden gewonnen worden sein. Sie sind uns in Formulae-Sammlungen aus verschiedenen Teilen des Frankenreiches und aus dem spanischen Westgoten-

---

9   Hermann CONRAD, Deutsche Rechtsgeschichte 1, Karlsruhe 1962, S. 37, 156f.; KETSCH (wie Anm. 1) S. 147; SCHMIDT-WIEGAND (wie Anm. 1) S. 202-207.

10   KASER (wie Anm. 5) S.118.

11   Vgl. BRUNNER, Dos (wie Anm. 1); KASER (wie Anm. 5) S. 134-140.

12   Zur Morgengabe das berühmte Beispiel bei Gregor von Tours, Hist. Franc. 9,20 (wie Anm. 5) S. 376, im Vertrag von Andelot: die Verfügung über die Morgengabe der ermordeten Königin Gailswind zugunsten ihrer Schwester, der Königin Brunichild: *tam in dote quam in morganegyba, hoc est matutinale donum.* Zur Morgengabe in den Leges vgl. SCHMIDT-WIEGAND (wie Anm. 1) S. 208f. Zum Dotationsrecht in den westgotischen, burgundischen und fränkischen Rechten vgl. BRUNNER, Dos (wie Anm. 1) S. 102-116; KOTTJE (wie Anm. 1) S. 214f.

13   Ausgabe der Formulae von Karl ZEUMER, MGH Legum sectio V. Formulae Merowingici et Karolini aevi, Hannover 1882-1886. Grundlegende Information: WATTENBACH-LEVISON, Deutschlands Geschichtsquellen im Mittelalter. Vorzeit und Karolinger, Beiheft: Die Rechtsquellen, bearb. von Rudolf BUCHNER, Weimar 1953, S. 49-55.

reich überliefert, und zwar gerade die frühesten überwiegend in kleinformatigen, für den Alltagsgebrauch bestimmten Codices vorwiegend des 9. Jahrhunderts; einige Handschriften überliefern Formulae zusammen mit Rechtstexten, was nicht gegen die Annahme spricht, sie als Spiegelungen des Rechtszustands zu betrachten, mochten sie doch als Ergänzungen zum geschriebenen Recht für den Alltagsgebrauch nützlich sein.[14] Die Form der handschriftlichen Überlieferung wie der Inhalt der Formulae verbieten es, sie als Fiktionen zu betrachten. Die wichtigsten Formulae-Sammlungen sind die von Angers/Loire (Andecavenses), Tours/Loire (Turonenses), Clermont (Arvernenses) aus der Mitte und dem Süden des Merowingerreichs, das heißt Gebieten, die überwiegend von Romanen bewohnt waren, die Marculf-Formulae wohl aus dem stärker von Franken bewohnten Kernraum des Frankenreiches nordöstlich der Loire[15] sowie die St. Galler und Reichenauer Formulae aus dem alamannischen Siedlungsraum. Reicht die handschriftliche Überlieferung der Formulae-Sammlungen auch kaum vor das 9. Jahrhundert zurück, so liegt die Entstehungszeit für die genannten Formulae aus den Gebieten westlich des Rheins doch früher, und zwar im 7. und 8. Jahrhundert, wobei sie durchaus noch älteres Formulargut verarbeitet haben können. Die Reichenauer Formeln gehören dem Ende des 8. und der ersten Hälfte des 9. Jahrhunderts, die St. Galler Formeln dem 9. Jahrhundert an. Während die tatsächlich überlieferten Urkunden privater (nicht königlicher) Aussteller dieses Zeitraums durchweg

---

14 Die Formulae Andecavenses sind in einem einzigen Oktavcodex vom Ende des 8. Jh. erhalten; vgl. Werner BERGMANN, Die Formulae Andecavenses, eine Formularsammlung auf der Grenze zwischen Antike und Mittelalter, Archiv für Diplomatik 24, 1978, S. 1-53, hier bes. S. 8f., und die Beschreibung des Codex, Archiv der Gesellschaft für ältere deutsche Geschichtskunde 7, 1839, S. 801f. Die Formulae Arvernenses sind in einem einzigen Oktavcodex des 9. Jh. überliefert (ZEUMER, wie Anm. 13, S. 26), die Marculf-Formeln in drei Oktavcodices und einem Foliocodex des 9. Jh. (ZEUMER S. 34f.). Keine Formatangaben macht ZEUMER in seiner Ausgabe, S. 131f., für drei der Handschriften, in denen die Formulae Turonenses überliefert sind; zwei Turonenseshandschriften sind in Quart (A1, A3), eine in Folio (B); fünf Turonenseshandschriften stammen aus dem 9. Jh., eine aus dem 10. Jh. Die Reichenauer Formeln sind in drei Handschriften ohne Formatangabe des 9. Jh. erhalten (S. 339). Da die St. Galler Formeln erst aus der zweiten Hälfte des 9. Jh. stammen, setzt auch ihre handschriftliche Überlieferung später ein, und zwar überwiegend im 10. Jh. (S. 378, 390f.). Die westgotischen Formeln sind, obwohl früh entstanden, nur in einem einzigen, heute verlorenen und nur durch eine Abschrift des 16./17. Jh. bekannten Codex überliefert (S. 572). Zur Überlieferung von Formulae zusammen mit Rechtstexten vgl. Rosamond McKITTERICK, The Carolingians and the Written Word, Cambridge 1989, S. 48f., D8, E12, E13, K18.

15 Zu den Andecavenses vgl. BERGMANN (wie vor. Anm.). Zu den Formulae Marculfi vgl. den Artikel Marculf (Marculfi Formulae) von Karin NEHLSEN-VAN STRYK in: Adalbert ERLER/Ekkehard KAUFMANN, Handwörterbuch zur deutschen Rechtsgeschichte Bd. 3, 1984, Sp. 270-274.

Schenkungen, vereinzelt Verleihungen von besonderen Rechten und testamentarische Verfügungen sind, ist uns eine Fülle von Rechtsgeschäften nur durch
die Formulae bekannt. Sie allein enthalten zum Beispiel Scheidungsbriefe,[16]
Dotalurkunden,[17] schriftliche Fixierungen gerichtlicher und außergerichtlicher
Vergleiche,[18] Formulare für Erbverfügungen,[19] Verknechtung[20] und Freilassung,[21] für die Bestätigung abhanden gekommener Urkunden[22] und zahlrei-
che andere Rechtsgeschäfte.

Ich beginne mit den Ergebnissen, die sich aus den Formulae zu unserer
Fragestellung gewinnen lassen. Die Marculf-Formulae enthalten Erbeinset-

---

16 Form. Andec. 57, S. 24: Scheidungsbrief der Frau an den Mann in gegenseitigem
    Einverständnis; Marc. II 30, S. 94; Form. Turon. 19, S. 145; Form. Sal. Merkelianae 18,
    S. 248.

17 Form. Andec. 1c, 34, 35, 40, 54, S. 5, 16, 17f, 23; Marc. II 15, S. 85; II 16 ist die nach-
    trägliche Dotalurkunde für eine durch Frauenraub gewonnene Ehefrau. Form. Turon.
    14-16, S. 142-144, wobei 16 den gleichen Vorgang wie Marc. II 16 betrifft; Form. Turon.
    appendix 2, 3, S. 163f.; Form. Sal. Bignonianae 6, S. 230; Form. Sal. Merkelianae 15,
    17, S. 246-248; Form. Sal. Lindenbrogianae 7, S. 271; Carta Senonica 25, S. 196. Aus
    dem 9. Jh.: Form. Augienses Coll. B, Nr. 24, 25, S. 357-359; Form. Sangallenses
    miscellaneae 12, 13, 16, 19, S. 385, 387f.; Collectio Sangallensis 12, 18, S. 404, 406;
    Form. "Extravagantes" 9-15, S. 538-543. Außerdem Form. Visigothicae 14-20, S.
    581-585.

18 Vgl. dazu BERGMANN (wie Anm. 14) S. 29-34 (iudicius, notitiae solsadiae, securitates),
    so auch in anderen Formelsammlungen. Auch die Carta obnoxiationis a patre in filiis
    facta bei Marc. II 9 gehört in diese Kategorie.

19 Marc. II 10, 12, S. 80-83; Form. Turon. 22, S. 147; Cartae Senonicae 42, 45, S. 204f.;
    Form. Sal. Lindenbrogianae 12, S. 274f. Vgl. auch die Nachweise unter den Begriffen
    hereditas und hereditoria des Index.

20 In Form des Selbstverkaufs aus unterschiedlichen Gründen: Form. Andec. 2, 3, 19, 25,
    S. 5f., 10-12; Form. Arvern. 5, S. 31; Form. Turon. 10, S. 140f.

21 Ingenuitas, libertas, als Beispiele Form. Andec. 20, 23, S. 11f.; Form. Arvern. 3, S. 30;
    Marc. II 32-34, S. 95f.; Form. Turon. 12, S. 141f. Die Freilassungsformeln aus Clermont
    und Tours beziehen sich klar auf das römische Freilassungsrecht im Unterschied zu
    den Freilassungsformeln bei Marculf und in den Andecavenses. Als Beispiel für eine
    Freilassungsformel des 9. Jh. seien die Formeln Collectio Sangallensis 16, 17, S. 406,
    genannt.

22 Apennis-Urkunden, vgl. dazu mit dem Nachweis der älteren Literatur BERGMANN (wie
    Anm. 14) S. 33. Interessant ist in diesem Zusammenhang der Vergleich zwischen den
    Form. Andec. 31-33, S. 14f., und Marc. I 33, 34, S. 63f. Während in den Andecaven-
    ses-Formularen, von denen nur Nr. 31 beide Eheleute als Geschädigte nennt, die die
    Bestätigung ihrer verlorenen Urkunden erbitten, doch stets die cartae dotis mit unter
    den verlorenen Urkunden aufgeführt werden, ist das bei Marculf nicht der Fall.

zungen von Töchtern neben Söhnen[23] sowie von Enkeln, den Kindern verstorbener Töchter, neben den Söhnen des Erblassers.[24] Daß Erbverfügungen zugunsten von Töchtern und deren Nachkommen spätestens seit dem 7. Jahrhundert üblich waren, ist damit zweifelsfrei. Diese Praxis ist auch für die Karolingerzeit durch die Formeln aus Sens bezeugt;[25] die Marculfformel weist bei der gleichberechtigten Erbeinsetzung der Tochter neben den Söhnen darauf hin, daß damit eine *impia consuetudo* korrigiert werde, da Söhne und Töchter gleichermaßen dem Vater von Gott gegeben und von diesem gleichermaßen zu lieben seien. Die Formel aus Sens hebt hervor, daß der Vater die gleichberechtigte Erbeinsetzung der Tochter neben den Söhnen wünsche trotz der entgegenstehenden Bestimmung der Lex Salica. Das Besitzrecht von Töchtern fränkischer Herkunft konnte aufgrund solcher Verfügungen also Bedeutung für die Besitzvergrößerung von Adelssippen durch sog. "Heiratspolitik" gewinnen. Eine solche Heiratspolitik ist in Einzelfällen für den Hochadel auch seit dem 7. Jahrhundert bezeugt (Drogo-Adaltrud).[26]

Die zahlreichen Formulare für Dotalurkunden in allen Formelsammlungen dokumentieren, daß das öffentlich vor den Verwandten vollzogene Verlöbnis ein Anrecht der Braut (*sponsa*) auf eine Schenkung (*dos*) durch den Bräutigam oder dessen Vormund begründete.[27] Die *dos* konnte Mobilien und Immobilien umfassen. Damit entstand für die Braut ein Besitzanspruch, der aber offenbar

---

23 Marc. II 12, S. 83: Die Tochter wird gleichberechtigt neben den Söhnen (*aequo lante*) in das väterliche Allodialerbe eingesetzt, obwohl *impia inter nos consuetudo tenetur ut de terra paterna sorores cum fratribus porcionem non habeant*. Vgl. auch Anm. 25 und GUTERMAN (wie Anm. 8) S. 204. Die testamentarische Erbeinsetzung der Tochter neben den Söhnen sieht auch vor Marc. II 17, S. 86.

24 Marc. II 10, S. 81f.; GUTERMAN (wie Anm. 8) S. 205f.

25 Marc. II 12 (s. Anm. 23) entspricht Carta Senonica 45, S. 205, mit ausdrücklichem Bezug auf den Ausschluß der Töchter vom Erbe nach der Lex Salica. Zu beiden Formeln vgl. KROESCHELL (wie Anm. 5). Carta Senonica 42, S. 204, schildert einen rechtlich noch verzwickteren Fall: Der Vater hat eine von einer *ancilla,* also unfrei geborene Tochter, die er später durch Schatzwurf freiläßt (vgl. Heinrich BRUNNER, Die Freilassung durch Schatzwurf, in: DERS., Gesammelte Aufsätze 1, wie Anm. 1, S. 240-261), und setzt nun diese Tochter als gleichberechtigte Erbin (*aequa lantia*) neben den Söhnen ein.

26 Ingrid HEIDRICH, Les maires du palais neustriens du milieu du VIIe au milieu du VIIIe siècle, in: La Neustrie. Les pays au nord de la Loire de 650 à 850, hg. v. Hartmut ATSMA (Beihefte der Francia 16,1) Sigmaringen 1989, S. 217-229, hier S. 224.

27 Paul MIKAT, Dotierte Ehe - rechte Ehe. Zur Entwicklung des Eheschließungsrechtes in fränkischer Zeit (Rhein.-westfäl. Akad. d. Wiss., Geisteswiss. Vorträge G 227) Opladen 1978. In den in Anm. 17 zitierten Formularen für Dotalurkunden tritt durchweg der Bräutigam als Dotierender auf, mit Ausnahme von Marc. II 15, wo der Schwiegervater, offenbar als Vormund seines Sohnes, seine *nora* dotiert.

erst mit der Eheschließung zu einem Besitzrecht wurde.[28] Nicht dotierte Ehen konnten durch Dotierung im nachhinein vollgültig werden.[29] Die Übertragung des tatsächlichen Dotalbesitzes erfolgte schriftlich oder durch rechtssymbolischen Akt.[30] Neben der durch den Bräutigam bzw. Ehemann zu leistenden *dos* konnte der Brautvater eine Mitgift geben, die stets aus Mobilien bestand.[31] Mitgift und *dos* fielen nach dem Tod der Frau an die Kinder.[32] Dem Ehemann konnte, aber mußte nicht ein Nutzungsrecht zugestanden werden. Dies ergibt sich zumindest aus einer Marculf-Formel, in der folgender Fall geschildert wird.[33] Der Vater hatte nach dem Tod der Mutter deren Allodial- und Dotalgut an sich genommen. Die Kinder klagten deswegen *in presentia bonorum hominum aut reges* und erstritten das Besitzrecht, überließen aber dem Vater das Dotalgut und einige andere *villae* zur Nutzung. Diese Übereinkunft galt als prinzipiell widerrufbar und mußte nach fünf Jahren erneuert werden. Hinsichtlich der *dos* hat sich die Praxis in karolingischer Zeit offenbar geändert; die Formeln des 9. Jahrhunderts aus dem alamannischen Rechtsgebiet enthalten zum Teil eine Bestimmung, durch die sich der Mann nach

---

28 Einerseits betonen die Formulare für Dotalurkunden (wie Anm. 17), daß die Schenkung *ante die nuptiarum* erfolgt (z.B. Marc. II 15), andererseits enthalten sie gelegentlich Hinweise darauf, daß die Übertragung erst am Hochzeitstag in Kraft tritt, z.B. Form. Sal. Lindenbrogianae 7: *in ea vero ratione, ut hec omnia superius nominata, quandoquidem dies nuptiarum evenerit, et nos Deus insimul coniunxerit, tu, dulcissima sponsa mea nomine illa, ab ipso die hoc habeas, teneas atque possedeas, vel quicquid exinde facere volueris, liberam hac firmissimam in omnibus habeas potestate.* Ebenso Form. Turon. 14: *omnia iam dicta per hunc titulum libelli dotis diebus nuptiarum tibi sum impleturus vel traditurus.*

29 Vgl. dazu MIKAT (wie Anm. 27). Marc. II 16; Form. Turon. 16; Form. Sal. Merkelianae 19. Über andere Eheformen, z.B. die Friedelehe, geben die Formulae keine Auskunft.

30 Rechtssymbolische Übertragungsakte werden erwähnt in Form. Turon. App. 3, S. 164: *... confirmavi et habendi et per hanc titulum traditionis vel per servo meo nomine illo et per hostium de ipsos domus et cispitae de illa terra seu vitis de ipsas vineas et ramos de illas arbores...*; Form. Sal. Lindenbrogianae 7, S. 271: *Idcirco per hanc cartolam, libellum dotis, sive per fistucam atque per andelangum dono tibi et donatum in perpetuo esse volo.*

31 Dies ergibt sich aus Marc. II 10, S. 81f. Die Enkel werden vom Großvater neben dessen Söhnen als gleichberechtigte Erben an seinem Allodialerbe eingesetzt, wobei allerdings die Mitgift der Tochter des Erblassers und Mutter dieser Enkel in Mobilien in Rechnung gestellt werden soll: *Et dum ipsius filiae meae genetricae vestrae, quando eam nuptum tradedi, in aliquid de rebus meis movilibus drappos et fabricaturas vel aliqua mancipia in soledos tantos tradedi, vos hoc in partae vestra supputare contra filiis meis faciatis.* Ebenso Form. Turon. 22, S. 147: *ea vero ratione, ut, quicquid tempore nuptiarum ei tradidi et dedi, hoc in parte vestra recipiatis.*

32 Vgl. die Belege in der vorigen und folgenden Anm.

33 Marc. II 9, S. 80f.

dem Tod der Frau die *dos* vorbehielt.[34] Für den Fall der sogenannten unbe-erbten, d.h. kinderlosen Ehe enthalten die merowingerzeitlichen Formulae kein Beispiel für den Verbleib der *dos*. Die Morgengabe kommt in den Formulae nicht vor. Die Dotationspraxis minderte im Fall der beerbten Ehe nicht das Familienvermögen, aber in merowingischer Zeit das Verfügungsrecht des Ehemannes zumindest nach dem Tod der Frau. Wie dies zu ihren Lebzeiten war, ist unklar. Weder in den Formulae noch in den tatsächlich überlieferten Urkunden sind Verfügungen von Frauen über ihre *dos* zu Lebzeiten des Mannes überliefert. Die *dos* erfüllte in erster Linie den Zweck der Witwenver-sorgung (Wittum); erst aus spätkarolingischer und nachkarolingischer Zeit kenne ich Belege dafür, daß Witwen ihr Dotalgut oder Teile desselben verschenken.[35]

Die Formulare umfassen mehrere Beispiele für gemeinsame Schenkungen von Ehepartnern, für gemeinsame Verkäufe und gemeinsame Verfügungen im Fall von Freilassungen.[36] Die nach den Leges bestehende Vormundschaft des Mannes über die Frau bedeutete also nicht, daß er ohne weiteres stellver-tretend für sie handeln konnte, sie von seinen Verfügungen ausgeschlossen war. Die stark durch das römische Recht geprägten Formeln von Tours und Angers enthalten sogar ein Formular für eine schriftliche Handlungsermächti-

---

34   Form. Aug. Coll. B 24, S. 358: *Post tuum vero discessum ad me, si vivo, aut infantes meos ... revertatur, et si illi non sunt, ad meos proximos heredes ipse dotis, quam tibi dedi, revertat, secundum legem.* Coll. Sangallensis 18, S. 407: *Post tuum vero discessum ad me, si vivo, aut infantes meos haec dos revertatur.*

35   Form. Aug. Coll. B 24, S. 358, gesteht der Frau lediglich ein Nutzungsrecht am Dotalgut zu: *dum vivis sub usu fructuario habeas*; entsprechend ebd. 25. Belege für die Verschenkung von Dotalgut durch Witwen: Camille WAMPACH, Geschichte der Grundherrschaft Echternach im Frühmittelalter. Quellenband I 2, Luxemburg 1930, Nr. 157, S. 237ff., von 894/95: Schenkung u. a. auch des Dotalgutes durch eine Witwe, deren einziger Sohn verstorben ist und die *sanctimonialis* (Nonne) geworden ist. DERS., Urkunden- und Quellenbuch zur Geschichte der altluxemburgischen Territorien 1, Luxemburg 1935, Nr. 207, von 996; Theodor Josef LACOMBLET, Urkundenbuch für die Geschichte des Niederrheins 1, 1840 (ND Aalen 1960) Nr. 250, von 1094. Die Zielsetzung der *dos* als Witwenversorgung sprechen sehr deutlich an: Form. Aug. Coll. B 24, 25, Form. Sangall. misc. 16, Coll. Sangall. 12.

36   Formeln für gemeinsame Schenkungsverfügungen von Eheleuten: Form. Andec. 46, 54, S. 20, 23; Form. Arvern. 6, S. 31; Marc. II 4, 5 (Precaria), S. 76f.; Form. Aug. coll. B 1, 2 (mit lebenslänglichem Nießbrauch), S. 347f.; Form. Salzburgenses 4, S. 440f. Formeln für gemeinsame Verkäufe: Form. Andec. 9, 25 (Grundbesitzveräußerung von Eheleuten an Eheleute), 27, S. 7, 12f. In Form. Andec. 59, S. 25, verzichtet ein Ehepaar auf die Versklavung einer Freien, die einen Sklaven aus dem Besitz des Ehepaares geheiratet hat, und auf die Versklavung der Kinder des Paares. In Form. Arvern. 4, S. 30 läßt ein Ehepaar aus seinem Besitz gemeinsam einen Sklaven und dessen Kinder frei.

gung der Frau an ihren Mann.[37] Allerdings bringen die frühen Formulae in der Edition von Karl Zeumer keine einzige Schenkungsverfügung, die eine Frau allein als Ausstellerin erkennen ließe, und auch die späteren nur für Ausnahmefälle.[38] Doch muß man berücksichtigen, daß Zeumer die häufig benutzte Abkürzung *ill.* in den Handschriften durchweg mit *ille* und nicht mit dem - auch möglichen - *illa* wiedergegeben hat.[39] Wir sitzen hier vielleicht einer Interpretation des Herausgebers auf; auf diesen Punkt werden wir zurückkommen. Die tatsächlich überlieferten Urkunden, und damit ziehen wir nun die zweite Quellengruppe zum Vergleich heran, untermauern jedenfalls die Praxis von Ehepaaren, Schenkungen als gemeinsamen Akt zu vollziehen, das Gut der Ehegemeinschaft also als gemeinsames Gut zu verstehen.[40] Dies gilt weit über die Merowingerzeit hinaus. Bei der Untersuchung dieser Praxis an Beispielen des fränkischen Hochadels des 7. und 8. Jahrhunderts habe ich für Plectrud, die Frau des Hausmeiers Pippin des Mittleren, zeigen können, daß

---

37 Form. Andec. 1b, S. 4; Form. Turon. 20, S. 146. Form. Arvern. 2, S. 29, ist die Handlungsvollmacht einer Frau für ihren Sohn. Vgl. zu der Frage auch KOTTJE (wie Anm. 1) S. 217.

38 Form. Aug. Coll. B 14-16, S. 354f., sind Formeln, die sich alle auf den gleichen Rechtsvorgang beziehen, s. S. 354 Anm. 4. Die Überschrift von Nr. 14 suggeriert zwar, daß die Frau hier in Abwesenheit ihres Mannes und ihrer Söhne eine Verfügung treffe, doch tritt der Mann im Inhalt der Formeln nicht als noch lebend hervor. Die Verfügung erfolgt zum Seelenheil der Frau, des Mannes und der Söhne. Die Frau handelt im Auftrag eines Sohnes (Nr. 14: *quae mihi ill. filius meus manu potestativa tradidit;* Nr. 15: *quecumque in illa villa et in illa ex traditione filii tui ill. habere potuisti*) - wahrscheinlich war sie Witwe. Coll. Sangall. Ad. 4, S. 435f., vom 25. Sept. 894 (Datum erhalten!), ist die Urkunde einer Frau, die durch ihren Vogt (*cum manu advocati illius*) eine Schenkung vornimmt.

39 Ich stütze mich im folgenden auf ZEUMERS kritischen Apparat. Ein Vergleich der Lesarten an den Handschriften selbst war mir zur Zeit nicht möglich, auch nicht eine Verifizierung der in den Handschriften verwendeten Kürzungszeichen. Daß *illa* mit *ill.* abgekürzt werden konnte, erweist Form. Aug. Coll. B 354, krit. App. b. Außerdem Marc. II 4, S. 76, krit. App. p; II 5, S. 77, krit. App. h. Obwohl zwei der Hss. *ill.* haben, setzt Zeumer in Marc. II 6 (Schenkungsformular), S. 78, krit. App. g, *illi* nach der dritten Hs.; in II 36 (Schenkungsformular), S. 96, krit. App. k, löst er trotz *ill.* in zwei Hss. nur mit dem *ille* der dritten auf. Offen bleiben müßte die mögliche Lesart *illa* korrekterweise auch in Marc. II 22 (Verkauf), S. 90, krit. App. b, II 24 (Tausch), S. 91, krit. App. e, und S. 92, krit. App. l. Die Beispiele ließen sich vermehren. - Unter sprachgeschichtlichen Gesichtspunkten untersucht das *ille* in den Formulae Andecavenses Gualtiero CALBOLI, Aspects du latin mérovingien, in: Latin vulgaire - latin tardif. Actes du 1er colloque international sur le latin vulgaire et tardif, hg. v. Jozsef HERMAN, Tübingen 1987, S. 19-35.

40 Ingrid HEIDRICH, Von Plectrud zu Hildegard. Beobachtungen zum Besitzrecht adliger Frauen im Frankenreich des 7. und 8. Jahrhunderts und zur politischen Rolle der Frauen der frühen Karolinger, Rheinische Vierteljahrsblätter 52, 1988, S. 1-15, hier S. 3.

sie auch als Mitausstellerin in Verfügungen ihres Mannes über pippinidisches Allodialgut und über Fiskalgut fungiert, das heißt also über Güter, die nicht aus dem Besitz ihrer eigenen Familie stammten.[41] Es sind auch Urkunden überliefert, die von Frauen allein ausgestellt worden sind.[42] Bei allen überlieferten Beispielen des Merowingerreichs handelt es sich aber um Nonnen oder Witwen; wir haben keinen einzigen klaren Beleg für eine selbständige urkundliche Schenkungsverfügung durch eine verheiratete Frau zu Lebzeiten ihres Mannes, wohl aber einige Fälle, wo Frauen, deren Familienstand sich aus den Texten nicht erschließen läßt, Schenkungen verfügten.[43] Witwen dagegen sind als Stifterinnen und Begünstigerinnen kirchlicher Einrichtungen, wie wir auch durch die erzählenden Quellen wissen, nicht wegzudenken[44] und haben häufig gemeinsam mit ihren Söhnen geurkundet.[45] Für die selbständige Geschäftsfähigkeit der verheirateten Frau auch zu Lebzeiten des Ehemannes

---

41 Ebd. S. 5f.

42 Das Testament der Burgundofara; vgl. dazu Ulrich NONN, Merowingische Testamente. Studien zum Fortleben einer römischen Urkundenform im Frankenreich, Archiv für Diplomatik 18, 1972, S. 1-129, hier S. 29f. mit Anm. 203; KROESCHELL (wie Anm. 5) S. 97, der die Besprechung des Stücks durch Bruno MEYER, Das Testament der Burgundofara, in: Mitteilungen des Instituts für Österreichische Geschichtsforschung, Erg. Bd. 14, 1939, S. 1-12, zitiert. Zu den im Original erhaltenen Urkunden der Chrodechilde und Erminetrud vgl. HEIDRICH, Plectrud (wie Anm. 40) S. 1.

43 Vgl. z.B. die kopial verkürzt erhaltene Urkunde bei WAMPACH, Echternach (wie Anm. 35) Nr. 46. Zu Erminetrud nimmt Ulrich NONN, Erminethrud - eine vornehme neustrische Dame um 700, Historisches Jahrbuch 102, 1982, S. 135-143, hier S. 136, an, daß sie Witwe war. Vgl. zu ihrem Testament auch im folgenden Anm. 51. Burgundofara (vgl. vor. Anm.) bezeichnet sich in ihrer Urkunde als *relicta huius seculi malitia vel dignitate*, hatte sich also zum Zeitpunkt der Urkundenausfertigung bereits dem klösterlichen Leben geweiht.

44 Z. B. die Königin Balthild, Stifterin des Klosters Chelles; dazu Eugen EWIG, Artikel Balthild, in: Lexikon des Mittelalters 1, München-Zürich 1980, Sp. 1391f.; Idda, die Witwe Pippins d.Ä., Stifterin des Klosters Nivelles; Begga, die Witwe Ansegisels, Stifterin von Andenne; vgl. zu beiden Matthias WERNER, Der Lütticher Raum in frühkarolingischer Zeit. Untersuchungen zur Geschichte einer karolingischen Stammlandschaft (Veröffentlichungen des Max-Planck-Instituts für Geschichte 62) Göttingen 1980, S. 348, 401f.; wahrscheinlich Adela, die Stifterin von Pfalzel; vgl. Matthias WERNER, Adelsfamilien im Umkreis der frühen Karolinger. Die Verwandtschaft Irminas von Oeren und Adelas von Pfalzel (Vorträge und Forschungen, Sonderbd. 28) Sigmaringen 1982, S. 194. Zur Rolle der Witwen vgl. auch VERDON (wie Anm. 1) S. 254.

45 Z. B. die Stiftungsurkunde der Bertrada und ihres Sohnes Charibert für das Kloster Prüm: Heinrich BEYER, Urkundenbuch zur Geschichte der jetzt die preußischen Regierungsbezirke Coblenz und Trier bildenden mittelrheinischen Territorien, Bd. 1, Coblenz 1860, Nr. 8; WAMPACH, Echternach (wie Anm. 35) Nr. 33 (die *deo sacrata* Berta und ihr Sohn Chardrad), 44 (Adalhard, seine Mutter und seine Frau).

spricht wiederum das Beispiel der Plectrud, der Frau Pippins des Mittleren, die den Ankauf eines Gutes (Süstern) in eigener Entscheidung getätigt hatte.[46]

Die Formulae erweisen bis ins 8. Jahrhundert die aus dem römischen Recht entnommene Möglichkeit der Ehescheidung in beiderseitigem Einvernehmen; wir kennen diese auch aus den Leges, aber nur auf Initiative des Mannes.[47] Als Ursache des beiderseitigen Scheidungswillens nennen die Formulae durchweg die Zwietracht der Eheleute. Als Folge der Scheidung benennt die Formel aus Angers das Recht beider Partner zur Wiederverheiratung, die Formel aus Tours ganz allgemein das Recht der freien Selbstverfügung; nur die aus dem stärker vom salischen Recht bestimmten Raum stammenden Formeln Marc. II 30 und Sal. Merk. 18 nennen, und zwar in dieser Reihenfolge, das Recht zum Klostereintritt oder zur Wiederverheiratung. Alle Formeln für Scheidungsbriefe gehen von einer Mitwirkung beider Partner bei dem Vorgang aus; aber nur die Formel aus Angers ist ein von der Frau dem Manne ausgestellter Scheidungsbrief.[48] Auch Gailswinth, die westgotische Prinzessin, die mit dem Frankenkönig Chilperich verheiratet worden war, bat ihren Mann - freilich vergeblich - um eine gütliche Scheidung, wie Gregor von Tours berichtet. Durch Gregors Frankengeschichte sind uns mehrere Beispiele von Verlassungen von Ehefrauen durch ihre Männer überliefert, aber nur ein

---

46 WAMPACH, Echternach (wie Anm. 35) Nr. 24; vgl. dazu WERNER, Adelsfamilien (wie Anm. 44) S. 291ff.

47 Form. Andec. 57, S. 24, vgl. dazu folgende Anm.; Marc. II 30, S. 94; Form. Turon. 19, S. 145f.; Form. Sal. Merkelianae 18, S. 248. Bezeichnenderweise enthalten die Formularsammlungen des 9. Jh. keine Formeln mehr für Scheidungsbriefe. Zur Ehescheidung nach den Leges vgl. KETSCH (wie Anm. 1) S. 148; CONRAD (wie Anm.9) S. 155f.; Wolfgang GRAF, Der Ehebruch im fränkischen und deutschen Mittelalter unter besonderer Berücksichtigung des weltlichen Rechts, Diss. iur. Würzburg 1982, bes. S. 219f. Vgl. auch KOTTJE (wie Anm. 1) S. 217; VERDON (wie Anm. 1) S. 249.

48 Form. Andec. 57, BERGMANN (wie Anm. 14) S. 22. Die Formel in den Andecavenses und die in der vor. Anm. zitierte in den Sal. Merkelianae gehen von einer öffentlichen Erklärung beider Partner über ihren Scheidungswillen aus (Andec. vor *boni homines*, Sal. Merk. vor *mallus, comes* oder *reliqui boni homines*). Die drei Formeln Marc., Turon. und Sal. Merk. sehen eine Fixierung der Übereinkunft in zwei Schriftstücken gleichen Inhalts zu Händen der Partner vor; die Formel aus Tours gibt an, daß das *libellum repudii eorum manibus roboratum* ist. Die Formel aus Angers ist eindeutig das Exemplar einer solchen von der Frau an den Mann gegebenen Urkunde und entbehrt in ihrer Adresse nicht einer gewissen Ironie: *Domeno non dulcissemo, sed amarissimo et exsufflantissimo iocali meo illo illa*, vgl. dazu die Übersetzung bei KETSCH (wie Anm. 1) Nr. 153, S. 154f. Als Fiktion wird man sie dennoch nicht ansehen dürfen, da das Verfahren als solches durch die zitierten Formeln mehrfach und eindeutig belegt ist.

Beispiel dafür, daß umgekehrt eine Ehefrau ihren Mann verlassen und wiedergeheiratet habe; die Kinder aus dieser zweiten Ehe wurden allerdings von der Kirche nicht als legitim anerkannt.[49] Die dem spätrömischen Recht fremde, aber der starken Muntwaltstellung des Ehemannes in den germanischen Rechten entsprechende Rechtspraxis einer nur vom Mann ausgehenden Ehescheidung hat sich offenbar zunehmend auch mit kirchlicher Hilfe durchgesetzt. Daß die aus dem 9. Jahrhundert stammenden Formelsammlungen keine Vorlagen für Scheidungsbriefe mehr enthalten, könnte auf einen Rückgang der Scheidungspraxis deuten, der dann sicher auch durch kirchliche Bedenken begründet wäre.

Aufschlußreich ist eine Beobachtung zu einem bei Marculf überlieferten Formular, das den Verzicht auf die Versklavung einer mit einem Sklaven verheirateten Freien und der Kinder aus dieser Verbindung beinhaltet. Hier nennen zwei der drei Handschriften, die die Formel überliefern, eine Frau (*illa femina, illa*) als Ausstellerin; und dennoch hat der Herausgeber Karl Zeumer das *ille* der dritten Handschrift in seinen edierten Text der Formel aufgenommen und dies, obwohl auch das entsprechende Formular aus Sens mit einer Ausstellerin rechnet;[50] damit suggeriert er dem Benutzer einen männlichen Aussteller: ein Beispiel dafür, wie das Wissen über eine Rechtsnorm das Verständnis von Texten, die die Rechtswirklichkeit spiegeln, verfälschen kann.

Der Verzicht auf Versklavung in der Formel kommt einer Freilassung gleich. Über die Freilassungspraxis einer fränkischen Dame gibt uns das im Original

---

49 Hist. Franc. 4,28, S. 163f.: König Chilperich wirbt um die Westgotenprinzessin Gailswind und verspricht, seine bisherigen *uxores* zu verlassen. Die Ehe mit Gailswind bringt ihm eine reiche Mitgift ein, doch gibt Chilperich die Verbindung zu Fredegunde nicht auf. Gailswind empfindet dies als Kränkung, bietet Chilperich an, er möge ihre Schätze behalten und sie in ihre Heimat entlassen, schlägt ihm also eine einvernehmliche Scheidung zu günstigen Bedingungen für den König vor. Chilperich geht darauf nicht ein. Gregor nennt seine Motive nicht, doch mag man annehmen, daß der König Ärger mit den Westgoten und mit seinem Bruder Sigibert vermeiden wollte, der mit Gailswinds Schwester Brunichild verheiratet war. Chilperich läßt Gailswind ermorden. Verlassungen von Ehefrauen durch ihre Männer (*relinquere, dimittere*): Gregor, Hist. Franc. 3,27; 4,25; 4,26; 9,13; S. 132, 160f., 369f. Die Verlassung des Ehemannes durch die Frau und deren Wiederheirat sowie den Synodalbeschluß, die Kinder betreffend, berichtet Gregor, Hist. Franc. 10,8, S.414ff.

50 Marc. II 29, S. 93, krit. App. c und d. Die Hs. A2 hat demnach: *Igitur ego in Dei nomen illa ille femina. Illut non habetur incognitum...*; die Hs. A3: *Illa femina. Dum hominibus non habetur incognitum...*; die Hs. B: *Ille ille femine. Omnibus non habetur incognitum....* Der von ZEUMER edierte Text lautet: *Igitur ego in Dei nomen ille ille femina. Illut non habetur incognitum...*; Carta Senonica 6, S. 187f.: *Femina illa ille. Omnibus non habetur incognitum.*

erhaltene Testament der Erminetrud aus dem 7. Jahrhundert Auskunft. Erminetrud läßt insgesamt 76 Personen frei, Männer, Frauen und Kinder, von denen die meisten namentlich aufgeführt werden. Nur bei 23 von ihnen beruft sie sich auf die Bitte ihres Sohnes, verfügt aber in allen Fällen selbständig,[51] ein Beweis ihrer Geschäftsfähigkeit und ihres Reichtums.

Damit sind wir bei der Frage nach der Bedeutung von Frauen als Erblasserinnen. Relativ zahlreich sind in den früheren Formulae, auffälligerweise nicht mehr in denen des 9. Jahrhunderts, die Beispiele von Testamenten von Eheleuten auf Gegenseitigkeit.[52] Die entsprechenden Formulare aus den Sammlungen von Angers und Tours sehen die Erbfolge des überlebenden Partners in drei Vierteln des Besitzes des Verstorbenen vor, während das letzte Viertel den Verwandten des Verstorbenen reserviert wird;[53] diese Regelung sollte offenbar für die sogenannte unbeerbte Ehe gelten, jedenfalls erwähnen diese beiden Formeln keine Kinder. Für den Fall einer beerbten Ehe bieten Marculf und die Formeln von Tours eine Vorlage, durch die der Mann für den Fall seines Todes den Nießbrauch seines gesamten Besitzes an seine überlebende Ehefrau übertrug, das Erbe jedoch nach dem Tod der Frau den gemeinsamen Kindern reservierte.[54] Die Marculfsammlung bietet für den Fall der beerbten Ehe ein Formular an, mit dem der Mann seiner überlebenden Frau die *tertia* seines Besitzes hinterließ, die allerdings im Fall ihrer Wieder-

---

51 Chartae Latinae Antiquiores (CLA), hg. v. Hartmut ATSMA u. Jean VEZIN, Part 14, Zürich 1982, Nr. 592. Zu der Urkunde vgl. auch NONN (wie Anm. 43), der nach der PARDESSUS-Ausgabe insgesamt 73 Freilassungen zählt. Auch VERDON (wie Anm. 1) S. 253.

52 Form. Andec. 41 (*ius liberorum*: vgl. dazu ebd. Anm. 1 und die Parallele Form. Vis. 24), S. 18f.; Marc. II 7 und 8, S. 79f.; II 17, S. 86ff.; Form. Turon. 17 und 18, S. 144f.; Form. Sal. Merkelianae 16, S. 247; Form. Sal. Lindenbrog. 13, S. 275f. Die Formelsammlungen des 9. Jh. bieten hierfür kein eigenes Formular, die Form. Aug. Coll. B übernehmen lediglich unter den Nummern 26 und 27 Marc. II 7 und 8, S. 359f.

53 Form. Andec. 41 hat Intitulatio und Adresse, als wäre es die Urkunde der Frau für den Mann, enthält im Kontext dann aber zuerst die Verfügung des Mannes zugunsten der Frau, dann die Verfügung der Frau zugunsten des Mannes; Form. Turon. 17; Form. Sal. Lindenbrog. 13 verfügt gegenseitige Erbeinsetzung ohne Berücksichtigung anderer Erben, aber auch ohne daß aus der Formel hervorginge, ob es sich um den gesamten Besitz des jeweiligen Erblassers handelt.

54 Marc. II 7, 8; der wesentliche Unterschied beider Formeln besteht darin, daß Marc. II 7 während der Nießbrauchzeit die Möglichkeit der Schenkung des Besitzes an die Kirche einräumt; vgl. Form. Turon. 18. Form. Sal. Merkelianae 16 enthält grundsätzlich dieselbe Regelung, spricht aber nicht von den Kindern, sondern allgemein von den nächsten Erben der Partner.

verheiratung an die Erben des ersten Mannes fallen sollte.[55] Die Formulae zeigen also, daß Witwen durchaus nicht nur auf den möglichen Erbbesitz aus ihrer eigenen Familie und ihr Dotalgut angewiesen waren, sondern durch Sonderverfügung des Ehemannes in mehr oder weniger umfangreiche Teile seines Besitzes zeitweise oder endgültig eintreten konnten. Als kinderlose Witwen, so das Beispiel der im Original überlieferten Schenkung der Chrode-childe von 673, konnten sie frei über ihren Besitz verfügen.[56] Hatten sie Kinder, speziell Söhne, verfügten sie entweder mit diesen gemeinsam, so das Beispiel der älteren Bertrada, der Stifterin des Klosters Prüm, oder auch allein, so das Beispiel der Erminetrud. Dabei berücksichtigte Erminetrud durchaus nicht nur ihren Sohn als Erben, sondern auch ihre Schwiegertochter und ihre Enkelin und zwar sowohl hinsichtlich der Immobilien wie der Mobilien.[57] Der Erbbesitz "von Mutterseite" wird als solcher in Urkunden des 7. und 8. Jahrhunderts immer wieder genannt,[58] was bedeutet, daß die Frau als Erblasserin dem alltäglichen Rechtsgebrauch ganz geläufig war.

Das Bild, das sich somit aufgrund der Formulae und der Urkunden für das Besitz- und Verfügungsrecht solcher Frauen abzeichnet, die aus der grundbe-sitzenden Schicht der Freien im merowingischen Frankenreich stammten, unterscheidet sich beträchtlich von der untergeordneten Rechtssituation, in der sie die Leges zeigen.[59] Kontakt mit römisch-rechtlichen Vorstellungen und Rechtspraxis des Alltags eröffneten beachtliche Freiräume für Töchter, Ehefrau-en und Witwen. Die bruchstückhafte Überlieferung erlaubt sicher nur vor-sichtige Aussagen über den statistischen Anteil von Frauen an schriftlich fixierten Rechtsgeschäften. Für die Formulae sind solche Aussagen wegen der oben angesprochenen editorischen Praxis hinsichtlich des *ille* überhaupt nicht

---

55   Marc. II 17, S. 86ff. Zum Errungenschaftsdrittel der Ehefrau vgl. BRUNNER, Dos (wie Anm. 1) S. 111-116.

56   Die Urkunde der Chrodechilde in: CLA (wie Anm. 51) Part 13, Zürich 1981, Nr. 564. Zu Burgundofara vgl. Anm. 42.

57   Zu Bertrada vgl. Anm. 45. Zu Erminetrud vgl. HEIDRICH (wie Anm. 40) S. 2 mit Anm. 7.

58   WAMPACH, Echternach (wie Anm. 35) Nr. 17, 26, 30, 48; Traditiones Wizenburgenses. Die Urkunden des Klosters Weißenburg 661-864, eingel. und aus dem Nachlaß von Karl GLÖCKNER hg. v. Anton DOLL (Arbeiten der Hessischen Histor. Kommission Darmstadt) Darmstadt 1979, Nr. 23, 37, 40, 52 (Erbe von Mutter und Schwester), 148, 169 (Erbe der Großmutter), 234, 240.

59   Warnungen vor dem statischen Bild, das die Leges von der Stellung der Frauen geben, auch bei SCHMIDT-WIEGAND (wie Anm. 1) S. 209. Allgemeiner KOTTJE (wie Anm. 1) S. 212 mit Anm. 13, S. 215.

zu machen. Bei der geringen Zahl der im Original überlieferten, merowingerzeitlichen, fränkischen Privaturkunden, nämlich acht, sind fünf von Frauen allein (zwei) oder mitausgestellt (drei), das heißt ca. 62%. Von den 41 bis zum Jahr 751 in Regest oder Abschrift erhaltenen Urkunden für das Kloster Echternach sind neun von Frauen allein (worunter sechs Urkunden der Stifterin Irmina sind), acht mit der Beteiligung als Ehefrauen oder Mütter ergangen, das heißt ca. 41% des überlieferten Gesamtbestandes unter Beteiligung von Frauen ausgestellt worden. Für das Kloster Weißenburg sind von den insgesamt 44 Urkunden bis zum Jahr 751 dreizehn entweder von Frauen allein (sechs) oder mit ihnen zusammen (sieben) ausgestellt, das heißt ca. 29%.[60] Gelegentlich lassen auch die in der bisherigen Argumentation weitgehend ausgesparten erzählenden Quellen Handlungsfreiräume von Frauen erkennen. So erwähnt Gregor von Tours, daß die Frau eines Bürgers von Clermont in Abwesenheit ihres Mannes eigenmächtig ihre Tochter verlobt habe, und bezeugt, daß die Äbtissin des St. Radegunde-Klosters in Poitiers sozusagen als Vormund ihrer verwaisten Nichte für diese bei deren Verlobung die Dotierung empfing.[61] Widersätzlichkeiten von Töchtern gegen die Verheiratungspläne, die der König oder der Vater für sie schmiedeten, werden in der hagiographischen Literatur als Zeichen für die Hochschätzung der Jungfräulichkeit durch diese Töchter gewertet.[62] Ist dies auch kirchlicher Topos, so müssen nach diesen Berichten

---

60 Originalurkunden insgesamt: CLA (wie Anm.51) 13, Nr. 564, 569, 571; 14, Nr. 580, 582, 592; außerdem Léon LEVILLAIN/Jeanne VIELLARD/Maurice JUSSELIN, Charte du comte Eberhard pour l'abbaye de Murbach, Bibliothèque de l'Ecole des Chartes (BECh) 99, 1938, Text S. 37-40. Von Frauen allein: CLA Nr. 564, 592; von Mann und Frau gemeinsam: ebd. Nr. 571, 594, und BECh 99. Echternach: WAMPACH (wie Anm. 35), insgesamt die Nr.1-41, davon von Frauen allein ausgestellt Nr. 3, 4, 5, 6, 9, 10, 12, 17, 18 (darin sind die Urkunden der Stifterin Irmina Nr. 3, 4, 6, 9, 10, 12 enthalten), von Frauen mitausgestellt Nr. 2, 8, 14, 15, 24, 33, 34, 35. Weißenburg: DOLL (wie Anm. 58) Nr. 4, 7, 44, 228, 229, 261 (mit Einverständnis von männlichen Verwandten), von Frauen allein; Nr. 2 (Frau), 38 (Schwester), 46 (Frau), 142 (Frau), 202 (Frau), 225 (Schwester), 265 (Frau), unter Beteiligung von Frauen.

61 Hist. Franc. 4,46, S. 180ff., 10,16, S. 428: *De sponsalibus quoque ait, coram pontifice, clero vel senioribus pro nepte sua orfanola arras accepisse.* Und weiter: *De foliolis aureis et vitta auro exornatam Macconem famulum vestrum praesentem testem adhibuit, eo quod per manum eius ab sponso puellae praedictae neptae suae XX solidos accepit, unde hoc publice fecerit...* Zu arrhae vgl. Margarete WEIDEMANN, Kulturgeschichte der Merowingerzeit nach den Werken Gregors von Tours (Römischgermanisches Zentralmuseum. Monographien 3) Bd. 1, Mainz 1982, S. 313f.

62 Vita Geretrudis c. 1 und 2, MGH SS rer. Mer. 2, ed. Bruno KRUSCH, 1888, S. 454, 456. Ferner die Beispiele der Burgundofara, Bertilla, Rictrudis bei Jo-Ann McNAMARA, A Legacy of Miracles: Hagiography and Nunneries in Merovingian Gaul, in: Women of the Medieval World, hg. v. Julius KIRSHNER u. Suzanne F. WEMPLE, Oxford 1985, S. 36-52, hier S. 43f.

solche Widersätzlichkeiten doch vorgekommen sein, obwohl sie eigentlich der starken Muntwaltstellung des Vaters widersprechen. Wenn freie Frauen sich bei der Partnerwahl der Muntgewalt ihrer Verwandten widersetzten, konnte dies, wie Gregor bezeugt, für sie den Tod zur Folge haben;[63] die Sache konnte aber auch gütlich abgehen. So verzichtet z. B. in dem schon erwähnten Marculf-Formular II 29 und in einem Formular aus Sens die Herrin auf die Versklavung der *ingenua,* die sich einem Sklaven verbunden hatte, und auf die Versklavung der Kinder aus der Verbindung.[64] Die Freilassungen durch Frauen, die in den Formulae bezeugt und uns auch im Testament der Erminetrud in erstaunlichem Umfang begegnet sind, müssen einen nicht unerheblichen Einfluß auf die Entwicklung der ständischen Situation im merowingischen Frankenreich gehabt haben. Recht war im frühen Mittelalter eine im wesentlichen mündlich tradierte Norm, die für die Veränderung und Korrektur durch Alltagspraxis und Gewohnheit offen war. Wir hatten bei unserer Betrachtung die positive Seite dieses Phänomens im Auge, den rechtlichen Spielraum, den freie Frauen jenseits und trotz der Leges nutzen konnten. Die negative Seite, die wir nicht vergessen wollen, stellt die Willkür der Mächtigen dar, gegen die die Munt, aber auch die schützenden Bußen der Leges bei Straftaten einen Damm zu errichten suchten.

Zum Schluß wollen wir die eingangs begründete Einengung des Themas durch einen Seiten- und einen Ausblick weiten. Werfen wir zunächst einen Seitenblick auf das dem merowingischen Frankenreich zeitgenössische Langobardenreich in Italien. Für dieses sind keine Formulae überliefert, wahrscheinlich weil die hier fortbestehende römische Notariatstradition solche Vorlagen entbehrlich machte. Doch sind für das 8. Jahrhundert aus dem Langobardenreich genügend Privaturkunden erhalten, um sagen zu können, daß die Rechtswirklichkeit bezüglich unserer Fragestellung ähnlich wie im Frankenreich war. Auch aus dem Langobardenreich sind gemeinsame Schenkungen, Verkäufe und andere Verfügungen durch Eheleute erhalten,[65] gelegentlich selbständige,[66] häufiger

---

63   Hist. Franc. 6,36, S. 276f.

64   Vgl. Anm. 50. Marc. II 29 unterscheidet im übrigen die beiden Fälle, daß die *ingenua* gegen ihren eigenen Willen und den ihrer *parentes* von dem Sklaven durch Raub zur Ehe gewonnen worden ist und daß sie freiwillig die Ehe eingegangen ist. Dagegen geht die Carta Senonica 6 nur von der freiwilligen Eheschließung aus.

65   Die Belege entnehme ich im folgenden dem Regestenwerk von BETHMANN; für eine Präzisierung des Vergleichs, der nicht mein Thema war, müßten die Urkundeneditionen herangezogen werden. Ludwig BETHMANN und Oswald HOLDER-EGGER, Langobardische Regesten, Neues Archiv 3, 1877, S. 227-318; hier Nr. 49, 59, 81, 88, 162, 230, 242, 244, 283, 364, 428, 440.

mit Zustimmung der Söhne oder anderer Verwandter vollzogene Rechtsgeschäfte von Witwen,[67] einmal sogar die Schenkung des Drittels einer
Morgengabe an eine Kirche.[68] Sogar ein Güterverkauf einer Ehefrau mit
Zustimmung des Mannes ist überliefert.[69] Wie im Frankenreich begegnen
Frauen als Klostergründerinnen; gelegentlich wird auch dabei des Konsenses
der männlichen und weiblichen Verwandten, des Vormunds und der Mit-
erben[70] gedacht. Aus dem langobardischen Material wird besonders deutlich,
daß Klosterfrauen in ihrem Verfügungsrecht selbständiger waren[71] als nicht
klösterlich lebende Frauen.

Wir schließen mit dem Ausblick auf die Karolingerzeit. Für das Frankenreich
verengt sich in nachmerowingischer Zeit unsere Information über alltägliche
Rechtsgeschäfte. Die Formelsammlungen der Karolingerzeit rücken geistliche
Empfänger und Aussteller deutlich in den Vordergrund und sind weniger
vielfältig hinsichtlich der erfaßten Rechtsgeschäfte, bei denen nun Gütertransaktionen und Prekarien überwiegen, Vorgänge, die uns auch aus den überlieferten Urkunden bekannt sind. Was in Urkundenform aus dem Rechtsalltag
erhalten blieb, betrifft ausschließlich Gütertransaktionen, Schenkungen, Käufe,
Verkäufe, Tauschgeschäfte, prekarische Leihen, deren schriftliche Ausfertigun-
gen von den interessierten Empfängern aufbewahrt wurden. Die Archive
geistlicher Institutionen, Klöster und Kirchen, ließen bei der Aufbewahrung die
größte Sorgfalt walten und hatten auch die größte Kontinuität über die Jahrhunderte. So kommt es, daß der umfängliche Bestand an Urkunden, die zwischen
Laien ausgetauscht wurden, dieser Bestand, den wir in den frühen Formulae
fassen können, Erbeinsetzungen, Verknechtungsverfügungen, gerichtliche und
außergerichtliche Vergleiche, uns für die Karolingerzeit weitgehend fehlen. Eine
Ausnahme stellen lediglich die auch noch aus karolingischer Zeit überlieferten
Formulare für Freilassungsurkunden dar, für unsere Fragestellung weniger

---

66   Ebd. Nr. 84 (im Regest wird nicht ausdrücklich erwähnt, daß Ermetruda Witwe sei), 85,
      385 (eine *relicta* ist Empfängerin einer Verkaufsurkunde), 444.

67   Ebd. Nr. 37, 115, 197, 278. 421, 501.

68   Ebd. Nr. 261.

69   Ebd. Nr. 434.

70   Ebd. Nr. 34, 112, 159 (mit dem Konsens eines *cognatus* der einen und des Ehemannes
      der anderen Schwester).

71   Ebd. Nr. 130 (Verkauf durch eine *monacha)*, 234 (Schenkung durch eine *monacha*),
      329 (Tauschurkunde einer Äbtissin), 518 (eine *dei ancilla* nimmt eine Verkaufsurkunde
      entgegen). Dagegen geschieht die Schenkung der *Helina sanctimonialis femina*, Nr.
      452, mit Zustimmung ihrer Verwandten.

ergiebig, und für Dotalurkunden, die das Fortbestehen der schriftlichen Dotie-
rungspraxis gerade auch in den Gebieten alamannischen Rechts belegen.[72]
Nur bei ganz seltenen und glücklichen Überlieferungsfällen sind uns wirkliche
Dotalurkunden erhalten, z.B. diejenigen der Bertha und der Adelheid von Italien
sowie der Kaiserin Theophano, Frau Ottos II. aus dem 10. Jahrhundert.[73] Auf
der Grundlage der karolingerzeitlichen Formulae und der erhalten gebliebenen
Gütertransaktionen ist auch für das 9. Jahrhundert die gemeinschaftliche
Besitzverfügung von Eheleuten bezeugt.[74] Die Feststellungen von Suzanne
Fonay Wemple, daß in Gebieten mit einer mehrheitlich nach römischem Recht
lebenden Bevölkerung die Mitbeteiligung von Frauen bei Besitzverfügungen
deutlich höher ist als in Gebieten germanischen Rechts und daß etwa im Fall
des Klosters Lorsch die Mitausstellerschaft von Frauen seit ca. 840 zurückgeht,[75] müßten anhand einer weniger selektiven Untersuchung des gesamten
überlieferten privaturkundlichen Materials aus dem 9. und 10. Jahrhundert
überprüft und gegebenenfalls neu interpretiert werden. Aus meiner Kenntnis
des privaturkundlichen Materials zugunsten von Echternach und Weißenburg
kann immerhin soviel gesagt werden, daß Mitausstellerschaft von Frauen, ihre
ausdrückliche Einbeziehung in prekarische Leiheverträge sowie eigenständige
Besitzverfügungen von Frauen durchaus auch in spätkarolingischer Zeit noch
üblich sind; man gewinnt den Eindruck, daß sich hier gegenüber der Rechtspraxis in merowingischer Zeit nicht sehr viel verändert hat, während andererseits die karolingerzeitlichen Formulae dafür sprechen, daß der Verfügungs-
freiraum von Ehefrauen und Witwen hinsichtlich ihrer *dos* und hinsichtlich ihrer

---

72 Vgl. die Anm. 17 aufgeführten Formulare aus den Form. Aug., Form. Sangall. miscella-
    neae und der Coll. Sangall.

73 Luigi SCHIAPARELLI, I diplomi di Ugo e di Lotario, di Berengario II e di Adalberto (Fonti
    per la storia d'Italia per il medio evo 38) Rom 1924, Nr. 46, 47. MGH Diplomata regum
    et imperatorum Germaniae 2, Die Urkunden Ottos II. und Ottos III., hg. v. Theodor
    SICKEL, Hannover 1893, Nr. 21. Das Formular der Urkunden für Adelheid und
    Theophano ist im übrigen vom Formular der Urkunde für Bertha abhängig.

74 HEIDRICH (wie Anm. 40) S. 3.

75 WEMPLE (wie Anm. 2) S. 109-116.

Möglichkeiten, eine Ehescheidung zu erwirken, in karolingischer Zeit geringer wurde.[76]

---

76 Für Echternach sind aus dem Zeitraum 840 bis 911 zwanzig Urkunden überliefert (WAMPACH, wie Anm. 35, Nr. 144-164), von denen man drei Königsurkunden abrechnen muß. Von den siebzehn verbleibenden Privaturkunden sind zwei von Frauen allein ausgestellt (Nr. 154, 157), und drei begreifen die Frauen in die prekarische Nutzung mit ein (Nr. 150, 164) oder nennen sie als Mitausstellerin (Nr. 160). Man kommt also auf einen Mitwirkungsanteil von ca. 30%. Dies ist weniger als im Zeitraum bis 751 (vgl. Anm. 60), wobei für die Frühzeit aber die hohe Urkundenzahl der Stifterin Irmina zu bedenken ist. Für Weißenburg sind aus dem Zeitraum 840 bis 911 insgesamt elf Urkunden überliefert, von denen drei unter Beteiligung oder auch zugunsten von Frauen (Prekarie) ausgestellt sind: DOLL (wie Anm. 58) Nr. 49, 167, 204, d.h. ca. 27%. Die in der Forschung durchgängige Vorstellung von einer allmählichen Besserstellung der Frau seit der Karolingerzeit (vgl. zusammenfassend KOTTJE, wie Anm. 1) ist am Bild orientiert, das die Leges und Gregor von Tours bieten, und bedarf möglicherweise einiger Korrekturen.

Ludolf Kuchenbuch

OPUS FEMINILE.
DAS GESCHLECHTERVERHÄLTNIS IM SPIEGEL VON FRAUENARBEITEN IM FRÜHEREN MITTELALTER[*]

Die folgenden Seiten haben Entwurfcharakter. Es geht weniger um viele Quellenfunde als um einige Überlieferungsbefunde. Zum Anteil von Frauen am Unterhaltshandeln im früheren Mittelalter gibt es zwar immer noch viel zu wenige Detailstudien,[1] doch kann man auf durchaus Bewährtes zurückgreifen,[2] sich auf programmatisch gemeintes Neues berufen,[3] und auch eine Synthese

---

[*] Ich widme diesen Versuch den Mitgliedern des Forschungsprojektschwerpunktes 'Interdisziplinäre Studien zur Geschichte der Frauen in Spätantike und Frühmittelalter' (FU Berlin). Für Anregung, Kritik und Hinweise danke ich E. Chorherr, B. Duden, H.-W. Goetz, D. Hägermann, Th. Sokoll, E. Meyer, B. Lützow, J. Trede.

1 Vgl. die verdienstvolle, nahezu erschöpfende Bibliographie von Werner AFFELDT/ Cordula NOLTE/Sabine REITER/Ursula VORWERK (Hrsg.), Frauen im Frühmittelalter. Eine ausgewählte, kommentierte Bibliographie, Frankfurt a.M.-Bern-New York-Paris 1990, S. 216ff.

2 Jutta BARCHEWITZ, Von der Wirtschaftätigkeit der Frau in der vorgeschichtlichen Zeit bis zur Entfaltung der Stadtwirtschaft (Breslauer Historische Forschungen 3) Breslau 1937 (ND. Aalen 1982); eine die Schriftquellen in aller Breite berücksichtigende, noch heute erfrischend umsichtig wirkende Studie!

3 Ivan ILLICH, Genus. Zu einer historischen Kritik der Gleichheit, Reinbek 1983; in Fortführung von Illichs Konzept: Ludolf KUCHENBUCH, Trennung und Verbindung im bäuerlichen Werken des 9. Jahrhunderts. Eine Auseinandersetzung mit Ivan Illichs "Genus"-Konzept, in: Frauen in der Geschichte VII. Interdisziplinäre Studien zur Geschichte der Frauen im Frühmittelalter. Methoden - Probleme - Ergebnisse, hg. v. Werner AFFELDT/Annette KUHN, Düsseldorf 1986, S. 227-242; eine bedachtsam eingeleitete Sammlung ins Deutsche übersetzter Quellenauszüge: Peter KETSCH, Frauen im Mittelalter, Bd. 1: Frauenarbeit im Mittelalter (Quellen und Materialien, hg. v. Annette KUHN) Düsseldorf 1983, S. 79-110 ('Frauenarbeit auf dem Land'); vom Thema der Kinderaufzucht her entwickelt: Klaus ARNOLD, Mentalität und Erziehung - Geschlechtsspezifische Arbeitsteilung und Geschlechtersphären als Gegenstand der Sozialisation im Mittelalter, in: Mentalitäten im Mittelalter. Methodische und inhaltliche Probleme, hg. v. František GRAUS (Vorträge und Forschungen 35) Sigmaringen 1987, S. 257-288; noch immer anregend aus sozialökonomischer Perspektive: Christopher MIDDLETON, The Sexual Division of Labour in Feudal England, New Left Review 113/4, 1979, S. 147-168; aus historisch-anthropologischer Sicht: Aufgaben, Rollen und Räume von Frau und Mann, 2 Teilbde., hg. v. Jochen MARTIN und Renate ZOEPFFEL (Veröffentlichungen des 'Instituts für historische Anthropologie e.V.' 5/1-2) München 1989; ethnographisch vergleichend (Mittel- und Nordeuropa): Ethnologia Scandinavica 1975, S. 5-72; schließlich will ich nicht verschweigen, daß mich ethnographische Fallstudien

ist jüngst erschienen.[4] Das hier gewählte Verfahren, die verschiedenen Quellenarten zunächst nacheinander zu behandeln, ist vielleicht nicht selbstverständlich, aber notwendig, weil auf den Grundsatz nicht verzichtet werden konnte, daß die Überlieferungsgattungen eigene Aussagehorizonte haben, die man nicht überspringen kann, und weil das Thema selbst, die "Frauen-Arbeiten", noch nicht ausreichend konstituiert ist.[5] Es geht also nicht um eine systematische Zusammenstellung all dessen, was - von einem bestimmten Konzept der "Frauenarbeit" ausgehend - die Überlieferung zu bieten hat. Der Gang der Darlegung ist vielmehr der, daß von einer Gattung zur nächsten vorangeschritten wird und sich dabei das thematische Sachfeld verschiebt und erweitert. Mit der Folge von Abschnitten zu Kapitularien, grundherrlichen Verzeichnissen, Urkunden, Wunderberichten und Synodalgerichtsfragen ergeben sich also jeweils andere Aspekte des Themas. Erst im Resümee kann dann der methodische und sachliche Ertrag gebündelt werden.

Im Pflichtenkatalog der Hufen, also der Bauernhöfe, über die das Kloster Lorsch dank königlicher Schenkung gegen Mitte des 9. Jahrhunderts detaillierte Aufzeichnungen hatte, taucht recht regelmäßig ein Pfennigzins "anstelle des Frauen-Werkes" (*pro opere feminili* bzw. *pro opere feminarum*) auf. Er schwankt in der Höhe zwischen 12 und 20 Silberpfennigen. Liest man in späteren Hufenlisten des Klosters nach, dann entpuppt sich dieser Zins als Gegenwert (*precium*) eines Woll- oder Leinentuchs (*sarcilis, camisilis*), dessen Abmessungen - etwa 9 Ellen lang und 5 Ellen breit - wiederum in älteren Hufenlisten (um 800) angegeben sind. Anderen urbarialen Listen des Klosters aus dem frühen

---

beeinflußt haben: Edit FEL/Tamás HOFER, Bäuerliche Denkweise in Wirtschaft und Haushalt. Eine ethnographische Untersuchung über das ungarische Dorf Atány, Göttingen 1972; Pierre BOURDIEU, Entwurf einer Theorie der Praxis auf der Grundlage der kabylischen Gesellschaft, Frankfurt 1976.

4   David HERLIHY, Women and Work in Medieval Europe, Philadelphia 1990. Das Buch lag bis zum Abschluß des Manuskripts noch nicht vor.

5   Gut abzulesen ist dieser Mißstand an den neuesten Artikeln und Tagungsbänden zur Geschichte der Arbeit im Mittelalter: Jacques LE GOFF, "Arbeit" (Mittelalter), in: Theologische Realenzyklopädie Bd. 3, Berlin 1978, S. 626-635; Anselm HERTZ u.a., "Arbeit", in: Lexikon des Mittelalters, Bd. 1, München-Zürich 1980, Sp. 869-883; Ulrich BENTZIEN, Bauernarbeit im Feudalismus. Landwirtschaftliche Arbeitsgeräte und -verfahren in Deutschland von der Mitte des ersten Jahrtausends u. Z. bis um 1800 (Veröffentlichungen zur Volkskunde und Kulturgeschichte 67) Berlin 1980, S. 21-56; Lavorare nel medio evo. Rappresentazioni ed ezempi dall'Italia dei secc. X-XVI (Convegni del centro di studi di Perugia 21) Todi 1983; Le travail au moyen âge. Une approche interdisciplinaire. Actes du Colloque international de Louvain-la-Neuve 1987 (Université Catholique de Louvain. Publications de l'Institut d'Études Médiévales - Textes, Études, Congrès 10) Louvain-la-Neuve 1990.

Mittelalter läßt sich weiter entnehmen, daß diese Tücher entweder aus dem eigenen Bestand an Lein oder Wolle oder dem des Klosters zu erstellen waren (*de proprio sive de dominico lino/lana*), daß diese Pflichten sowohl für Hufnerinnen als auch für *feminae* ohne normalen Betrieb und unabhängig von ihrem freien oder unfreien Rechtstand bzw. ihrer Zugehörigkeit zu einer bestimmten Herrschaft *(ancilla, ingenua/fiscalina)* galten. Erwähnenswert ist auch, daß neben diesem Herstellungsdienst immer wieder die Abgabe von Flachsbündeln (mit einem bestimmten Gewicht, meist einem "Pfund") begegnet.[6] Was von den Mönchen der Abtei Lorsch unter dem Gesichtspunkt der von Hufnerinnen zu leistenden textilbezogenen Abgaben oder Dienste ins *opus feminile* gefaßt wurde, findet sich in fast allen Überlieferungsarten des früheren Mittelalters, ob in Stammesrecht oder Königs- oder Bischofskapitular, in Geschichts- oder Wundererzählung, in Schenkungsurkunde oder Einkunftsregister, in Gedicht oder kirchlichem Kanon. Man kann sich kaum des Eindrucks erwehren, daß das *opus textile* als *der* frauentypische Beitrag zum Unterhalt stiftenden Handeln in diesem Zeitraum galt.

Demgegenüber sind Belege selten (bzw. noch wenig bekannt), in denen männer-spezifisches Unterhaltshandeln begrifflich gebündelt ist. Eine bekannte Episode aus dem Leben Geralds von Aurillac (um 855-909), erzählt von Odo von Cluny in den dreißiger Jahren des 10. Jahrhunderts, wirft bezeichnendes Licht auf diesen Sachverhalt. Gerald begegnet unterwegs einer "Bauersfrau" *(mulier rusticana),* die einen Pflug führt. Auf seine Frage, warum sie sich dieses "Männerwerk" *(opus virile)* anmaße, erklärt sie, ihr Mann sei schwach, die Saatzeit verstreiche, sie sei allein, verfüge über niemandes Hilfe. Gerald, so Odos Erzählung, ist erschüttert und schafft dadurch Abhilfe, daß er der Frau so viele Münzen geben läßt, wie ein Ackersmann *(agricola)* Tage braucht, diese Arbeit zu schaffen. So wird die arme Frau vom *opus virile* befreit, und Gerald hat sich erbarmt, einem widernatürlichen, Gott erschreckenden Zustand

---

6   Codex Laureshamensis, ed. Karl GLÖCKNER, Bd. 3, Darmstadt 1936 (ND. 1963) (= CL); *opus feminile:* Nr. 3673 (Nauheim, Bauschheim); 3674 (Mörstadt); *precium:* Nr. 3678; Abmessung der Woll- bzw. Leintücher: Nr. 3654; *de proprio sive de dominico lino/lana:* Nr. 3663, 3678, 3680; Standesunterschiede: Nr. 3671; Flachsbündel: Nr. 3678. Zur Überlieferungskritik und Datierung dieser Register (sog. Lorscher Reichsurbar, Hufenlisten): Dieter HÄGERMANN, Quellenkritische Bemerkungen zu den karolingerzeitlichen Urbaren und Güterverzeichnissen, in: Strukturen der Grundherrschaft im frühen Mittelalter, hg. v. Werner RÖSENER (Veröffentlichungen des Max-Planck-Instituts für Geschichte 92) Göttingen 1989, S. 41-73, hier: S. 58ff., sowie Franz STAAB, Aspekte der Grundherrschaftsentwicklung von Lorsch vornehmlich aufgrund der Urbare des Codex Laureshamensis, ebd. S. 285-334.

ein Ende zu machen.[7] Die Fassung der Ackerbestellung als *opus virile* verdankt sich einer Grenzüberschreitung. Eine Frau hinter dem Pflug ist für Gerald und Odo eine *calamitas,* ein Unglück und ein Schaden für die Genus-Ordnung des ländlichen Milieus im früheren Mittelalter. Die Bestellung der Äcker ist so selbstverständliche Männersache, daß sie erst in dem Moment zur Sprache kommt, wenn Umstände auftreten, die das andere Geschlecht in den ihm fremden Tätigkeitsbereich führen. Die von Odo erzählte Episode zeigt eine Verletzung der Männerdomäne, zu der die Not zwang. Erst diese Verletzung gibt Anlaß zu sagen, was den Überlieferern als selbstverständlich gilt: Die Feldbestellung ist *opus virile.*[8]

Wie so vieles andere im Mittelalter stehen *opus feminile* und *opus virile* in antiken Traditionen. Das soll hier lediglich daran gezeigt werden, wie die beiden subsistenziellen Geschlechterwerke ins Bild kommen. Die ikonischen Wurzeln dessen, was uns als spätmittelalterliches Bildgut mit dem Thema "Als

---

7   Odo von Cluny, Vita s. Geraldi comitis Auriliacensis 21, MIGNE PL 133, Paris 1881, Sp. 655f.: *Dum per aggerem publicum aliquando graderetur, in agello viae contiguo quaedam rusticana mulier aratrum ducebat. Quam requirit cur opus virile mulier agere praesumpsisset. Respondit virum suum diutius jam languere, tempus sationis praeterire, se solam esse, nullumque qui sibi subveniat habere. Cum quidem ille calamitatem ejus miseratus, tantos ei nummos dari jubet, quanti dies sationis superesse videbantur, quatenus per singulos dies agricolam sibi conduceret, et ipsa dehinc a virili opere cessaret. Omne fucatem, ut ait Ambrosius, refugit natura, et auctor ejus Deus quod contra illam est abhorret. Haec ergo res per se quidem exigua est, sed affectus recti hominis naturae legibus conveniens eam grandescere facit.* Zur Bedeutung und geistesgeschichtlichen Tragweite der Vita: Friedrich LOTTER, Das Idealbild adliger Laienfrömmigkeit in den Anfängen Clunys: Odos Vita des Grafen Gerald von Aurillac, in: Benedictine Culture 750-1050, hg. v. Willem LOURDAUX/Daniel VERHELST (Mediaevalia Lovanensia, I,11) Leuven 1983, S. 76ff.; zur sozial- und wirtschaftsgeschichtlichen Einordnung: Jean-Pierre POLY, Régime domanial et rapports de production "féodalistes" dans le midi de la France (VIIIe-Xe siècles), in: Structures féodalistes et féodalisme dans l'Occident méditerranéen (Xe-XIIIe siècles). Bilan et perspectives de recherches (Collection de l'Ecole Française de Rome 44) Paris 1980, S. 58-84, hier S. 66f., 69.

8   Es bedürfte einer genaueren Untersuchung der Situationen, in denen das *opus virile* auftaucht, um herauszufinden, worin die Schieflage der Thematisierung von männer- und fraueneigenen Handlungsweisen besteht. Die Sprecher bzw. Schreiber sind ja in der Regel Männer, besser: Mönche oder anderweitige Geistliche. Zusammenfassende Bemerkungen, von denen aus man in dieser Frage weitermachen könnte, bei Werner AFFELDT, Einführung, in: Frauen in Spätantike und Frühmittelalter. Lebensbedingungen - Lebensnormen - Lebensformen, hg. v. Werner AFFELDT, Sigmaringen 1990, S. 17ff. Treffend der Satz: "Das Feld der Normgebung ist in der Hauptsache von Männern besetzt ..."; vgl. auch Gerhard JARITZ, Zwischen Augenblick und Ewigkeit. Einführung in die Alltagsgeschichte des Mittelalters, Wien-Köln 1989, S. 136-145.

Abb. 8 Adam und Eva: Illumination zu Genesis 1-3. Bibel aus der Schule von Tours,
1. Hälfte 9. Jahrhundert.

Adam grub und Eva spann" geläufig ist,[9] gehen bis in altchristliche Zeit
zurück.[10] Die Bildwerke knüpfen an die Folgen von Sündenfall und Vertreibung aus dem Paradies an (Genesis 3, 16-23). Dort werden Eva die Mühsal
und die Schmerzen des Gebärens, Adam die schweißtreibende Boden-
erschließung zum Unterhalt auferlegt.[11] Diese Lastenteilung hat früh Bildgestalt gewonnen, am eindrucksvollsten in den großen Illuminationen der Bibeln
aus Tours (1. Hälfte des 9. Jh.), die von der Erschaffung der ersten Menschen
bis zu ihrem Dasein in der Welt nach der Vertreibung erzählen: Nach der
Vertreibung sieht man Eva, unter einer Girlande sitzend, Kain auf dem Schoß
und ihm die Brust gebend, und Adam, mit der Hacke in den Händen sich über
die Erde beugend (Abb. 8).[12] Während der die Scholle hackende Adam in
allen Motivpaaren konstant bleibt, variiert das Evamotiv seit frühchristlicher Zeit:
Sie nährt nicht nur ihren Erstgeborenen, sondern sie sitzt auch trauernd neben
Adam, oder sie hat Spinnrocken und Spindel in Händen.[13] Erst im späteren
Mittelalter wachsen die Motive der nährenden und spinnenden Eva zu einer
Figuration neben dem ackernden Adam zusammen. Mit dem genus-geprägten
Ikon des "ersten arbeitenden Menschenpaares" ist den Schrift- und Bildkundi-
gen im früheren Mittelalter ein Motiv gegeben, dessen spirituelle Mannigfaltig-
keit, symbolische Kraft und imaginativer Nutzen kaum überschätzbar sein dürften.[14]

---

9   Siehe die Abbildungen bei KETSCH (wie Anm. 3) S. 84; Siegfried EPPERLEIN, Der
      Bauer im Bild des Mittelalters, Leipzig 1975, S. 142.

10   Hans AURENHAMMER, 'Adam und Eva bei der Arbeit', in: DERS., Lexikon der
      christlichen Ikonographie Bd. 1, Wien 1959-68, S. 49f.

11   Biblia Sacra iuxta vulgata versionem, Stuttgart 1969, Bd. 1, S. 7f.: Gen. 3,16, zu Eva:
      in dolore paries filios...; 3,17, zu Adam: *maledicta terra in opere tuo, in laboribus
      comedes eam cunctis diebus vitae tuae;* 3,23: *emisit eum (Adam) Dominus Deus de
      paradiso voluptatis, ut operaretur terram de qua sumptus est;* ein weiterer Ausgangs-
      punkt wurde die im 4. Jh. entstandene Vita Adae et Evae, hg. v. Wilhelm MEYER (Ab-
      handlungen d. philos.-philolog. Classe d. kgl. Bayer. Akademie d. Wiss. 14) München
      1878, S. 228: *Et tulit Adam Evam et puerum et duxit eos ad orientem. et misit dominus
      deus per Michael angelum semina diversa et dedit Adae et ostendit ei laborare et
      colere terram, ut habeant fructum, unde viverent ipsi et omnes generationes eorum.*

12   Herbert L. KESSLER, The Illustrated Bibles from Tours, Princeton, N.J. 1941, S. 21f.

13   AURENHAMMER (wie Anm. 10) S. 50; im wesentlichen fußend auf Leonie REYGERS,
      Adam und Eva, in: Reallexikon zur deutschen Kunstgeschichte Bd. 1, 1937, Sp. 140f.;
      dort auch der wichtige Hinweis, daß bereits in einer Handschrift des 9. Jh. von Homilien
      Gregors v. Nazianz (2. H. 4. Jh.) ein Engel Adam und Eva "die Arbeitswerkzeuge
      bringt" (ebd.).

14   Ob auch der (vor oder nach der Geburt Jesu) spinnenden Maria als Bildmotiv
      Bedeutung im Rahmen des frühmittelalterlichen *opus feminile* zukommt, kann ich nicht
      entscheiden. Gesichert ist in der theologischen und ikonographischen Forschung der
      frühe und andauernde Einfluß apokrypher Schriften, besonders des Protoevangeliums
      des Jakobus (2. Jh.) (hierzu: Georg SÖLL, Mariologie, in: Handbuch der Dogmenge-

Daneben bot die heilige Schrift auch Gelegenheit, dem *opus textile* allein Bildgestalt zu geben. Im Utrechter Psalter (um 830), in dem biblische Verse mit Bildstationen illuminiert sind, wird ein Passus im Danklied König Hiskias, der vom reißenden Lebensfaden handelt (Jesaja 38, 12),[15] in ein Ensemble spinnender und webender Frauen gefaßt (Abb. 9).[16] Einen anderen wichtigen Anknüpfungspunkt bot das große Kompendium antiken Wissens, die 20 "etymologischen Bücher" Isidors von Sevilla (etwa 570-636). Was der gelehrte Bischof zum *gynaeceum* schrieb: "Das griechische Wort *gynaeceum* wird der Ort genannt, wo sich die Frauen zum Textilwerken zusammenfinden",[17] fand wortgleichen Eingang in die Schrift *De rerum naturis* von Hrabanus Maurus (780-856).[18] In einer illuminierten Abschrift dieses Werkes, die um 1023 in Montecassino entstand, wohl aber auch in ihrem Bildgut auf ein karolingerzeitliches Exemplar aus Fulda zurückgeht,[19] wird das *gynaeceum* als Spinn- und Webwerk zweier Frauengestalten ins Bild gesetzt (Abb. 10).[20]

---

schichte, hg. v. Michael SCHMAUS u.a., Bd. 3, Fasc. 4, Freiburg-Basel-Wien 1978, S. 24-30), in denen Maria als Tempeljungfrau am neuen Tempelvorhang, Wolle spinnend, mitwirkt. Anhaltspunkte bieten auch Erzählungen über die heilige Familie. Vgl. Heinrich u. Margarethe SCHMIDT, Die Vergessene Bildersprache christlicher Kunst. Ein Führer zum Verständnis der Tier-, Engel- und Mariensymbolik, München ²1982, S. 195-256, bes. S. 206ff. Das Bildgut beginnt sich, sehe ich recht, aber erst seit dem 12. Jahrhundert zu häufen. Das zeigt Robert L. WYSS, Die Handarbeiten der Maria. Eine ikonographische Studie unter Berücksichtigung der textilen Techniken, in: Artes minores. Dank an Werner Abegg, hg. v. Michael STETTLER und Mechthild LEMBERG, Bern 1973, S. 113-188.

15 Biblia Sacra (wie Anm. 11) Bd. 2, S. 1135: *praecisa est velut a texente vita mea.*

16 Ernest Theodore de WALD, The Illustrations of the Utrecht Psalter, Princeton 1932, Plate CXXXII, Kommentar S. (66); zur technikgeschichtlichen Einordnung dieses Ensembles: Susy DUFRENNE, Les Illustrations du Psautier d'Utrecht. Sources et Apport Carolingien (Association des Publications près les Universités de Strasbourg 161) Paris 1974, S. 87f.; Abb. Planche 20,5 (Ausschnitt); Verfasserin vermutet starke römische Motivbindung.

17 Isidor von Sevilla Etymologiae sive Origines 15,6, ed. Wallace Martin LINDSAY, Oxford 1911 *(De operariis): Gynaeceum Graece dictum eo quod conventus feminarum ad opus lanificii exercendum conveniat;* zum *lanificium* selbst sowie den verschiedensten *vestimenta:* ebd. 19,20ff.; zum klassischen *lanificium* als Frauenwerk vgl. den Überblicksartikel von Jean MAURIN, Labor matronalis: aspects du travail féminin à Rome, in: La femme dans les sociétés antiques, hg. v. Edmond LEVY (Contributions et travaux de l'Institut d'Histoire Romaine 2) Straßburg 1983, S. 139-155, hier: S. 146f.

18 MIGNE PL 111, Paris 1852, Sp. 405.

19 Hierzu Francesco GANDOLFO, Convenzione e realismo nella iconografia medievale del lavoro, in: Lavorare nel medio evo (wie Anm. 5) S. 373-403 (mit 32 Abb.), zum Codex: ebd. S. 386; Raimund KOTTJE, Hrabanus Maurus, in: Lexikon des Mittelalters Bd. 5, 1990, Sp. 146, spricht sich dagegen aus.

20 GANDOLFO (wie Anm. 19) S. 400.

Abb. 9 Spinnen und Weben: Illumination aus dem Utrecht-Psalter zu Jesaja 38,12 (Reims, um 830).

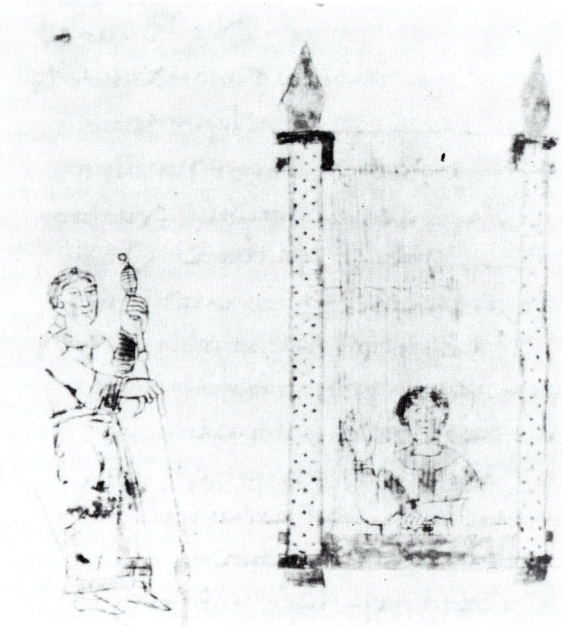

Abb. 10 Gynäceum: Illustration aus einer Hrabanus Maurus-Handschrift des 10. Jahrhunderts aus Montecassino zu De universo 14,25.

Schließlich sollte nicht vergessen werden, daß es insbesondere die im 9. Jahrhundert aufkommenden Monatsbilder sind, denen nicht nur die ikonographische, sondern auch die technikgeschichtliche Forschung maßgebliche Kenntnisse über die monatlichen Verrichtungen im Landbau und die dabei benutzten Geräte verdankt. Auch sie sind Illuminationen von Schriftstellen, auch sie führen antike Tradition fort. Sie gehören in der Mehrzahl zu Versen, die den Jahresablauf in die einzelnen Monate erläuternde Worte fassen: "Der Juni reißt mit dem krummen Pflug die Erde auf, wenn der Stier seine goldenen Hörner am Himmel bewegt".[21] Jeder Monat (Abb. 11) ist als Mann dargestellt - die lateinischen Monate sind nun einmal Maskulina. Frauenarbeiten werden in diese Gattung erst "einwandern", wenn sich die Personifikationen der 12 Monate zum szenisch ausgestalteten Kalendarium wandeln.[22]

Ob Spinnrocken, Spindel, Schere und "Gewichtswebstand"[23] oder ob Hakenpflug, Hacke, Sense, Sichel, Spieß und Messer: Was an Gerät in Frauen- oder Männerhand ins frühmittelalterliche Bild kommt, hat seinen Ursprung in Schrift-Stellen verschiedenster Herkunft und Art, ohne deren Kenntnis jede ernsthafte Deutung in die Irre führen muß. Das gilt auch für ihr Verhältnis zum *opus feminile* und *virile*. Nun aber zu den Schriftquellen.

---

21 MGH Poet. Lat. 2, S. 644: *Iunius incurvo proscindit vomere terram, Aurea cum caelo cornua Taurus agit.* Zum Verhältnis Text-Bild in diesem Monatsgedicht zuletzt: Walter ACHILLES, Der Monatsbilderzyklus zweier Salzburger Handschriften des frühen 9. Jh. in agrarhistorischer Sicht, in: Theorie und Empirie in Wirtschaftspolitik und Wirtschaftsgeschichte, Festschrift Wilhelm ABEL, hg. v. Karl Heinrich KAUFHOLD/Friedrich RIEMANN, Göttingen 1984, S. 85-107; allgemeiner: Siegfried EPPERLEIN, Bäuerliche Arbeitsdarstellungen auf mittelalterlichen Bildzeugnissen. Zur geschichtlichen Motivation von Miniaturen und Graphiken vom 9. bis 15. Jh., Jahrbuch für Wirtschaftsgeschichte 1976/1, S. 181-208.

22 Vgl. den jüngsten Überblick von Perrine MANE, Iconographie et travail paysan, in: Le travail (wie Anm. 5) S. 251-262.

23 Es empfiehlt sich nicht, die Webgeräte des früheren Mittelalters (z. B. Abb. 2 und 3) als "Webstühle" zu bezeichnen. Man sollte hier besser vom "Gewichtswebstand" sprechen; vgl. dazu Almut BOHNSACK, Spinnen und Weben. Entwicklung von Technik und Arbeit im Textilgewerbe (Deutsches Museum. Kulturgeschichte der Naturwissenschaften und der Technik) Reinbek 1985, S. 40ff., bes. S. 42. Auf ergologische Fragen (Gerätekunde, Herstellungstechniken von Fäden und Geweben) gehe ich hier nicht ein. Über Bohnsack hinaus ist dazu besonders hilfreich: Wolfgang LA BAUME, Die Entwicklung des Textilhandwerks in Alteuropa (Antiquitas, Reihe 2, Bd. 2) Bonn 1955.

Abb. 11 Die Verrichtungen der Monate: Illumination aus einer astronomisch-komputisti-
schen Sammelhandschrift zu anonymen Verspaaren (Salzburg, 1. Hälfte 9. Jahrhundert).

Kapitularien

Beginnen wir mit dem Schriftgut, das sich hoher politischer und kirchlicher Autoritäten verdankt und zugleich meist breite Geltung beansprucht.[24] Im Grunde sind es nur zwei Bereiche, die kirchliche und weltliche Würden- und Herrschaftsträger vom 6. bis 11. Jahrhundert zum Blick auf ländliche *opera*, und damit auch aufs *opus feminile*,[25] veranlassen: die Gestaltung der Sonn- und Feiertage und die Landgüterverwaltung.

Es braucht hier nicht nachgezeichnet zu werden, wie von kirchlicher und königlicher Seite auf Konzilien, Synoden oder Reichsversammlungen das Gebot zur Sonntagsruhe für alle Christen im fränkischen Reich zum Zweck des Kirchenbesuchs angesprochen, ausgestaltet, wiederholt und schließlich ins kanonische Recht übernommen worden ist. Die Etappen sind: regionalkirch- liche Anstöße im 6., laikale Übernahme im 7., königliche Entfaltung im 8., reichskirchliche Ausbreitung und Tradition im 9., synodalrechtliche Fortschrei- bung im 10. und frühkanonistische Inkorporation im 11. Jahrhundert.[26]

---

24 Gerade von denjenigen Forschern, die sich auf die Überlieferung der Beschlüsse von Kirchen- oder Reichsversammlungen bzw. von einzelnen Bischöfen oder Herrschern konzentrieren, werden neuerdings die gängigen rechts- bzw. verfassungsgeschicht- lichen Aufgliederungen der Dekrete und Kapitularien zunehmend mit Argwohn betrachtet. Es gibt in fränkischer Zeit eben keine grundsätzlichen Trennwände zwischen weltlicher und kirchlicher Herrschaftskompetenz, keine klare Distinktion zwischen Gesetz und Vorschrift, Herrschaft und Verwaltung. Insofern ist es gerechtfertigt, auch frühe Konzilsbeschlüsse unter das Passepartout "Kapitularien" zu fassen. Zur Problema- tik: Hubert MORDEK, Karolingische Kapitularien, in: Überlieferung und Geltung normativer Texte des frühen und hohen Mittelalters, hg. v. Hubert MORDEK (Quellen u. Forschungen zum Recht im Mittelalter 4) Sigmaringen 1986, S. 25-50; Charles de CLERCQ, La législation religieuse franque. Etude sur les actes de conciles et les capitulaires, les statuts diocésains et les règles monastiques, 2 Bde., 1936/1958; Odette PONTAL, Les Statuts Synodaux (Typologie des Sources du Moyen Âge Occidental 11) Turnhout 1975; Wilfried HARTMANN, Zu einigen Problemen der karolingischen Konzilsgeschichte, Annuarium historiae conciliorum 9, 1977, S. 6-28; Peter BROMMER, "Capitula episcoporum". Die bischöflichen Kapitularien des 9. und 10. Jahrhunderts (Typologie des Sources du Moyen Âge occidental 43) Turnhout 1985.

25 Im Capitulare de monasterio s. crucis Pictavensi (Poitiers) von 822-824 ist - ohne nähere Spezifizierung - vom *opus femineum* als *temporale servitium* die Rede (MGH Capit. 1, Nr. 149, c. 4, S. 302).

26 Am ausführlichsten immer noch (besonders für die Frühzeit): Wilhelm THOMAS, Der Sonntag im frühen Mittelalter. Mit Berücksichtigung der Entstehungsgeschichte des christlichen Dekalogs dargestellt, Göttingen 1929; am übersichtlichsten: Jean IMBERT, Le repos dominical dans la législation franque, in: Album J. Balon, Namur 1968, S. 29-45; zuletzt: Guy PHILIPPART, Temps sacré, temps chômé. Jours chômés en Occi- dent de Caton l'Ancien à Louis le Pieux, in: Le Travail (wie Anm. 5) S. 23-34; zur Inkorporation ins kanonische Recht: Gérard FRANSEN, La notion d'oeuvre servile dans

Was auf dem Konzil von Orléans von 538 mit dem Verbot des *opus rurale* am Sonntag erstmals aufgefächert wurde: Pflügen, Pflegen und Schneiden der Reben, (Gras und Getreide) schneiden, dreschen, roden, zäunen,[27] das ließ Karl der Große 789 in der programmatischen *Admonitio generalis,*[28] nun als *opus servile,* noch weiter entfalten - und das war der Moment, mit dem die *opera* der Frauen zum Vorschein kamen: "Alle betreffend. Wir haben entsprechend dem, was Gott der Herr (in der hl. Schrift)[29] als rechtens erkannt hat, festgestellt, daß die "unfreien/knechtischen Werke" (*opera servilia*) nicht am Tag des Herrn ausgeführt werden sollen, wie dies mein Vater in den Beschlüssen seiner Kirchenversammlungen bestimmt hat,[30] daß nämlich die Männer nichts "Ländliches" (*ruralis*) tun sollen und weder den Weinberg bestellen noch in den Feldern pflügen oder ernten oder Gras mähen oder Zäune aufstellen oder in den Wäldern roden oder Bäume schlagen oder in Steinbrüchen sich mühen sollen. (Weiter sollen sie) keine Häuser errichten, nicht im Garten arbeiten, zum Gerichthalten zusammenkommen, zu Markte oder zum Jagen gehen. Am Tag des Herrn erlaubt sind nur drei Arten von Fuhrwerk: das für den Heereszug, die Herbeischaffung von Lebensmitteln oder, wenn es dringend nötig ist, die Überführung eines Leichnams zum Grab. Ebenso sollen die Frauen Webarbeiten (*opera textilia*) am Tag des Herrn unterlassen, keine Stoffe schneiden, zusammennähen oder besticken; keine Wolle zupfen (spinnen). Sie sollen keinen Flachs schlagen oder außer Haus (*in publico*) Wäsche waschen, keine Schafe scheren. (Dies alles), damit der Würde und Ruhe am Tag des Herrn in jeder Weise genüge geschiehe. Vielmehr sollen sie

---

le droit canonique, ebd. S. 177-184.

27 Conc. Aurelianense, c. 31: *de opere tamen rurali, id est arata vel vinea vel sectione, messiane, excussione, exarto vel saepe, censuimus abstinendum* ... (Corpus Christianorum, Series Latina, Bd. 148A: Concilia Galliae a. 511-695, ed. Charles DE CLERCQ, Turnhout 1958, S. 125).

28 Josef FLECKENSTEIN, Admonitio generalis, in: Lexikon d. Mittelalters Bd. 1, München-Zürich 1980, Sp. 156.

29 2. Buch Mose 20,8-10. Es lohnt, sich den Vulgata-Wortlaut zu vergegenwärtigen: *memento ut diem sabbati sanctifices. sex diebus operaberis et facies omnia opera tua. septimum autem die sabbati Domini Dei tui non facies omne opus tu et filius tuus et filia tua et servus tuus et ancilla tua iumentum tuum et advena que est intra portas tuas* (Biblia Sacra, wie Anm. 10, Bd. 1, S. 104).

30 Hinweis auf c. 14 des Konzils von Ver (755), in dem c. 31 des Konzils von Orléans (s.o. Anm. 27) zitiert wird (MGH Capit 1, Nr. 14, S. 36).

von allen Seiten zur Feier der heiligen Messe zusammenkommen und Gott um all dessen preisen, was er uns an diesem Tag zu schenken geruhte."[31]

Der Ausgangspunkt der Aufgabenbeschreibung ist die Absicht zu bestimmen, was alle (getauften) Leute am Kirchgang hindern könnte.[32] Gerade dazu ist die Scheidung der *opera servilia* in die der Männer und die der Frauen am besten geeignet. Eine enge Absicht führt also zu einer Allgemeinaussage. Natürlich ist diese nicht umfassend; mit ihr wird nicht lückenlos beschrieben, sondern absichtsvoll zugespitzt. Man darf diese Trennung der Geschlechterwerke also nicht als eine erschöpfende Ordnung der geschlechtsspezifischen "Arbeitsteilung" verstehen. Was hier alles fehlt: Düngen, Eggen, Säen, Dreschen, Mahlen allein im Getreidebau, die gesamte Vorratshaltung, die tägliche Sorge ums Vieh, die Instandhaltung in Hof und Behausungen, die Zubereitung von Speise und Trank, die Pflege der ganz Alten und ganz Jungen. Umgekehrt werden Tätigkeiten erwähnt, denen - nach moderner Auffassung - kaum der Charakter von "Arbeit" zukommt, insbesondere das Gerichthalten und der Begräbniszug. Bedenkenswert ist auch, wie aufgezählt wird. Die Reihung der Frauen-Werke wie Weben, Nähen, Spinnen, (Flachs-)Aufbereiten, Waschen und Scheren folgt nicht den Herstellungsschritten, und ob eine gleichmäßige Stufung gemeint ist, sei es die der Bedeutung, des zeitlichen Aufwandes oder der Häufigkeit der Tätigkeiten, steht dahin.[33] Allein der erste Platz des Web-

---

31 MGH Capit. 1, Nr. 22, c. 81, S. 61: *Omnibus. Statuimus quoque secundum quod et in lege Dominus praecipit, ut opera servilia diebus dominicis non agantur, sicut et bonae memoriae genitor meus in suis synodalibus edictis mandavit, id est quod nec viri ruralia opera exerceant nec in vinea colenda nec in campis arando, metendo vel foenum secando vel sepem ponendo nec in silvis stirpare vel arbores caedere vel in petris laborare nec domos construere nec in orto laborare; nec ad placita conveniant nec venationes exerceant. et tria carraria opera licet fieri in die dominico, id est ostilia carra vel victualia vel si forte necesse erit corpus cuiuslibet ducere ad sepulcrum. Item feminae opera textilia non faciant nec capulent vestitos nec consuent vel acupictile faciant; nec lanam carpere nec linum battere nec in publico vestimenta lavare nec berbices tundere habeant licitum, ut omnimodis honor et requies diei dominicae servetur. Sed ad missarum solemnia ad aeclesiam undique conveniant et laudent Deum in omnibus bonis quae nobis in illa die fecit.*

32 Ich habe das in meinem Aufsatz von 1986 (wie Anm. 3) untersucht und streife dort Ausgeführtes hier nur kurz.

33 In seiner Kapitulariensammlung hat Radulf von Tours (853/866) versucht, in die Aufzählung von 789 mehr "Ordnung" zu bringen, indem er das Waschen zur Behandlung der *vestimenta* stellte. Außerdem tilgte er die drei Ausnahmefuhren, fügte aber hinzu, das Holzschlagen sei zum Kochen und Heizen am Sonntag erlaubt (MGH Capit. episc. 1, ed. Peter BROMMER, Hannover 1984, S. 253). Hier sieht man, daß derlei Wortlaute nicht unantastbar waren und verbessert und neuen Situationen angepaßt wurden: Flexibilität der Stereotypisierung würde man das heute nennen.

akts ist plausibel, denn mit ihm finden die voraufgehenden Werke ihr Ziel, ohne ihn sind die restlichen nicht denkbar; er bildet die Mitte der genannten Werke. Trotz dieser verschiedenen Vorbehalte kann man die Aufzählung auf mehrere Dimensionen der Geschlechtertrennung hin interpretieren. Mann und Frau nutzen recht verschiedene Geräte: Der Mann führt schneidende Werkzeuge und Wagen, geht mit dem Arbeitsvieh um, die Frau hantiert Webrahmen, Spindel, Schere, Waschtrog usf. Auch das, worauf sie einwirken, ist unterschieden: Der Mann trennt vom Boden, richtet ihn zu; die Frau trennt vom Tier, flicht Haar und Faser in leibgerechte Gewebe. Die distinkten Handlungen finden auch an verschiedenen Orten statt: Stall und Scheune, Garten und Feld, Wald und Wildnis, Weg und Steg, Markt, Gericht und Heeresetappe sind Orte des Männerhandelns, die Frauen werken unter dem Dach, an Bach und Brunnen. Nur spekulieren ließe sich über die geschlechtseigenen Zeitbezüge der Werke und die Verständigungsarten der Männer und Frauen unter ihresgleichen. Über einen spezifischen Ort des *opus textile* wird auch im Zusammenhang mit dem Arbeitsverbot, diesmal nicht am Sonntag, sondern während der Osterwoche, gehandelt: das *gynaeceum*.[34] Die letzte Gruppe von Beschlüssen der Reformsynode von Meaux/Paris (845/846) setzt mit einem österlichen Arbeitsverbot ein. Es besteht im Zentrum aus einer Reihung untersagter *opera,* beginnend mit dem Land-Werk, dem Schmieden, dem Zimmern, dann folgt das *opus gynaeceum,* es schließen sich Maurerei, Malerei, Jagd, Marktgang, Handel, Gericht und Eidleistung an.[35] Hier ist das Gebäude, in dem "hörige Frauen und Mädchen in der Nähe von Fronhöfen Spinn- und

---

34   Die zeitlich am breitesten gestreute Belegreihe ist immer noch bei DU CANGE, Glossarium mediae et infimae latinitatis, Bd. 4-5, S. 144ff., zu finden; die umfassendste Darstellung bei BARCHEWITZ (wie Anm. 2) S. 42-61; Ergänzungen (auch archäologische) bringt Franz IRSIGLER, Divites und pauperes in der Vita Meinwerci. Untersuchungen zur wirtschaftlichen und sozialen Differenzierung der Bevölkerung Westfalens im Hochmittelalter, Vierteljahrsschrift für Sozial- und Wirtschaftsgeschichte 57, 1970, S. 482-488; aus sozial-semantischer Sicht zuletzt: Ruth SCHMIDT-WIEGAND, Der Lebenskreis der Frau im Spiegel der volkssprachigen Bezeichnungen der Leges barbarorum, in: Frauen in Spätantike und Frühmittelalter (wie Anm. 8) S. 195-209, hier S. 200f.

35   MGH Conc. 3, ed. Wilfried HARTMANN, Hannover 1984, Nr. 11, c. 80, S. 126: *Dies quoque octo sacrosancte paschalis festivitatis omnibus christianis feriatos esse decernimus ab omni opere rurali, fabrili, carpentario, gynaeceo, caementario, pictorio, venatorio, forensi, mercatorio, audientiali ac sacramentis exigendis, quatenus eisdem diebus tanto licentius, quanto liberius, omnibus christianis sanctae resurrectionis laudibus et sacrosanctae praedicationi iugiter insistere liceat. Quodsi quis temerare praesumpserit, excommunicetur.*

Webarbeiten für ihren Herrn verrichteten",[36] eingekeilt in die weiter aufgefächerten Terrains der Männerwerke.

Gerade über diese Einrichtung, der man verstreut in allen hier berücksichtigten Zeugnisgattungen - dazu noch den Volksrechten - begegnet, ist in den Kapitularien am ausführlichsten die Rede, dies freilich in spezifischem Sinne. Drei Abschnitte im berühmten *Capitulare de villis* (792/3-800) handeln vom *genitium*.[37] Zum einen wird pauschal bestimmt, daß das, womit sie auszustatten sind, von den königlichen Domänen- bzw. Villikationsverwaltern (*villici*) rechtzeitig zu beschaffen und über den Ertrag Rechenschaft abzulegen ist (c. 31). Diese Bestimmung wird zu Teilen später konkretisiert: "Unseren Frauenarbeitshäusern soll man, wie verordnet, zu rechter Zeit Material (*opera*) liefern, also Flachs, Wolle, Waid, Scharlach, Krapp, Wollkämme, Kardendisteln, Seife, Fett, Gefäße und die übrigen kleinen Dinge, die dort benötigt werden" (c. 43).[38] Es geht hier um bestimmte *materiae* und *utensilia:* die Fasern und Haargespinste, die Mittel und das Zeug zum Färben, Glätten, Reinigen, Geschmeidigmachen.[39] Weder von der Spindel noch vom Webrahmen ist die Rede. In dem Kapitel wird über die laufende Zufuhr gehandelt, über das also bestimmt, was verwandelt und beim Erstellen verbraucht wird, nicht über das beständige Werkzeug. Wenig später (c. 49) geht es um den *ordo* der *genitia*, ihren baulichen Zustand, ihre Abgeschiedenheit (Zaun, Tür), damit die Frauen

---

36   Werner RÖSENER, Gynäceum, in: Lexikon d. Mittelalters Bd. 4, München 1989, Sp. 1811.

37   Capitulare de villis. Cod. Guelf. 254 Helmst. der Herzog August-Bibliothek Wolfenbüttel, hg. v. Carlrichard BRÜHL (Dokumente zur deutschen Geschichte in Faksimiles, Reihe I, Bd. 1) Stuttgart 1971, c. 31, S. 58; c. 43, S. 59f.; c. 49, S. 60; die jüngste, von Kapitel zu Kapitel fortschreitende Auslegung, die hier auch verglichen wurde, ist: Barbara FOIS ENNAS, Il "Capitulare de villis", Mailand 1981, S. 118f., 142-146, 159.

38   *Ad genitia n(ost)ra, sic(ut) institutum e(st), opera ad te(m)pus id est linu(m), lanam, vvaisdo, vermiculo, vvarentia, pectinos laninas, cardones, sapone(m), unctum, vascula (ve)l reliqua minutia, quae ibidem necessaria sunt.* Die Übersetzung stammt von Günther FRANZ, Quellen zur Geschichte des deutschen Bauernstandes im Mittelalter (Ausgewählte Quellen zur deutschen Geschichte des Mittelalters. Freiherr-vom-Stein-Gedächtnisausgabe 31) Darmstadt 1967, S. 51.

39   Modernerweise heißen diese Dinge ja Roh- und Werk-"Stoffe". Die Frühgeschichte des Wortes "Stoff" ist ausweislich einschlägiger etymologischer Wörterbücher unklar. Übersehen wurde wohl bislang eine erhellende Passage aus dem Hofrecht von Münchweier (um 1100) (Abdruck und Übersetzung bei FRANZ, Quellen, wie Anm. 38, Nr. 64, c. 18, S. 164f.): *Uxor eiusdem* (Vollhufner) *debet intrare caenobium et accipere a praeposito monasterii lanam sive linum, paratum ad colum* (Spinnrocken)*, et unum panem ... et eminam vini, id est 'stoff'; et inde parabit telam sive pannum...* Der "Stoff" umfaßt hier dem Ähnliches, was in c. 43 des Capit. de villis aufgeführt ist.

gut untergebracht sind und die *opera* ungestört vorankommen.[40] Was dort entsteht, wird nicht gesagt. Im Abschnitt 19 des Aachener Kapitulars Karls des Großen, erlassen zwischen 801-813, das ebenfalls vom *bonus vilicus* handelt, ist dies deutlicher ausgesprochen: "Die Frauen, die uns zu Diensten sind, sollen von uns Wolle und Flachs bekommen und daraus Woll- und Leintücher weben."[41] Dafür hat der Verwalter zu sorgen; das einzuschärfen, ist der Zweck der Verordnung.

In den Kapitularien, so läßt sich zusammenfassen, werden von engen Fragen aus die Geschlechterwerke geschieden. Dabei gilt: Je genauer man wird, desto mehr kommen die *opera feminilia* zu Wort, doch bleiben die Bestimmungen im Rahmen oder Umkreis des *opus textile*; die Männerwerke sind und bleiben ausführlicher (natürlich nicht vollständig) beschrieben und führen in Bereiche außerhalb des direkten Unterhaltshandelns; alle *opera* gelten als Dienst (*servitium*).

Grundherrliche Verzeichnisse

Bis heute gibt es weder eine auf Vollständigkeit bedachte noch die Einzelformen befriedigend ordnende Quellenkritik der grundherrlichen Verzeichnisse aus dem früheren Mittelalter (6.-11. Jh.).[42] Die Gründe dafür sind vielfältig und können hier nicht erläutert werden. Um an die Fragen zum *opus feminile* heranzukommen, bedarf es jedoch einiger systematischer Bemerkungen. Im Gegensatz zu den Kapitularien sind die Angaben in den grundherrlichen Verzeichnissen ortsgebunden gestaltet. Was an Gütern und Leuten sowie den Rechten an ihnen beschrieben ist, bezieht sich auf namhaft gemachte Orte

---

40 *Ut genitia n(ost)ra bene sint ordinata, id (est) pislis, teguriis, id (est) sceonis et sepes de casis, bonas in circuitu habeant et portas firmas, qualit(er) opera nostra bene p(er)agere valeant.*

41 Capit. 1, Nr. 77, c. 19, S. 172: ... *Et ut feminae nostrae, quae ad opus nostrum sunt servientes, habeant ex partibus nostris lanam et linum, et faciant sarciles et camisiles....*

42 Noch immer grundlegend: Emile LESNE, Histoire de la propriété ecclésiastique en France, Bd. 3 (L'inventaire de la propriété) Lille 1936, S. 1-30; den weiteren Gang der Forschung dokumentieren: Wolfgang METZ, Zur Geschichte und Kritik der frühmittelalterlichen Güterverzeichnisse Deutschlands, Archiv für Diplomatik 4, 1958, S. 183; Robert FOSSIER, Polyptyques et Censiers (Typologie des Sources du Moyen Age Occidental 28) Turnhout 1978; Yosiko MORIMOTO, État et perspectives des recherches sur les polyptyques carolingiens, Annales de l'Est 50, 1988, S. 99-149; Dieter HÄGERMANN, Quellenkritische Bemerkungen (wie Anm. 6).

(meist als *villa N.* bezeichnet): "In Wetteldorf sind..." usf. Weiter wird selbst in den knappsten Verzeichnissen der örtliche Besitz sachlich und numerisch geordnet: "... 1 Herrenhof, 10 Freienhufen, 1 Mühle..." usf. Ob nun das *opus feminile* überhaupt erwähnt wird und dann an welcher Stelle und wie ausführlich, hängt von der weiteren Differenzierung der *descriptio* ab. Die Kategorien, mit denen Frauenwerke implizit oder explizit in die Beschreibung eingehen, sind die ständische Zuordnung von Gütern, Leuten und Leistungen, die ausführliche Aufzählung der jährlichen Leistungen und Pflichten und die namentliche Auflistung der Abhängigen (*familia*). In jedem grundherrlichen Verzeichnis ist dies anders durchgeführt, keines gleicht dem andern, obgleich sich viele ähneln. Diese Ausgangslage verbietet uns, alles in den Güter- und Einkunftsverzeichnissen (Polyptychen, Urbare, Zinsregister usf.) Auffindbare zum System "der" Frauenarbeit zusammenzufügen.[43] Vielmehr soll an einigen Beispielen gezeigt werden, wieviel im konkreten Fall vom *opus feminile* zur Sprache kommt und welche Aussagekonstellationen eine Annäherung an das Kaum- oder Nicht-Beschriebene erlauben.

Beginnen wir mit einem vielzitierten Zeugnis, dem Inventar des Klosters Staffelsee (Obb.), das wohl gegen 810 entstanden ist.[44] Die *descriptio* besteht aus drei Teilen. Zuerst wird das Inventar der Michaelskirche aufgenommen, dann folgt der Herrenhof (mit Gebäuden, Ländereien, Vorräten, Viehbestand, Gerätschaft, Frauenarbeitshaus, Mühle), abschließend die zu ihm gehörigen freien und unfreien Hufen (*mansi ingenuiles/serviles*), insgesamt 42, mit ihren Abgaben und Diensten. Eine recht ausführliche Aufnahme also, allerdings fehlen die Personennamen - das Inventar ist ein anonymer Text. Dreifach wird in ihm aufs *opus feminile* Bezug genommen: Es gibt dort ein *genitium*, "in dem 24 Frauen sind und in dem wir 5 Wolltücher mit 4 Fußlappen und 5 Leintüchern aufgefunden haben"; unter den jährlichen Abgaben der Freienhufe sind "ein abgewogenes Bündel Lein für die Werkstube" sowie "ein Sester Leinsamen"; und am Ende des Pflichtenkatalogs der unfreien Hufe steht die Bemerkung: "Seine (des Hufeninhabers) Frau aber macht ein Leintuch und

---

43 So BARCHEWITZ (wie Anm. 2) S. 24ff. (Hauptteil). Diese Darstellung behält deshalb ihren hohen Wert, weil sie geradezu die Voraussetzung für den Weg bildet, der hier eingeschlagen wird!

44 Bester Druck: Capitulare de villis (wie Anm. 37) S. 49-51; besser erreichbar: MGH Capit. 1, Nr. 128, c. 2-8/9, S. 250-252; jüngste Analyse: Konrad ELMSHÄUSER, Untersuchungen zum Staffelseer Urbar, in: Strukturen der Grundherrschaft (wie Anm. 6) S. 335-369.

ein Wolltuch, sie stellt Malz her und backt Brot."[45] Inventare von *genitia* sind in den grundherrlichen Inventaren äußerst selten;[46] die erste der drei Auskünfte ist also ungewöhnlich in ihrer Art, immerhin gibt sie einen Eindruck von der Größe des *genitium*. Die beiden anderen dagegen sind typisch für viele Register. Schauen wir deshalb noch etwas genauer hin. Die Abgaben und Dienste sind hier auf die Hufe radiziert. Die Freienhufe zinst Getreide, Ferkel, Leintuch, Hühner, Eier, Leinsamen, Linsen, sie werkt 5 Wochen im Jahr, bestellt 3 Morgen, schneidet auf der Herrenwiese 1 Fuder Heu und bringt es ein, leistet Botendienst. Ähnlich, aber auch anders, die unfreie Hufe: Sie zinst Ferkel, Hühner, Eier, und sie füttert 4 Ferkel der Herrschaft durch, bestellt einen halben Acker, werkt drei Tage pro Woche, leistet Botendienst, stellt jährlich ein Packpferd - dann folgt in der Aufzählung das *opus textile* "seiner Frau" sowie deren Brau- und Backdienste. Mehrere Schlüsse sind nun möglich. Im auf die Hufe radizierten Pflichtenkatalog ist jede einzelne Leistung im Prinzip verdinglicht, sie hängt am "Betrieb". Insofern ist meist kaum ersichtlich, welchem Geschlecht sie zukommt. Darum ging es der registrierenden Instanz in der Regel eben nicht, es kam primär auf die Dauerhaftigkeit des jährlichen Ertrags an, weniger auf seine wechselnden "Lieferanten". Doch wird diese Tendenz zur Verdinglichung der Lasten immer wieder gebrochen, wenn rechtsständisch begründete Distinktionen bedacht sein wollen. Für die Schriftkundigen, die in Staffelsee inventarisierten, war es wichtig, den Unterschied im *opus textile* zwischen den beiden Hufen festzuhalten; die Frauen auf den freien Hufen zinsen Lein und Leinsamen, die der unfreien Woll- und

---

45   C. 7: *Est ibi genitium, in quo sunt feminae XXIV; in quo repperimus sarciles V, cum fasciolis IV, et camisiles V;* c. 8: *de lino ad pisam seigam I, ... de semente lini sextarium I. ... Uxor vero illius facit camisilem I et sarcilem I, conficit bracem et coquit panem.*

46   Das gründet darin, daß ausführliche Inventare der Herrenhöfe (d.h. ihrer einzelnen Gebäude) nicht im Zentrum des Interesses standen. Es ging vor allem um die Ländereien und insbesondere um solche in der unmittelbaren Nutzung der *familia,* also um die Hufen und deren jährliche Pflichten und Erträge. Ob am beschriebenen Ort ein *genitium* bestand, ist dann erschließbar, wenn textile Abgaben oder Dienste so beschrieben sind, daß man deren Vollzug im Rahmen der Hufen-Arbeit ausschließen kann. Dies ist noch zu wenig getan worden. Mit Bemerkungen, wie man sie im karolingischen Güterverzeichnis der Abtei Fulda (kurz vor 830 entstanden) findet, könnte man anfangen: *Mulieres. XV. que singulis annis XV mappas. mensalia et manutergia operantur. que genez dicuntur; una femina cum puellis debet operari opus lineum fuldensi monasterio* (Traditiones et antiquitates Fuldenses, hg. v. Friedrich Johann DRONKE, Fulda 1844, c. 44, 18, 50; S. 126, 127f.). Zu diesem Register jüngst: Ulrich WEIDINGER, Untersuchungen zur Grundherrschaft des Klosters Fulda in der Karolingerzeit, in: Strukturen der Grundherrschaft (wie Anm. 6) S. 247-265.

Leintücher - eventuell hatten sie sie im *genitium* zu weben, neben den dortigen hofhörigen *feminae*.

Das *opus textile* teilt sich, so kann man verallgemeinern, im früheren Mittelalter, von Ort zu Ort variierend, ins unfreie Web-Werk und den freien Woll- oder Leinbündel-Zins. Das sind freilich Extreme.[47] Die Tendenz geht hin zur Ausgleichung, zur ständischen Nivellierung. Das bedeutet meist die Verlagerung des Webwerks in die Hufenbetriebe, daneben aber auch die Umwandlung der Tuchabgaben in Geldzinse - den eingangs zitierten Belegen aus der Grundherrschaft Lorsch könnte man leicht weitere aus vielen Grundherrschaften zur Seite stellen.[48] Wenn die Zuordnung des *opus textile* zur Hufnerin erfolgt, dann entsteht eine Situation, die man vielleicht mit dem Lüften eines Vorhangs vergleichen kann: Zum Textilwerk gehören dann wie von selbst weitere Werkgänge wie das Sammeln von Scharlachwürmern, das Waschen der Schafe, das Raufen, Brechen, Wässern, Dörren, Säubern und Hecheln des Flachses, nach dem Spinnen und Weben dann das Nähen, Ausbessern und Waschen der *vestimenta*.

Auch die Resultate des *opus textile* nehmen vielfache Zinsgestalt an; neben den *camisiles* und *sarciles* werden in den Registern Wörter für die Tuche

---

47   Der Gegensatz ist besonders scharf ausgebildet in c. 6 des karolingerzeitlichen Urbars des Klosters Weißenburg (Elsaß) von vor 818/9. Dort stehen sich in Pfortz 33 Hufen, mit Unfreien (*servi*) besetzt, und 38 Hufen, mit Freien (*liberi homines*) besetzt, gegenüber. Im Pflichtenkatalog der Freien werden deren *femine* explizit vom *servitium* ausgenommen, während die *femine* der *servi* ein *camisilis* (10 Ellen lang, 4 Ellen breit) jährlich herzustellen haben: Liber Possessionum Wizenburgensis, ed. Christoph DETTE (Quellen und Abhandlungen zur mittelrheinischen Kirchengeschichte 59) Mainz 1987, S. 106. Festschreibungen der Leinabgabe an freie, Stoffherstellung an unfreie Hufen findet man z. B. im Polyptychum der Abtei St. Peter in Lobbes (868/9): Le polyptyque et les listes de biens de l'abbaye Saint-Pierre de Lobbes (IXe-XIe siècles), ed. Jean-Pierre DEVROEY (Commission Royale d'Histoire) Brüssel 1986, bes. S. 14f.; nahezu ebenso im Teilurbar des großen spätkarolingischen Registers aus Prüm (von 893), das die Dotation des Filialklosters St. Goar darstellte: Das Prümer Urbar, ed. Ingo SCHWAB (Rheinische Urbare 5. Publikationen der Gesellschaft für Rheinische Geschichtskunde 20) Düsseldorf 1983, c. 103-111, S. 245-248.

48   Im Register von St. Bertin (844-859) unterscheidet sich die *opus textile*-Abgabe zwischen freien und unfreien Hufnerinnen nur noch quantitativ: Le polyptyque de l'abbaye de Saint Bertin, ed. François-Louis GANSHOF u.a. (Mémoires de l'Institut National de France. Académie des Inscriptions et Belles-Lettres 45) Paris 1975, S. 75ff. Im Urbar des Klosters Kitzingen/Franken (11. Jh.) ist das *opus feminarum* weitgehend zum Pfennigzins (11-16 Denare) konvertiert: Erich Frhr. von GUTTENBERG, Fränkische Urbare, Zeitschrift für Bayerische Landesgeschichte 7, 1934, S. 167-208, hier: S. 184-187. Die Geschichte der ständischen Nivellierung des *opus textile* und seiner Wandlung in Geldrente ist gleichwohl noch zu schreiben.

benutzt, die von der Forschung bisweilen kaum zu deuten sind.[49] Für hufenlo-
se Frauen kann das *opus textile* namengebend werden: In den Registern der
Abteien St. Peter in Lobbes und Saint-Amand-les-Eaux werden sie *camsiliariae*
genannt.[50]

Aber nicht nur das. Immer wieder wird - wie mit den Back- und Braudiensten
der Servilhufnerinnen von Staffelsee - ersichtlich, daß den *uxores* manches
Weitere für die Herrschaft obliegt, nicht nur das *opus textile.* Greifen wir, um
dies zu belegen, einige Kapitel aus dem Prümer Urbar heraus. Aus der
Beschreibung des Besitzes in Weinsheim (c. 32) geht hervor, daß die Hufnerinnen zu wachen haben - wahrscheinlich am Herrenhof; aus der Domäne in
Remich (c. 33), daß sie ein Beet im Herrengarten bestellen. Bei den Hufnerinnen in Mötsch (c. 23) kommt alles Genannte zusammen: breit gefächertes
opus textile, Gartenarbeit, Wach-, Back- und Braudienst, eventuell auch Eicheln
und Beeren sammeln, ja Wein und Salz verkaufen. Ähnlich ist es in Iversheim
(c. 55).[51] Hat man erst einmal die Vielheit der Dienste im Auge, die als fraueneigene in Frage kommen, dann teilt sich, was als verdinglichter Pflichtenkanon
der Hufe aufgeführt ist, oft deutlich auf. Aber mit der impliziten Trennung der
Tätigkeiten und ihrer Variationen von Domäne zu Domäne ist es nicht getan.

---

49   Nur im Register von St. Bertin (Anm. 48) belegt ist das Wort *ladmon;* das keltische
     Wort *drap(pus)* kommt im großen Polyptychum von Saint-Germain-des-Prés vor:
     Polyptyque de l'Abbaye de Saint-Germain-des-Prés rédigé au temps de l'abbé Irminon,
     ed. Auguste LONGNON, Bd. 2, Paris 1885, XI,13, S. 161; zu den *mappae* s.o. Anm. 46;
     in den Registern von St. Emmeram/Regensburg und Corvey - beide 11. Jh. - ist
     durchgehend vom *pannum* die Rede: Hans Heinrich KAMINSKY, Studien zur Reichs-
     abtei Corvey in der Salierzeit (Veröff. d. Historischen Kommission Westfalen 10) Köln-
     Graz 1972, S. 193-222; Philippe DOLLINGER, Der Bayerische Bauernstand vom 9. bis
     zum 13. Jahrhundert, München 1982, S. 455-463. Wenn diese "Tücher" bemessen
     werden, dann in Ellen; meist ergeben sich erstaunlich große Tücher von 3-4 Ellen Breite
     und 10 Ellen Länge (so im Weißenburger Register, wie Anm. 47).

50   Polyptychum v. Lobbes (wie Anm. 47) S. 15; das Registerfragment von Saint Amand,
     entstanden zwischen 821 und 871, ist jüngst kritisch ediert von Dieter HÄGERMANN/
     Andreas HEDWIG, Das Polyptychon und die Notitia de Areis von St. Maur des Fossés:
     Analyse und Edition (Beihefte der Francia 23) Sigmaringen 1990, S. 103-105, S. 104:
     Sunt ibi [d.h. in Tournai] *camsilariae. VI., quae redimunt camsiles denariis. VIII. Serviunt
     in aestate* ... (Text bricht ab). Dieter HÄGERMANN, Grundherrschaft und städtischer
     Besitz in urbarialen Quellen des 9. Jahrhunderts (Saint-Maur-des-Fossés, Saint-Remi
     de Reims und Saint-Amand-les-Eaux), in: Mélanges Georges DESPY. Villes et
     campagnes dans l'Occident médiéval, hg. v. Alain DIERKENS u. Jean-Marie DUVOS-
     QUEL, Lüttich 1991 (im Druck), deutet diese Passage in dem Sinne, daß es sich hier
     um "hochspezialisierte" Tuchwirkerinnen handelt, dem frühstädtischen freien Gewerbe
     zugehörig - ein wichtiger Hinweis darauf, wie man sich die Transformation des
     ländlichen *opus textile* ins gewerbliche Dauerhandeln vorzustellen hat.

51   Prümer Urbar (wie Anm. 47) S. 192f., 193f., 179ff., 218f.

Im ausführlich gestalteten Kapitel über die Güter im Weindorf Mehring an der Mosel werden der namentlich genannte Mann und seine namenlose *uxor* sogar getrennt "veranlagt" (c. 24).[52] Dabei wird deutlich, daß die Hufnerin über die bisher genannten Dienste hinaus einen hohen Weinzins entrichtet - sie hat also zweifellos die Regie über eine Weinbergparzelle, von deren jährlichem Ertrag ein Anteil, wahrscheinlich ein Drittel, an die Prümer Mönche geht. Dies kann doch wohl nur bedeuten, daß die Parzelle auch von ihr bestellt wird - vor allem mit der Hacke. Am Pflichtenkatalog ihres Mannes Eurich - verschiedenste Holzzinse (Tonne, Fackeln, Lohbündel, Schindeln), Hühner, Eier, Weinzins, Fuhrdienst (mit Karre und Boot), Arbeiten mit Pflug und Karre auf den Feldern und im Weinberg, Erntedienste - ist ablesbar, daß auch er am Weinbau teilhat, aber ausschließlich ihm der Umgang mit Pflug, Karre und Zugvieh obliegt. Der Abschnitt endet mit der Bestimmung, Mann und Frau (*et vir et uxor*) hätten bei der Heu-, Getreide- und Weinernte für die Herrschaft zu fronen. Dieser Passus zeigt, daß beide Geschlechter sich die Aufgaben im Großen teilen, zu besonderen Terminen aber eng zusammenwirken.[53] Was hier auf Geheiß der Herrschaft geschieht, dürfte ansonsten, also dann, wenn für sich (*ad suum*) gearbeitet wird, die Regel gewesen sein. Die komplementäre Fügung der Geschlechterwerke ist aber im Spiegel der grundherrlichen Forderungen nur selten - wie eben hier - greifbar. Im Rentensoll wurde das Geschlechtstypische eher isoliert gehalten und nicht im Ergänzungsraum des Hufenbetriebs verortet. Man muß derlei jedoch für das tägliche Fortkommen auf der Hufe voraussetzen. Mann und Frau tun jeweils das Ihre, um zusammen mit dem Ganzen auszukommen. Daß diese Komplementarität nicht in "Gleichheit" aufgeht, bezeugt die Beschreibung von Mehring damit, daß Männer und Frauen beim Fronen gestuft beköstigt werden.[54]

Der distingierenden Beschreibungshaltung in den Verzeichnissen ist aber dann noch mehr zu verdanken, wenn die Abhängigen selber namentlich aufgeführt werden. In der *descriptio* der Domäne von Sault-Saint-Remi (Ardennen),

---

52 Ebd. S. 181-87. Zur Interpretation KUCHENBUCH, Trennung und Verbindung (wie Anm. 3) S. 235ff.

53 So auch belegt in der Frondienstordnung der Villikation Friemersheim (bei Duisburg) der Abtei Werden (Ende 9. Jh.): Die Urbare der Abtei Werden a. d. Ruhr, ed. Rudolf KÖTZSCHKE, (Rheinische Urbare 2) Bonn 1906, S. 17f.; pauschale Formeln finden sich in vielen grundherrlichen Verzeichnissen. Vgl. dazu Ludolf KUCHENBUCH, Bäuerliche Gesellschaft und Klosterherrschaft im 9. Jahrhundert. Studien zur Sozialstruktur der Familia der Abtei Prüm (Vierteljahrsschrift für Sozial- und Wirtschaftsgeschichte, Beiheft 66) Wiesbaden 1978, S. 129f.

54 Prümer Urbar (wie Anm. 47) S. 186f.

enthalten im Polyptychum von Saint-Remi in Reims und entstanden kurz vor 848, kommt es mehrfach dazu, daß nicht nur die Abgaben und Dienste zwischen Mann und Frau geteilt sind, sondern auch die Inhaberschaft: "Der Unfreie Dodo hat eine unfreie Hufe inne; er pflügt ..., zinst ...; die Unfreie Petronilla hat die Hälfte dieser Hufe inne; sie zinst ...".[55] Wenn nicht alles täuscht, dann handelt es sich hier um ein gemeinsam haushaltendes Paar, beide sind aber explizite Inhaber der Hufe und separat "veranlagt". Dodo pflügt Anteile des Herrenlandes, front in der Scheune, malzt Getreide (was sonst meist Frauen tun!) und steht für jeden gebotenen Dienst zur Verfügung; weiter zinst er Schindeln, Fackeln, Feuerholz - dies als Entgelt für die Weidenutzung - sowie Hühner und Eier. Petronilla zinst Pfennige, Scharlach, Hühner, Masthühner und Eier. Nur ein geringfügiger Ablösungszins für eine Fronfahrt gilt für beide gemeinsam. Diese Beschreibung ist für eine Handvoll weiterer Hufen verbindlich, soweit ihre Inhaberinnen unfrei sind. Am Ende dieses Abschnitts wird eine *ancilla* Dodelberga aufgeführt, die - offensichtlich allein-stehend - über eine Hofstelle und dazu einen Morgen Ackerland verfügt und dem gleichen Zinssoll unterliegt wie Petronilla.[56]

In der gleichen Domäne sind weitere Frauen Mitinhaberinnen oder alleinige Inhaberinnen von ganzen Hufen - doch hat es den Anschein, als seien sie alleinstehend, egal ob Kinder bei ihnen sind oder nicht. Das könnte zu der Annahme verleiten, es handele sich hier um verwitwete Frauen. Man sollte sich aber vor dieser engen Auslegung der Frauen-Inhaberschaft von Hufen hüten. Immerhin ist auffällig, wie wenige dieser Frauen, die man in jedem Register findet, das das Rentensoll und die Hufe an namentlich Genannte bindet, als Witwe (*vidua*) bezeichnet werden.[57] Kam es denen, die die Verzeichnisse

---

55   Le polyptyque et les listes de cens de l'abbaye de Saint-Remi de Reims (IXe-XI siècles), ed. Jean-Pierre DEVROEY (Travaux de l'Académie Nationale de Reims 163) Reims 1984, S. 50: *Dodo servus tenet mansum servilem I; arat similiter (ut mansi ingenuiles); donat pullos V, ova XXV, faculas V; ligni carrum I; et in banno carrum dimidium pro pasto; ad scuriam operiendam, de stramine dominico colligit et cooperit portionem suam; scindulas LX; facit brazium et omne seruitium sibi iniunctum. Petronilla ancilla tenet medietatem de eodem manso; donat denarios VIII, de vermiculo uncias II, pullos VIII, pastas II, ova L; donant simul pro bove aquensi denarium I.*

56   Ebd. S. 51.

57   Mitinhaberinnen von Hufen bzw. zinspflichtige Frauen sind vereinzelt zu finden im Prümer Urbar (wie Anm. 47) c. 45, S. 206, c. 31, S. 198; im ältesten Werdener Urbar (ca. 890) (wie Anm. 53) S. 24, 28, 31 (dort je eine *vidua*), 32, 36, 39, 44, 45, 63, 65, 69, 78, 80, 86f.; in der Corveyer Heberolle (11. Jh.) (wie Anm. 49) S. 199, 201-205, 208-210; im Churrätischen Urbar (Anfang 10. Jh.?; dazu HÄGERMANN, wie Anm. 6, S. 51f.): Bündner Urkundenbuch, Bd. 1, hg. v. Elisabeth MEYER-MARTHALER/Franz PERRET, 1955, S. 375-396, hier S. 392; in der Notitia de Areis (869) (wie Anm. 50) c. 7f., S. 99;

erstellten, darauf gar nicht an, oder war die alleinstehende Frau (mit Kindern) nicht als das faßbar, was heutzutage als "Witwenstand" gilt? Wie nah die Frau (*uxor*) dem Mann (*vir/maritus*) steht, mit dem zusammen sie auf der Hufe ihr Leben fristet, kommt schon im Gebrauch des Verbs *tenere* (innehaben/halten) in der Beschreibung der Domäne in Sault-Saint-Remi zutage: Einmal hat allein der Mann die Hufe inne, ein anderes Mal sind es Mann und Frau.[58] Noch allgemeiner wird diese Tendenz in den Beschreibungen der Domänen von Ville-en-Selve und Chézy aus dem Reimser Verzeichnis ausgedrückt. Nachdem die Hufen mit ihren namentlich genannten Inhabern sowie ihrem Rentensoll aufgelistet sind, folgt eine Zusammenstellung von namentlich genannten Frauen samt ihrer namenlosen Kinder unter der zusammenfassenden Über-schrift: (Dies sind die) "Frauen, die zusammen mit den oben genannten Männern Hufen innehaben".[59] Gemeinsame Inhaberschaft, im Sinne der Verantwortung für die herrschaftlichen Forderungen zumindest, ist hier explizit gemacht - und zwar zu Lebzeiten der Männer! Kein Wunder, daß im Falle ausführlicherer Verschriftung Frauen schnell an die Stelle von Männern in vielen Verantwortungsbereichen treten konnten, sicher besonders dann, wenn sie im Stande *cum infantibus* waren, d.h. unmündige bzw. ledige Kinder bei sich hatten. Ob die Frau nun ohne Mann (in unserem, sicher nicht angemesse-nen Verständnis "ledig" oder "verwitwet") war oder als *uxor* den *maritus* neben sich hatte - für die Herrschaft war es wichtig, das, was an ihrem Stand und ihrem Wirken haftete, genauso als Anspruch zu sichern wie sie als Stellver-treterin für das Ganze der grundherrlichen Ansprüche an der Hufe verzeichnet zu wissen.

Dementsprechend sind in vielen Registern immer wieder namenlose und namentlich genannte Frauen erfaßt, die, nur mit einer Kate ausgestattet,

---

c. 27, S. 101; im Polyptychum von Saint-Bertin (wie Anm. 48) S. 78, 84, 85. Die Polypty-chen von Saint-Germain-des-Prés und Saint-Remi lasse ich hier weg - sie erforderten eine eigene Untersuchung (dazu Anm. 59).

58   Polyptychum v. Saint-Remi (wie Anm. 55) S. 49: *Hardricus ingenuus, uxor eius Bertedrudis ingenua, tenent mansum. l.; (solvunt) similiter; ... Goderherus ingenuus, uxor eius Gislindis ingenua; tenet mansum dimidium et facit medietatem similiter.*

59   Ebd. S. 10-16. Meine Ausführungen zu diesem Punkt sind mehr als grob. Wie methodisch zu verfahren ist, hat Britta LÜTZOW, Studien zum Reimser Polyptychum Sancti Remigii, Francia 7, 1980, S. 19-99, hier S. 92ff., am Fall der *descriptio* von Courtisols (Polyptychum von Saint-Remi, wie Anm. 55, S.16-29) gezeigt. Ihre um-fassende Untersuchung ("Familie und familia im Rahmen kirchlicher potestas"), in der sie die *Descriptio Mancipiorum* aus Marseille und die *descriptio* der *familiae Sanctae Mariae* aus Farfa mit den beiden westfränkischen Polyptychen (Reims, S. Germain) vergleicht, steht kurz vor dem Abschluß.

selbständig (meist Denare) zinsen und dienen; gleiches gilt auch für Frauen, die ohne erkennbare Habe veranlagt sind; und natürlich sind auch Frauen gemeint, wenn Bestimmungen über interständisches Konnubium oder die Besteuerung des Erbgangs in die Verzeichnisse eingegangen sind.[60] Kein Wunder schließlich, daß nicht nur die Dienst-, Zins- und Inhaberschaftsverhältnisse, sondern auch das Namensgut in den grundherrlichen Verzeichnissen den hohen Beteiligungsgrad der Frauen in Domäne und Hufe spiegelt. Der Usus, elterliche Namensteile an die Kinder weiterzugeben, spiegelt dies deutlich. Auch am "Familienbewußtsein" also - so drückt Hans-Werner Goetz sich aus - wirken die *feminae* und *uxores* gestaltend mit.[61]

Resümieren wir nur kurz. Auch die grundherrlichen Verzeichnisse enthalten das *opus textile*. Sie liefern zudem wichtige Ergänzungen des textilen Tätigkeitsfeldes, teilweise in ständischen, teilweise in naturräumlichen Unterschieden gründend. Sie führen jedoch auch erheblich darüber hinaus und in ganz andere Tätigkeitsbereiche: Das *opus feminile* ist oft weiter gesteckt als das *opus textile*. Und es ist dehnbar, wahrscheinlich dehnbarer als das *opus virile*.[62] Welches Verhältnis zwischen den "Kernbereichen" der Geschlechterwerke besteht, welche Handlungsbereiche beidseitig zugänglich bzw. besetzbar sind, kann wohl kaum generell beantwortet werden. Dem ist auch die Sichtweise in den Registern im Wege, derzufolge, wenn sie schon nicht auf den verdinglichten Bestand abstellt, die Trennung der Geschlechterwerke

---

60   Ich belege dies nur exemplarisch am Prümer Urbar (wie Anm. 47) c. 24, S. 187: *femine de ipsius villa, que a nobis non habent, ibi residentes in propriolo suo, solvunt de vino modios .V., et si propriolo non habent, nichil solvunt*; c. 45, S. 207: *Abse femine ex nostra familia, sive infra potestate nostra sint sive extranea, solvit unaquaque linum fusa .XXX.*; c. 33, S. 194: *Ad missam sancti Remigii debet denarios .V. propterea, quia femine fiscaline servos acceperunt et idcirco istos denarios solvunt*; c. 55, S. 219: *Si quis obierit, optimum, quod habuerit, seniori datur, reliqua vero cum licentia senioris et magistri disponit in suos.* Aus den beiden zuletzt belegten Zinsformen werden im hohen Mittelalter die Heirats- und Todfall.

61   KUCHENBUCH, Bäuerliche Gesellschaft (wie Anm. 53) S. 81ff.; Hans-Werner GOETZ, Zur Namengebung bäuerlicher Schichten im Frühmittelalter. Untersuchungen und Berechnungen anhand des Polyptychons von Saint-Germain-des-Prés, Francia 15, 1987, S. 852-877.

62   Shulamith SHAHAR, Die Frau im Mittelalter, München 1981, S. 207, hat, gestützt auf spätmittelalterliche Zeugnisse, die Existenz einer beidseitig klaren Arbeitsteilung auf dem Land mit dem Argument in Zweifel gezogen, den Frauen seien (bis auf die Schäferei) alle Aufgaben zugemutet und aufgeladen worden; nur für die Männer habe es die deutliche Ausgrenzung bestimmter Tätigkeitsbereiche gegeben. Dieser wichtige Gedanke konnte hier nicht verfolgt werden, weil die Details der grundherrlichen Register nicht mit den Verhältnissen bei den Bauern selbst gleichgesetzt werden dürfen.

gegenüber ihrer Komplementarität favorisiert wird. Was auf der Hufe geschieht, bleibt weitestgehend verborgen. Immerhin aber zeigen die Inhaberschaftsverhältnisse, wie nah die Frau hinter dem Mann, wie sichtbar sie neben ihm steht, was sie hat, was sie zinsen muß - und kann. Ein eigenständiger und hoher Anteil am Pflichtenkreis für die Herrschaft ist evident; ob er auf die internen Verhältnisse übertragbar ist, bleibt zu fragen.

Urkunden

In Urkundenform überlieferte Übertragungen von Gütern gleichen grundherrlichen Verzeichnissen darin, daß die Objekte der Schenkung, der Leihe, des Tauschs oder Kaufs[63] als örtlich gebundene beschrieben werden. Da mit der Urkunde der Akt der Übertragung schriftlich bezeugt wird, sind sie in der Regel präziser datiert und mit Bekundungen ausgestattet, die für die Rechtmäßigkeit der Tradition bürgen; einer erschöpfenden Beschreibung der Objekte dagegen bedarf es nicht. Wer Urkundenbestände frühmittelalterlicher Klöster und verwandter geistlicher Einrichtungen daraufhin sichtet,[64] was sie zum Unterhaltshandeln beibringen könnten, stellt schnell fest, daß es im wesentlichen nur um Indirektes gehen kann. Nicht Handlungen werden geschildert, sondern dingliche Ausstattungen, soziale Gruppierungen - also Voraussetzungen und

---

63 Andere Urkundenarten - Besitzbestätigungen, Konzessionen von Gericht/Immunität, Zoll usf. - sind hier beiseitegelassen, Freilassungen in den Schutz von geistlichen Einrichtungen aber berücksichtigt.

64 Gesichtet (zum Teil nur stichprobenartig) wurden folgende Urkundenbücher: Traditiones Wizenburgenses. Die Urkunden des Klosters Weissenburg 661-864, ed. Anton DOLL (Arbeiten der Hessischen Historischen Kommission Darmstadt) Darmstadt 1979 (= TW); Urkundenbuch zur Geschichte der jetzt die Preussischen Regierungsbezirke Coblenz und Trier bildenden mittelrheinischen Territorien, Bd. 1, ed. Heinrich BEYER, Koblenz 1860 (= MUB); Cartulaire de l'Abbaye de Gorze, ed. Armand d'HERBOMEZ (Mettensia 2) Paris 1898 (= CAG); Urkundenbuch für die Geschichte des Niederrheins in 4 Bänden, ed. Theodor Josef LACOMBLET, Düsseldorf 1840 (ND. Aalen 1966) (= LAC); Diplomata Belgica ante Annum Millesimum Centesimum Scripta, ed. Maurits GYSSELING/Anton Carl Frederik KOCH (Bouwstoffen en Studien voor de Geschiedenis en de Lexicografie von het Nederlands 1) Brüssel 1950 (= DB); Urkundenbuch der Reichsabtei Hersfeld, Bd. 1, ed. Hans WEIRICH (Veröff. d. Histor. Kommission f. Hessen u. Waldeck 19,1) Marburg 1936 (= HUB); Urkundenbuch des Klosters Fulda, Bd. 1, ed. Edmund E. STENGEL (Veröff. d. Histor. Komm. f. Hessen u. Waldeck 10,1) Marburg 1958 (= FUB); Camillus WAMPACH, Geschichte der Grundherrschaft Echternach im Frühmittelalter, Bd. 1,2: Quellenband, Luxemburg 1930 (= EUB); Codex Laureshamensis (wie Anm. 6) (= CL); Die Traditionen des Hochstifts Freising (744-1283), ed. Theodor BITTERAUF (Quellen u. Erörterungen zur bayerischen und deutschen Geschichte, N.F. 4/5) München 1905-1909 (ND. Aalen 1967) (= THF).

Umstände der Arbeit. Der Ort, wo derlei in den Urkunden beschrieben wird, sind die Pertinenzformeln und -sätze in den dispositiven Urkundenabschnitten. Diese Aufführung der hauptsächlichen Objekte und ihres "Zubehörs" ist in der Urkundenlehre bislang recht stiefmütterlich behandelt.[65] Alles kommt darauf an, wie ausführlich jedes einzelne Stück - sei es nach einem Urkundenformular oder frei - gestaltet ist. Wieder gilt der banale Grundsatz: je genauer die Beschreibung, desto größer die Chance, daß etwas zu den *opera* der Frauen zum Vorschein kommt.

Urkunden, in denen die als Zubehör mit übereigneten Unfreien *(mancipia utriusque sexus XII o.ä.)* zahlenmäßig erfaßt sind, helfen nicht weiter. Fragen nach den Bedingungen und Bereichen der Geschlechterwerke ergeben erst Sinn, wenn zusätzliche Angaben in zwei Richtungen gemacht sind: wenn die Namensnennung der Übereigneten und/oder ihre Zuordnung zu verschiedenen Typen des Besitzes erfolgt. Nur sehr selten ist eine Urkunde so genau gefaßt, daß sie auch die Zuordnung von Frauen zu einem *genitium* in einer *curtis* enthält.[66] Wesentlich öfter begegnet die Gruppierung der namenlosen *mancipia* (oder *servi* usf.) zum Salhof bzw. zum Hufenbesitz.[67] Wichtiger aber sind für uns die Namensinventare, die Aufzählungen von *mancipia denominata*. Schon aus solchen von ihnen, die keine zusätzlichen Bestimmungen enthalten, ergibt sich eine dichte Namensverfilzung; sie signalisiert, was in vielen Einzelfällen die Beobachtung aus den grundherrlichen Registern bestätigt: Auch die Frauen haben an der Praxis der Namenstradition maßgeblichen Anteil.[68] Aber nicht nur das Namensgut, sondern auch die Gruppierungsweise der Namen kann aufschlußreich sein, insbesondere dann, wenn zusätzlich zu den Namen selbst Wörter treten, die engere Beziehungen der Genannten zueinander ausdrücken. Im Vordergrund steht dabei eine Figuration, die heutzutage "Kernfamilie" genannt wird: der Mann, die Frau und die Kinder. Greifen wir mehr oder weniger beliebig eine Weissenburger Urkunde heraus, eine Unfreien *(mancipia)*-Schenkung von 737. 29 namentlich Genannte sind nach folgendem

---

65   Die ergiebigste Abhandlung hierüber stammt von Dietrich LOHRMANN, Formen der Enumeratio bonorum in Bischofs-, Papst- und Herrscherurkunden (9.-12. Jh.), Archiv für Diplomatik 26, 1980, S. 281-311.

66   THF (wie Anm. 64) 1045 (von 908): *curtam unam ... cum omnibus ad illam pertinentibus ..., atque de genetio ancillas XII.*

67   Z. B. EUB (wie Anm. 64) 17 (von 710), 20 (von 712), 31 (von 721/22) u.ö.; THF 46 (von 772).

68   Pauschal: TW (wie Anm. 64) 2 (von 742), 193 (von 764); genauer: TW 108 (von 766), 79 (von 768/71-92), 93 (von 777), 96 (von 779).

Schema gruppiert: "Chroacario mit seiner Frau Gaila und mit ihren Kindern".[69] Die Reihe beginnt mit einem Männernamen; es folgen eine namentlich genannte *uxor*, dann die namenlosen und ungezählten Kinder. In der Urkunde sind 18 Männer und Frauen in diese Sequenz gebracht, 6 Frauen mit ihren Kindern haben keinen Mann vor, 2 Männer mit ihren Kindern keine Frau nach sich, und 3 Männer sind ohne Frau und Kind erfaßt. Dieses Schema ist in den verschiedensten Variationen im frühmittelalterlichen Urkundenbestand zu finden.[70] Es drückt zum einen eine klare Bezeichnungsrichtung aus: Sie geht vom Mann zur Frau und dann zu den Kindern. Der Mann ist so selbstverständlicher Ausgangspunkt, daß dieser nicht als solcher, also als "Mann" (*vir, maritus, uxoratus, coniux*) bezeichnet wird, sondern nur namentlich (oder als *servus* - das heißt ständisch qualifiziert) erscheint, die folgende, nicht immer namentlich genannte Frau jedoch fast immer als "Frau" (*uxor, coniux*) des Vorangehenden. Wie im Falle der Inhaberschaftsverhältnisse in den grundherrlichen Verzeichnissen sollte auch hier Vorsicht geboten sein, diese Aufzählungsweise als Inventarisierung von Ehepaaren samt ihren Kindern im Sinne heutiger Kern- oder Kleinfamilien zu identifizieren. Das Risiko wäre groß, nicht nur Partnerschaftsnormen und Gleichheitspostulaten aufzusitzen, sondern auch zu unterschätzen, was diese Reihenfolge für das Verhältnis zwischen den namentlich genannten *uxores* oder den nur namentlich genannten Frauen zu "ihren" Kindern (*infantes, parvuli, filii, filiae, familia, proles, procreatio, progenies*) bedeutet. Meines Wissens folgen die Kinder nie direkt auf den Mann, wenn eine *uxor* vorhanden ist. Zwischen den Kindern - bis zu welchem Alter, ist solange ungewiß, wie die Bezeichnungen für die Nachkommenschaft in Urkunden nicht rechtsgeschichtlich präzisiert sind - und dem Mann rangiert unverrückbar die Frau. Hält man hinzu, wie häufig Mütter mit Kindern ohne

---

69   TW 241: *... Charilaigo cum uxore suae Amalgardus, una cum infantis eorum, Chroacario cum uxore suae Gailane et cum infantis eorum, Chroadmundo una cum infantis suis, Leupgysu cum uxore suae Faginhildus et cum infantis eorum, Ualtgysu una cum infantis suis, Uualgeru cum uxore sua Uettani et cum infantis eorum, Analgunde cum infanti suo, Theutmundo cum uxore sua Leutplinde et cum infantis suo, Chrorioho cum uxore sua Uinididane cum infantis eorum, Gaila cum infanti suo, Leutriho cum uxore sue Amaldrude et infantis eorum. Uuolfgero cum uxore sue Amalsuinde et cum infantis eorum. Christiano cum uxore sue Baldhilde et cum infantis eorum, Ercansuinde cum infantis suis, Alihila cum infanti suo, Amalgiso, Eburoho, Chrosculfus, Tettane cum infantis suis, Alpinde una cum infantis suis sex ...* Die entstellenden Kasusverhältnisse hat DOLL (ebd.) im einzelnen aufgeklärt.

70   Eine Auswahl: CAG (wie Anm. 64) 87 u. 89 (von 910); THF 86 (von 777); MUB 52 (von 820), 59 (von 831), 119 (von 881); FUB 172 (von 786); HUB 35 (von 835-63); CL 615 (von 792). Wichtig für künftige Forschung wird sein, wie die Registrierungen im Detail (Konjunktionen, Präpositionen, Possessivpronomia usf.) gestaltet sind.

Männer registriert sind,[71] dann darf geschlossen werden, daß sich in der
ausführlicheren Verzeichnisweise der Urkunden eine engere Bindung der
infantes an die Frau als an den Mann manifestiert. Dieser Schluß mag inhaltlich
banal sein, methodisch - und darauf kommt es in der Historie als Wissenschaft
an - ist er bedeutsam, denn damit wäre ein bislang noch kaum beachteter
Belegkorpus für dasjenige Frauen-Werk in Händen, mit dem Eva in der
Heiligen Schrift und im Bildsymbol der Schriftkundigen des Mittelalters nach
der Vertreibung beauftragt wurde: dem Gebären und Nähren der Nachkommen, der Sorge um die "Erben". Dieser so mühselige und gefährdende Bereich
des Unterhaltshandelns wird natürlich auch in normativen Quellen berührt. Zu
denken ist an die Bedeutung der Gebärfähigkeit für die Taxierung von
Frauenbußen in den Volksrechten.[72] Und auch die grundherrlichen Register,
soweit sie Hörigeninventare enthalten, haben hierzu noch Unschätzbares zu
bieten.[73] Allen Überlieferungsgattungen aber mangelt es an einer terminologi-
schen Fassung dieses Bereichs. Weder als *labor matris*, noch als *opus uxoris*
oder gar als *ars mulieris* ist er zu greifen. Eine genauere Befassung mit dieser
"Lücke" steht noch aus.[74]

---

71   Sicher geht dies zu guten Teilen auf Verwitwung zurück, ebenso können aber auch
      weniger verbindliche und dauerhafte Geschlechtsgenossenschaften sowie die Trennung
      aus eigenem Entschluß oder auf herrschaftliche Veranlassung hin der Grund für den
      Status der Frauen mit Kindern, aber ohne Männer sein. Mir ist so gut wie kein
      Manzipieninventar begegnet, in dem die Frauen mit Kindern gegenüber den Männern
      mit Kindern nicht in der Überzahl gewesen wären. Z. B. MUB (wie Anm. 64) 41 (von
      804), 120 (von 886); CL 324 (von 778), 746 (von 807); TW 71 (von 774); LAC 84 (von
      907).

72   Vgl. hierzu den Beitrag von Gabriele von OLBERG, Aspekte der rechtlich-sozialen
      Stellung der Frauen in den frühmittelalterlichen Leges, in: Frauen in Spätantike und
      Frühmittelalter (wie Anm. 8) S. 221-35; dort (S. 211-220) auch der nützliche Überblick
      von Raymund KOTTJE, Eherechtliche Bestimmungen der germanischen Volksrechte
      (5.-8. Jahrhundert).

73   Ich verweise hier auf die in Anm. 59 angekündigte Arbeit von Britta LÜTZOW.

74   Eine Vermutung, die mich leiten würde, sei hier nicht vorenthalten: Da die Nachkommen
      der grundherrlich Eingebundenen im früheren Mittelalter in der Regel weder als Beute
      oder Ware beschafft und verbraucht bzw. verhandelt wurden noch als frei verfügbares
      Sachgut galten, sondern ihren Eltern oder den lokalen Stellvertretern der Herrschaft
      überlassen blieben, richtete sich die Erfassung und Beschreibung sowohl im Falle des
      Besitzwechsels (Urkunde) als auch im Falle der ertragsorientierten Bestandsaufnahme
      (grundherrliches Verzeichnis) nicht auf die Frauen in ihrer Eigenschaft als gebärfähige
      und die Nachkommen nährende und pflegende Instanz. Weder die fruchtbare Frau
      noch die Mutter und die Kinder galten als entscheidende Appropriationsobjekte. Es
      ging eben vorrangig um die "agrarischen" Geschlechter-Werke in Verbindung mit dem
      Boden und dem Gehöft als betrieblichem Gefüge, kaum um das demo-"praktische"
      Gebaren der Abhängigen.

Doch sind damit die Möglichkeiten noch nicht erschöpft, den *opera* in den Urkunden nachzuspüren. Weitere ergeben sich dann, wenn die Inventarisierung nicht nur der oben diskutierten Anordnung folgt, sondern die Gruppen auch ins Verhältnis zur Fahrhabe und zum ländlichen Betrieb gesetzt sind. Immer wieder finden sich Auflistungen von unfreien Männern und Frauen (samt den Kindern) mit "ihrem" Besitz. Sie lassen außer Zweifel, daß auch die namentlich genannten oder anonymen *uxores* Anteil daran haben. Ein Beispiel aus dem Urkundenbestand des Hochstifts Freising: "der Hörige namens Ratan mit seiner Frau namens Deotling mit zwei Kindern (bzw. Söhnen) und mit allem, was sie dort besitzen...".[75] Die Wörter zur Bezeichnung dieser Habe sind vielfältig. Es geht ums Vieh (*pecus*) und um Verallgemeinerungen von dort aus (*peculium, peculiare*), ums Gerät (*utensilia*), ums Land (*terra, mansus, hoba*/Hufe), um den Ertrag (*supellex*), also das Erarbeitete (*con-laboratus*) - endlich um Aspekte der Verfügung über derlei (*facultas*/Erbe und *possessio*/ Besitz).[76] Bisweilen kommt es in Urkunden auch zur Auflistung einzelner Abgaben und Dienste - hier den Urbaren gleichend -, die ins *opus feminile* im oben erörterten Sinne münden.[77]

Am klarsten aber wird der Zusammenhang von Abgabenpflicht, Besitz und Arbeit von Frauen in Freilassungs- bzw. Autotraditionsurkunden. Zunächst zu letzteren. In den Traditionsnotizen der Sankt-Peter-Abtei in Gent ist der Eintrag zu lesen: "Zu Zeiten König Ludwigs (877-879) hat eine gewisse Frau namens Regneuuig, freigeboren wie sie war, beschlossen, sich zur Tributpflichtigen zu machen, um hier (bei Sankt Peter) Schutz zu genießen; dafür soll sie zwei Pfennige zum Festtag der heiligen Amalberga, das heißt am 25. November, zahlen; wenn sie sich zur Ehe verbindet, als Bedemunt sechs Pfennige, und nach ihrem Hinscheiden aus dieser Welt von ihrem Besitz zwölf Pfennige."[78]

---

75 THF (wie Anm. 64) 25 (von 765/70): *hominem nomine Ratan cum uxore sua nomine Deotlind cum duobus filiis cum omni quae possident in ipso loco ...*

76 Eine kleine Auswahl: *possidere*: s.o. Anm. 75; *peculiare*: CL (wie Anm. 6) 552 (von 767), 743 (von 779/784), 192 (von 793), 724 (von 807); EUB (wie Anm. 64) 8 (von 704); TW 54 (von 774); *supellex*: CL 211 (von 799); *laboratus*: HUB 26 (von 815), 35 (von 835/63); CL 172 (von 791); *utensilia*: THF 18 (von 762/4) u.ö.; *facultas*: THF 29 (von 769); LAC 73 (von 882).

77 Leinbündelabgabe: MUB (wie Anm. 64) 120 (von 886); getrennte Kopfzinse von *famulus* und *uxor*: LAC 88 (von 927); 3-Tage-Dienst/Woche: CL 868 (von 775).

78 DB (wie Anm. 64) S. 137. Der ganze Abschnitt VIII (132), S. 136ff., handelt von Männern und Frauen in vergleichbarer Stellung; MUB 151 (von 905), 186 (von 949/70); HUB 53 (von 936/59): *... et post mortem nostram caput optimum de viro ac de muliere vestimentum optimum iure altaris concederetur.* Hier wird, am Fall der Erbsteuer, explizit zwischen männereigenem Best-Haupt und fraueneigenem Best-Kleid unterschie-

Der jährliche Anerkennungszins, der Heirats- und der Todfall, zu zahlen vom *conlaboratus*, zeigen überdeutlich die Selbständigkeit der Schutzbefohlenen. Gleiches geschieht auch bei Freilassungen von unfreien Mägden in den Kirchenschutz - dem umgekehrten Fall. Wieder ein Beispiel: Am 29. Januar 788 lassen Willihari und Withari ihre Unfreie Adalsuind in den Schutz der Abtei Weissenburg frei. Sie hat den jährlichen Rekognitionszins zu zahlen und "schuldet niemandem irgendeinen Dienst, sondern möge besitzen, was sie erarbeitet hat oder (zukünftig) erarbeiten kann."[79]

Die Einlassung mit den Erfassungsformen von Abhängigen und ihrer Habe in Schenkungs- und Freilassungsurkunden hat für die Suche nach den Geschlechterwerken spezifische und wichtige, wenn auch meist indirekte Resultate erbracht: Bestätigt hat sich die Beteiligung an der Namenstradition, Ergänzungen zur Zins- und Dienstpflichtigkeit kamen zutage, die gemeinsame Verfügung über die Habe, aber auch der geschlechtseigene Besitz (Erbsteuer) wurden deutlich, und in Momenten, wo die Inventarisierung namentlich und familial erfolgte, zeichnete sich eine engere Bindung der Kinder an die Frau als an den Mann ab. Damit hat sich das Feld des Frauen-Werks um einen Bereich erweitert, dem viel größere Beachtung durch die Forschung gebührt - gerade auch deshalb, weil er nicht im Blickpunkt der Verschriftung gestanden hat.

Wunderberichte

Aus dem früheren Mittelalter ist eine große Zahl von Erzählungen über Wunder (*miracula*) überliefert, die sich bei der Überführung der Gebeine von Heiligen (Translation) an den für sie bestimmten Bewahrort im Altar einer Kirche oder kurz danach ereigneten.[80] Diese "Zeichen und Wunder" (*signa et prodigia*) galten als Beweis für die machtvolle Stellung des oder der Heiligen im Jenseits und ihren Einfluß auf die Lebensumstände am Ort ihres Kults. Die literarische

---

den. Vgl. hierzu die Artikel "Besthaupt" und "Gewandfall" im Lexikon des Mittelalters Bd. 1, 1980, Sp. 2071f.; Bd. 4, 1989, Sp. 1419f.

79 TW 126; weitere Freilassungen in die Schutzgehörigkeit zum Vergleich: TW 68 (von 797), 166 (von 837); LAC 73 (von 882), 84 (von 907); CAG 105 (von 949); MUB 83 (von 853).

80 Zur Quellenkritik grundlegend: Martin HEINZELMANN, Translationsberichte und andere Quellen des Reliquienkultes (Typologie des Sources du Moyen Âge Occidental 33) Tournhout 1979, S. 63ff. (zu den Wundern selbst); nützlich noch immer: Peter ASSION, Die mittelalterliche Mirakel-Literatur als Forschungsgegenstand, Archiv für Kulturgeschichte 50, 1968, S. 172-180.

Form der Wunderepisoden variiert von der kurzen Notiz bis zur Sequenz mehrerer ausführlicher Geschichten. Entscheidend für uns ist, daß sie nicht vom vorbildlichen Lebenswandel der Entrückten erzählen (Legende), was vielfach zu strenger, aufs typisch "Heilige" abzielender Stilisierung führt, sondern von Leid und Heilung des gewöhnlichen einzelnen. Auf ihre Wallfahrt oder Prozession zu den Reliquien, ihre Gebete, Opfer und Dienste hin werden die blinden, lahmen, stummen, siechen oder besessenen Leute gesund. Die quellenkritische Forschung spricht diesen Berichten, da sie auf Aktualität, Orts- und Personenbindung abstellen, Gegenwartsbezug und Wirklichkeitsnähe zu.[81] Wir haben unsern Blick auf diese Gattung auf vier Ensembles von *miracula* aus dem 9. Jahrhundert beschränkt: knapp 30 Berichte aus der *cella* Münstereifel (Hl. Chrysanthus und Daria), einem Filialkloster der Abtei Prüm, aus den Jahren um und nach 844; 30 Episoden aus Fulda anläßlich der Translationen der Reliquien verschiedener Heiliger, entstanden vor der Jahrhundertmitte; 15 Berichte aus Herford (Hl. Pusinna) von kurz nach 860; schließlich die zum großen Teil sehr ausführlichen Schilderungen von 51 *miracula* in Monheim (Hl. Walpurgis), zwischen 894 und 899 verfaßt vom Priester Wolfhard.[82]

Bei der Durchsicht dieses kleinen Bestandes fiel am meisten die direkte Präsenz der Frauen auf. In den knapp 120 Mirakelberichten, die von einzelnen handeln, sind es knapp 70 Frauen (bzw. Mädchen) gegenüber 50 Männern (bzw. Knaben), von deren Heilung oder Bestrafung erzählt wird. Es ist bezweifelbar, daraus zu schließen, Frauen seien gefährdeter gewesen oder hätten die Heiligen mehr in Anspruch genommen als Männer. Unbezweifelbar aber ist, daß die Frauen den gleichen Zugang zu den lokalen Heiligen hatten: direkte Anrufung, Gebet, langes Verharren am Heilsort, Darbringung von Gaben - all das war ihnen genauso gestattet wie den Männern.

---

81 HEINZELMANN (wie Anm. 80) S. 65, 123f.

82 H. J. FLOSS, Romreise des Abtes Markward von Prüm und Übertragung der hl. Chrysanthus und Daria nach Münstereifel im Jahre 844, Annalen des Historischen Vereins für den Niederrhein 20, 1969, S. 96-217, die *miracula*: S. 170-184; Rudolf von Fulda, Miracula Sanctorum in Fuldenses ecclesias translatorum, ed. Georg WAITZ, MGH SS 15,1, Hannover 1887, S. 328-341; Klemens HONSELMANN, Berichte des 9. Jahrhunderts über Wunder am Grabe der Hl. Pusinna in Herford, in: Dona Westfalica. Festschrift Georg SCHREIBER (Schriften der Historischen Kommission Westfalens 4) Münster 1962, S. 128-30 (Text), S. 130-136ff. (Erläuterungen); Andreas BAUCH, Ein Mirakelbuch aus der Karolingerzeit. Die Monheimer Walpurgis-Wunder des Priesters Wolfhard (Eichstätter Studien, N.F. 12) Regensburg 1979; die Edition (m. Übers.): S. 142-339.

Was sie gaben, ist durchaus typisch: Brot und Bier, Kerzen oder Wachs, Wolle und Schaf, Leinen, Tücher und Seile.[83] Derlei verweist auf längst bekannte Bereiche des *opus feminile*. Aber auch das *opus textile* im engeren Sinne wird mehrfach deutlich als der alltägliche Ort, wo das Unglück geschieht oder die Strafe erfolgt. Einer Magd entzieht sich das Wollknäuel, das sie verspinnen will, weil es von einem gestohlenen Schaf stammt, einer anderen verkrümmen sich beim Weben plötzlich die Finger, einer dritten bleibt einmal das Wollknäuel an der Hand haften, ein zweites Mal wird ihr der Arm beim Nähen steif, weil sie das Arbeitsruhegebot am Festtag der hl. Walburga mißachtet.[84] Hier schließt sich der Kreis zum Sonntagsarbeitsverbot in den Kapitularien. Auffällig ist weiter daran, daß es besonders um die Finger, Hände und Arme der Frauen geht, deren Krümmung und Erstarrung am weiteren Werken hindert.[85]

Zum Pilgergang, zur Beschwörung und Anheimstellung im Gebet sowie zur Gabe am Kultort veranlaßt aber auch ein anderer Leidensbereich, der an unsere Mutmaßungen über den *labor matris* in den Urkunden anschließt. Es ist die Furcht vor dem Schmerz und den Gefahren des Gebärens.[86] Vielleicht können die Mirakelberichte helfen, die große Lücke über den Bereich des Unterhaltshandelns zu schließen, für den die Schriftkundigen keinen Begriff hatten und den wir "Mutterschaft" nennen.

Nicht zuletzt: Der Hinweis darf nicht fehlen, daß in den Wundererzählungen, die auch die emotionalen Umstände von Leid und Läuterung, Schmerz und Heilung berücksichtigen, die verschiedenen Verhaltensstile und -gebote von

---

83   Z. B. Bier/Brot: FLOSS (wie Anm. 82) S. 175; HONSELMANN Nr. 11, S. 129; BAUCH
      S. 263; Kerzen plus *textilia*: ebd. S. 210; Schaf: HONSELMANN Nr. 13, S. 129;
      Kopftuch: BAUCH S. 180ff.; Seil: FLOSS S. 180.

84   WAITZ (wie Anm. 82) S. 334; S. 338; BAUCH S. 176ff., dazu ebd. S. 274 (Gewebereini-
      gung als *opus muliebris*). Weitere Fundstellen, die jedoch besser im Zusammenhang
      mit dem betreffenden Mirakelkorpus gedeutet werden sollten: MGH SS 15, c. 32, S.
      270; c. 4, S. 290; c. 12, S. 296; c. 8, S. 400; c. 9, S. 582.

85   Zu den Belegen in Anm. 84 noch: WAITZ S. 336; HONSELMANN, Nr. 6, S. 128. Viele
      Lahmheiten sind leider nicht genau genug ausgedrückt, um aufs Hand-Werken der
      Frauen bezogen werden zu können. Da es aber meist um Erstarrungen, nicht um
      Verwundungen geht, wäre im Gegenpol der "Beweglichkeit" oder "Geschicklichkeit" von
      Finger, Hand und Arm der Bezugspunkt für diese Erstarrungsleiden zu suchen: Sie
      sind spezifisches Geschick oder treffende Strafe. Diese Vermutung berührt zugleich die
      Frage, *wem* die Wundergeschichte *was* zu sagen hat. Dies aber ist unklar (HEINZEL-
      MANN, wie Anm. 80, S. 124f.).

86   Hierzu BAUCH S. 214, bes. aber S. 260. Vom Blutfluß geheilt wird eine *femina* von der
      hl. Pusinna: HONSELMANN Nr. 12, S. 129.

Männern und Frauen aufblitzen. In den Monheimer Mirakeln werden mindestens zwei fraueneigene Äußerungsweisen deutlich: das "Altweibergeschwätz" (*anilia verba*) und die Totenklage.[87]

All das ist nur als Strauß erster Hinweise zu verstehen. Auch die Mirakelepisoden entpuppen sich als ein spezifischer Aussageraum zu den Geschlechterwerken im früheren Mittelalter: hohe und direkte Repräsentanz der Frauen, deutliche geschlechtseigene Dingbindungen im Opferwesen und beim *opus textile*, Indizien für feminile Leidens- und Strafarten, Ängste und Ausdrucksweisen.

Sendfragen

Wir schließen unsere Umschau mit wenigen Hinweisen auf ein Zeugnis, das in manchem zurückführt zu den zuvor behandelten Überlieferungsarten, dennoch aber unübersehbare Eigentümlichkeiten aufweist. Zu Beginn des 10. Jahrhunderts hat der vielseitige und gelehrte Regino von Prüm im Auftrag Erzbischof Ratbods von Trier ein zwei Bücher umfassendes Sendhandbuch verfaßt, in dem er maßgebliche Kirchenrechtsquellen seiner Zeit zwei von ihm selbständig verfaßten Fragenkatalogen - einen an den Ortspriester, den anderen an die Gemeinde gerichtet - zuordnete, die so etwas wie eine Summe der damals vom Klerus für möglich erachteten und für die kirchliche Strafpraxis bedeutsamen Delikte darstellen.[88] Der Forschung gelten diese *libri duo* als Markstein der kirchlichen Rechtsgeschichte, deren Einfluß auf die Ausformung

---

87 BAUCH S. 232: Wolfhard verwahrt sich gegen Berichtsfälschung (*crimen falsiloqui*) und vergleicht derlei mit den *anilia verba*; zur Sitte der Frauenklage: ebd. S. 214f.; 153f.

88 Regino von Prüm, Libri duo de synodalibus causis et disciplinis ecclesiasticis, ed. F. G. A. Wasserschleben, Leipzig 1840 (ND. Graz 1964) S. 20-26, 208-216; die quellenkritische Forschung faßt Gerhard SCHMITZ, Ansegis und Regino. Die Rezeption der Kapitularien in den Libri duo de synodalibus causis, Zeitschrift der Savigny-Stiftung für Rechtsgeschichte, Kanonist. Abt. 105, 1988, S. 95ff., zusammen und führt den Nachweis, daß Regino, der hinsichtlich der von ihm angeführten Kapitularien und verwandten Texte aus einer einzigen großen Sammelhandschrift schöpfte, als ebenso selbständiger wie zuverlässiger Kompilator zu gelten hat. Eine ausführliche Auslegung des ersten Fragenkatalogs liegt vor mit der Arbeit von Walter HELLINGER, Die Pfarrvisitation nach Regino von Prüm. Der Rechtsgehalt des I. Buches seiner "Libri duo de synodalibus causis et disciplinis ecclesiasticis", ebd. 79, 1962, S. 1-116; 80, 1963, S. 76-137.

des hochmittelalterlichen Kirchenrechts feststeht.[89] Zugleich aber wird betont, daß Regino sein Handbuch "aus der Praxis für die Praxis" schuf, das heißt nicht nur auf die allgemeine Kirchendisziplin abstellte, sondern vielerlei berücksichtigte, das auf eine regionale Ausrichtung - Bräuche in der Trierer Erzdiözese etwa - schließen läßt.[90]

Beide Sendfragenkataloge, es sind zusammen 185 Fragen, enthalten manches, das für die Geschlechterbeziehungen bis hin zu den *opera* aufschlußreich ist. Abgesehen von den Fragen nach männer- oder frauentypischen Vergehen, die den Beischlaf betreffen, und nach Gemeinsamkeiten und Unterschieden zu töten,[91] sind es besonders die Zaubereien der Männer und Frauen, die nachgefragt werden. Zwei dieser Fragen seien zitiert. Nachgeforscht soll werden, "ob irgendein Schweine- oder Rinderhirt oder Jäger bzw. vergleichbare andere Leute teuflische Sprüche über Brot und Kräuter sagen, ebenso über gewisse ruchlose Umgebinde (Amulette); ob er derlei in einem Baum versteckt oder auf Wegekreuzungen legt, damit seine eigenen Viehherden vor Krankheit und Schaden bewahrt werden, die des anderen aber verderben."[92] Weiterhin ist zu untersuchen, "ob es irgendeine Frau gibt, die behauptet, sie könne mittels irgendwelcher Zaubereien und Gesänge die Sinne der Männer verwandeln, das heißt Haß in Liebe und Liebe in Haß verkehren, oder die Habe der Männer beschädigen oder ihnen entfremden."[93] Auch

---

89   Noël COULET, Les Visites Pastorales (Typologie des Sources du Moyen Age Occidental 23) Turnhout 1977, S. 11f.; ausführlich Paul FOURNIER, Études critiques sur le Décret de Burchard de Worms, Nouvelle revue historique de droit français et étranger 34, 1910, S. 100ff., 214ff.

90   Nikolaus KYLL, Zeugniswert des Visitationshandbuchs des Regino von Prüm für die Trierer Volkskunde um 900, Kurtrierisches Jahrbuch 11, 1971, S. 5-23.

91   Beischlaf: Libri duo (wie Anm. 88) 1,61, S. 24; 2,16-18, 28, 30, 32, S. 210f.; zur Genesis der Sexualmoral vgl. Jean-Louis FLANDRIN, Un temps pour embrasser. Aux origines de la morale sexuelle occidentale (VIe-XIe siècle), Paris 1983; Tötung: Libri duo 2,4-10, S. 209.

92   Libri duo 2,44, S. 212: *perscrutandum, si aliquis subulcus vel bubulcus sive venator vel ceteri huiusmodi diabolica carmina dicat super panem aut herbas, et super quaedam nefaria ligamenta, et haec in arbore abscondat, aut in bivio aut in trivio proiiciat, ut sua animalia liberet a peste et clade, et alterius perdat ...*

93   Ebd. 2,45: *Perquirendum, si aliqua femina sit, quae per quaedam maleficia et incantationes mentes hominum se immutare posse dicat, id est, ut de odio in amorem, aut de amore in odium convertat, aut bona hominum aut damnet aut subripiat* (es folgt die Frage nach dem Dämonenritt); zur Zauberei (oft unter dem Terminus "Magie" geführt) ist die Literatur kaum noch übersehbar; zu Reginos Handbuch ist weiterhin sehr nützlich Gottfried FLADE, Germanisches Heidentum und christliches Erziehungsbemühen in karolingischer Zeit nach Regino von Prüm, Theologische Studien und Kritiken 106, N.F. 1, 1934/5, S. 213-240; wichtig für die Filiation Reginos mit der

danach wird gefragt, ob der Priester es Frauen gestattet, an den Altar zu treten und den eucharistischen Kelch zu berühren, und ob Frauen bei der Meßfeier das Opfer (Brot und Wein) geben, wozu an sich *viri et feminae* angehalten sind.[94] Handelt es sich bei all dem wieder - wie so oft - um Voraussetzungen, Begleiterscheinungen oder Resultate der Geschlechterwerke, so führen zwei Sendfragen direkt ins *opus textile* hinein. Zum einen wird angefragt, "ob irgendjemand damit einverstanden ist, in seinem Hause mit seinen unfreien Mägden oder den Frauen der Arbeitshäuser die Ehe zu brechen", zum anderen wird verboten, daß "Frauen bei ihren Wollarbeiten oder zu Beginn des Schiff-chenwerfens irgend etwas sagen oder beachten, was nicht im Namen Gottes geschieht."[95] Zweifach wird hier der Kreis geschlossen: zum Gebot in den Kapitularien,[96] die Frauen in den *genitia* nicht zu belästigen, sowie zu frauen-eigenen Redeweisen, wie sie, auf andere Situationen bezogen, in den Mirakelepisoden anzutreffen waren: hier gottferne Begleitumstände, dort Gefährdungen durch die Begehrlichkeiten der Männer. Welche Sichtweisen auf die Frauen und ihr *opus textile* hier manifest werden, ist nicht allein vom Blickpunkt klerikaler Misogynie her zu entziffern, sondern es kommt darauf an, die Frauen- und Männertaten dort zu verorten, wo sie nicht nur anstößig, sondern auch verbindlich sind.

Folgezeit: Mathilde HAIN, Burchard von Worms (†1025) und der Volksglaube seiner Zeit, Hessische Blätter für Volkskunde 47, 1956, S. 39-50; aus frauengeschichtlicher Sicht jetzt: Monica BLÖCKER, Frauenzauber - Zauberfrauen, Zeitschrift für Schweizerische Kirchengeschichte 76, 1982, S. 1-39, sowie Heide DIENST, Zur Rolle von Frauen in magischen Vorstellungen und Praktiken - nach ausgewählten mittelalterlichen Quellen, in: Frauen in Spätantike und Mittelalter (wie Anm. 8) S. 173-194.

94   Libri duo (wie Anm. 88) 1,44, S. 23; zum schwierigen Thema der Unreinheit der Frau vgl. den jüngsten Versuch von Albert DEMYTTENAERE, The cleric, women and the stain. Some beliefs and ritual practices concerning women in the early Middle Ages, in: Frauen in Spätantike und Mittelalter (wie Anm. 8) S. 141-165; zur Oblation, die Frauen für ihre Männer darbieten: Libri duo 2,89, S. 216.

95   Libri duo (wie Anm. 88) 2,37, S. 211: *Si aliquis in sua domo consentit cum propriis ancillis vel geniciariis suis adulteria perpetrari?* 2,53, S. 213: *Quaerendum etiam, si mulieres in lanificiis suis vel in ordiendis telis aliquid dicant aut observent, nisi ... omnia in nomine Domini.*

96   In den Fragen 1,71, S. 24, und 2,57, S. 214, wird nach der Einhaltung der Sonntags-arbeitsruhe und dem Kirchenbesuch gefragt. Regino untermauert diese Fragen mit einem Zitat des Sonntagsarbeitsverbots in der Fassung der Admonitio generalis von 789 (s.o. Anm. 31).

Bilanz

Versuchen wir zum Abschluß eine grobe Bündelung des Ertrags.

1. Für die Überlieferungsgattungen, die wir vorstellten, ist ein jeweils eigener Aussage-Raum typisch, demzufolge recht verschiedene Gesichtspunkte des *opus feminile* zutagetreten: Wo die "Arbeiten" ins Bild kommen, liegt eine explizite Traditionsbindung vor, vor allem der Wortlaut der Heiligen Schrift und des antiken Wissens stiftet die frühen Bildwerke zu den *opera* von Frau und Mann. Die zeitliche und örtliche Kontrolle der *opera* durch Kirche und Königtum bringt in den Kapitularien eine gezielte Teilung der Geschlechterwerke und Rahmenbestimmungen über das *opus textile* im *genitium* zum Vorschein. Der Bestand von grundherrlichen Registern erlaubt es, den Umriß des *opus textile* zu füllen, sein Umfeld, seine Variationen und seine Dehnbarkeit zu fassen; zugleich führen die Inhaberschaftsverhältnisse, je ausführlicher sie beschrieben sind, desto klarere Anteile der Frauen an der Handhabung der Hufe vor Augen, dies freilich im Spiegel von Abgabe und Dienst. Mit dem Blick in eine Auswahl von Schenkungs- und Freilassungsurkunden gelang der Nachweis, daß die Frauen auch an der Verfügung über die liegende und fahrende Habe insgesamt und speziell beteiligt sind, und es ergab sich die These einer engeren Bindung der Kinder an die Frau als an den Mann. Mittels einer schmalen Auswahl von Wunderberichten wurde gezeigt, daß im Handlungs-raum des Heilungsbegehrens die Männer nicht, wie sonst, vor den Frauen stehen und daß diese ihre eigenen Sachen anheimstellen, ihre spezifischen Leiden aufzeigen, ihre distinkten Ausdrucksweisen einsetzen. Die Send-fragenkataloge Reginos konnten manchen Kreis zu den anderen Gattungen schließen, führten darüber hinaus aber in geschlechtseigene Felder für den Klerus anstößigen Gebarens: Unzucht, Unreinheit, Zauberei und Zauberspruch.

2. In der Mehrzahl der hier herangezogenen Zeugnisarten ist das *opus feminile* als *opus textile* präsent. Diese Fassung des hörigen Frauen-Werks ins Web-Werk hat im Blick auf das virile Werken keine klare Entsprechung. Warum? Die Hypothese: Die Distinktion der Geschlechterwerke wird nicht vergleichend vorgenommen, sondern sukzessiv und stufend. Da dem Mann der Vorrang gegeben wird, ist er der Ausgangspunkt der Unterscheidung, der Frau und ihrem Tun kommt damit die Deutlichkeit, ja Enge des Unterschiedenen zu. Was jedoch in der Bildgestalt des ersten arbeitenden Menschenpaars, im Sonntags-arbeitsverbot oder im Heilungsbegehren vor den Reliquien als Nebeneinander

der Geschlechterwerke zum Ausdruck kommt, hat sein tertium comparationis in der erlösungsbedürftigen Einzelseele.

3. Sucht man das *opus feminile* in orts-, zeit- und namensbezogenen Zusammenhängen auf, dann findet man die Sichtweise nachordnender Distinktion deutlich bestätigt, wenn die Beschreibung pauschal bleibt. Je ausführlicher und genauer sie jedoch wird, desto klarer ergibt sich die Vielfalt, Variationsbreite und Dehnbarkeit der Frauenwerke weit über das *opus textile* hinaus - unbeschadet des Eindrucks zweier "harter" Kernbereiche geschlechtsspezifischen Werkens. Dem entsprechen ein hoher Beteiligungsgrad der Frauen an der Verantwortung für die eigene und die gemeinsame dingliche Habe und die Pflichten der Herrschaft gegenüber, die sich in den Inhaberschaftsverhältnissen spiegeln.

4. Gerade das Prinzip der Rangsukzession bei der Inventarisierung erlaubt es, die enge Bindung der Kinder an die Frau zu beobachten und damit einen fraueneigenen Bereich des Unterhaltshandelns zu belegen, der sonst kaum greifbar ist, weil weder die *opera* der Mutterschaft noch die Kinder selbst als zentrale Rechtsgüter oder Appropriationstitel gelten. Um so wichtiger sind deshalb die Ergänzungen aus den Rechtsquellen und den Wunderberichten.

5. Die große Lücke, die geblieben ist, betrifft die Stellung des *opus feminile* im Kleinbetrieb von Hufe, Hof und Haus sowie innerhalb der Siedlung. Dort hat die Distinktion ja einen anderen Sinn als bei den Abgaben und Diensten für die Herrschaft: Das getrennte Werken der Geschlechter - das *opus ad suum*, wie es bisweilen lapidar genannt wird - war nur sehr sporadisch ahnbar dort, wo beim Fronen Mann und Frau zusammenwirken. Ob derlei aber als "Spiegelbild" der Genusordnung auf der Hufe gelten kann?

Weitere Fragen ließen sich anschließen. Wichtig scheint mir die nach der räumlichen Verbreitung sowohl des Woll- als auch des Leinwerks zu sein, ebenso die nach dem Anteil der Frauenwerke an der Ausgleichung der ständischen Unterschiede, nicht zuletzt die nach dem Verhältnis fraueneigener *opera* zu außerbetrieblichen Einrichtungen wie den Mühlen, den Back- und Brauhäusern, die während des früheren Mittelalters beträchtlich zunehmen. Antworten darauf wären geeignet, den Wandlungen mehr Kontur zu geben, die für das Zeitalter des ländlichen *opus feminile* vor dem Spinnrad und dem Webstuhl, sowie vor seiner Verschattung durch die städtischen Gewerbe kennzeichnend sind.

SCHLUSS:

ERGEBNISSE UND PROBLEME

Die Frage nach Möglichkeiten und Grenzen der Lebensgestaltung von Frauen im frühen Mittelalter zu stellen, ist aus dem heutigen Geschichtsbewußtsein heraus nicht nur berechtigt, sondern notwendig und erhellend: Sie führt näm- lich zu zentralen Aussagen über die Geschichte der Frauen und, mit der Frage nach deren sozialer Stellung, zugleich zu wesentlichen Erkenntnissen über die Gesellschaft überhaupt, und zwar von einer eigenen, von der älteren For- schung vernachlässigten Seite her. Frauen bildeten aber einen wesentlichen, integrativen und integrierten Bestandteil dieser Gesellschaft bzw. - und dieser Hinweis ist wichtig - auf den einzelnen sozialen Ebenen. Es ist nämlich kaum möglich, *die* soziale Stellung *der* frühmittelalterlichen Frauen einheitlich und insgesamt zu beschreiben. Das bleibt zu bedenken, wenn im folgenden ver- sucht wird, ein verallgemeinerndes Fazit aus den vorgelegten Beiträgen vor- zutragen.

Die Lebensgestaltung der Frauen im frühen Mittelalter war in ihren Möglichkei- ten und Grenzen abhängig von ihrem jeweiligen **Stand und** ihrer **Funktion**. Dabei war die soziale Stellung (und damit auch die Reichweite der Einfluß- möglichkeiten) in der Regel nicht frei gewählt, sondern hing von der Geburt, also vom Rang und Stand der Eltern, ebenso aber, zumindest bei der verhei- rateten Laienfrau, von der Stellung des Ehemannes ab. Die Rangfolge im Ge- schlechterverhältnis war eindeutig zugunsten des Mannes entschieden, ohne daß man daraus auf eine Bedeutungslosigkeit der Frauen schließen darf. Zusätzlich zu solchen sozialen Bedingungen schufen die in der frühmittel- alterlichen Vorstellungswelt verankerten, weithin (aber nicht ausschließlich) christlich-theologisch beeinflußten, rechtlichen und moralischen Normen und Ideale einen ideologischen Bezugsrahmen der Stellung der Frauen. Weibliche Lebensgestaltung hatte sich demnach in einem mehr oder weniger dichten Netz von sozialen, rechtlichen, religiösen und mentalen Bedingungen zu bewegen.

Innerhalb dieses Rahmens aber boten sich den Frauen durchaus Einfluß- und **Handlungsspielräume** teilweise beträchtlichen Ausmaßes, die sich keines- wegs *nur* aus der - zweifellos wichtig genommenen - Gebärfähigkeit der

Frauen ergaben und nicht selten *gegen* das schriftlich fixierte Recht gerichtet waren: Norm und Wirklichkeit fielen in zahlreichen Fällen auseinander.

Spielräume eigener Lebensgestaltung zeigten sich in den hier vorgelegten Untersuchungen in verschiedener Hinsicht:
- Sie sind deutlich geworden im Handeln der *Königinnen und Fürstinnen*, die, aus ihrer gehobenen Stellung heraus, indirekt (über den König) oder direkt in das politische, kirchliche und kulturelle Geschehen eingriffen und es wesentlich mitbestimmten, und zwar schon zu Lebzeiten des Königs bzw. Ehemanns und nicht *nur* als Regentinnen minderjähriger Söhne. Die Stellung der Königin und der Adligen in der Familie wurde in karolingischer Zeit dank der kirchlicherseits vorangetriebenen Durchsetzung der Muntehe als einzig rechtmäßiger Eheform und dank der immer stärker eingeschränkten Möglichkeiten zur Ehescheidung oder Verstoßung der Frau seitens des Mannes sicherer, ihre Einflußmöglichkeiten waren aber schon in merowingischer Zeit gegeben.

- Dieser Einfluß zeigt sich ebenso in der aktiven Rolle der *Klosterfrauen*, vor allem im angelsächsischen England, wo schon die Form der Doppelklöster die Gemeinsamkeit männlichen und weiblichen religiösen Lebens hervorhebt und die königlichen Nonnen- und Doppelklöster reine Mönchsklöster in ihrer Bedeutung, etwa als Grablege oder Fluchtburg, weit überflügelten. Die führende und bestimmende Rolle der Äbtissin ist stets betont worden, doch ist auch das Klosterleben selbst als ein wichtiger Bereich weiblicher Lebensgestaltung zu betrachten. Im religiösen Gemeinschaftsleben als Nonne oder Kanonisse - und beides ist in den Quellen nicht immer auseinanderzuhalten - bot sich den (adligen) Frauen grundsätzlich eine Alternative zum laikalen Eheleben, die zweifellos eine höhere religiöse, nicht von vornherein aber eine höhere soziale Wertigkeit widerspiegelt. In dieser Hinsicht war das Kloster, wie Dagmar B. Baltrusch-Schneider feststellt, nicht eine Alternative zur Ehe, sondern zur Ehelosigkeit. Das Kloster als Alternative zur Ehe zu betrachten, wie es in der bisherigen Forschung immer wieder begegnet, trifft demnach nur im Hinblick auf die *religiöse* Lebensform zu und gilt zudem für *beide* Geschlechter gleichermaßen. Das Klosterleben aber als Flucht vor dem Ehemann zu deuten, unterschätzt die - wiederum beiden Geschlechtern gemeinsamen - religiösen Motive. Eine solche Sicht übersieht aber auch die Bindungen, die zwischen Kloster und "Welt", zwischen Nonnen und Laienfrauen, bestanden haben, die Tatsache, daß die Träger denselben sozialen Schichten, ja denselben Familien, entstammten, sowie die zunächst noch vorhandene Möglichkeit, nicht nur die Ehe zu lösen, um in ein Kloster einzutreten, sondern auch dieses zu verlassen, um eine Ehe einzugehen. Sie verschleiert darüber hinaus die Vielfalt der Möglichkeiten innerhalb wie auch außerhalb dieser Lebensformen, die besonders dann deutlich werden, wenn man verschiedene Quellengattungen vergleichend heranzieht.

- Handlungsspielräume boten sich den Frauen ferner im Bereich der *Bildung*, im Kloster, aber auch unter den adligen Laien. Nach den von Rosamond McKitterick vorgetragenen Beobachtungen und Belegen müssen wir davon ausgehen, daß die Frauen insgesamt, unbeschadet noch ausstehender Forschungen im einzelnen, in einem weit höheren Maß an der Buchherstellung wie an der Buchrezeption beteiligt waren, als bisher angenommen wurde, und zwar sowohl als Autorinnen wie als Schreiberinnen (ohne daß sich in den Handschriften eine spezifisch weibliche Schrift erkennen ließe), als Verfasserinnen von Briefen wie auch als Leserinnen und Empfängerinnen von Briefen und Büchern. Unter den letzteren, aber auch unter den Briefschreiberinnen und, in Einzelfällen, unter den Autorinnen finden wir immer wieder auch hochgestellte Laienfrauen. Schreiben war keineswegs eine für Frauen unziemliche Beschäftigung. Diese hatten vielmehr Anteil an Bildung und Schriftkultur, deren Bedeutung - trotz der in weiten Teilen der frühmittelalterlichen Gesellschaft vorherrschenden oralen Kommunikationsweise - nicht unterschätzt werden darf.

- Trotz mancherlei Beschränkungen in merowingischer Zeit, etwa bei der Verfügung über die Heiratsgabe (*dos*) oder bei der Scheidung, ist nach den von Ingrid Heidrich anhand der Brief- und Urkundenformulare und der Urkunden der Merowingerzeit gewonnenen Beobachtungen eine grundsätzliche Erb- und Besitzfähigkeit und eine entsprechende Verfügungsgewalt und *Geschäftsfähigkeit* der besitzenden, also der freien, sozial natürlich besonders der adligen Frauen (aber, wie Ludolf Kuchenbuch zeigt, durchaus auch der bäuerlichen Hufeninhaberinnen) hinsichtlich des eigenen Besitzes, nämlich bei Veräußerungen, Schenkungen, Freilassungen und Erbregelungen, festzustellen. Da eine solche Praxis sich im Frankenreich ausdrücklich gegen die Bestimmungen der Volksrechte stellt, wird die - immer wieder zu beobachtende - Diskrepanz zwischen der Rechtsnorm und der Realität hier besonders deutlich. Wenn sich die *Rechts*stellung der Frauen in der karolingischen Zeit grundsätzlich - bei gleichzeitiger Einengung des Verfügungsraumes hinsichtlich der *dos* und der Ehescheidung - verbesserte, so darf man das vielleicht als eine Angleichung des Rechts an die längst geläufige Praxis deuten.

- Schließlich läßt sich eine weitreichende Beteiligung der Frauen auch am Unterhaltshandeln im agrarisch bestimmten Frühmittelalter beobachten: Die Bäuerin war, wie Ludolf Kuchenbuch feststellt, eine wesentliche Stütze der agrarischen Wirtschaft, sie war in die grundherrschaftlichen Leistungsforderungen integriert und hatte in bedeutendem Maße Anteil an der alltäglichen Unterhaltssicherung der Bauernfamilie. Neben der - am ehesten frauenspezifischen - Textilarbeit verrichtete sie nach Aussage besonders der Urbare tatsächlich eine Vielfalt verschiedener Aufgaben: Das *opus textile*, in der frühmittelalterlichen Anschauung das "Frauenwerken" schlechthin, war tatsächlich nur ein Teil des *opus feminile*. Im Verhältnis zur Männerarbeit zeigt sich dabei sowohl eine Arbeitsteilung wie ein Zusammenwirken, eine - mit Kuchenbuchs Worten - "komplementäre Fügung der Geschlechterwerke", innerhalb deren sich die ebenfalls nicht zu unterschätzende Mutterrolle in der engen Frau-Kind-Beziehung enthüllt.

Damit scheint die aktive Beteiligung und die Einbindung der Frauen in wesentliche Lebensbereiche des frühen Mittelalters gesichert. Die Untersuchung weiterer Möglichkeiten und Handlungsspielräume könnte hier anschließen.

Es läßt sich allerdings nicht verleugnen, daß die Handlungsspielräume der Frauen sich in die für das frühe Mittelalter typischen **Lebensformen** einfügten: Es gab keine spezifisch weiblichen, grundsätzlich von den männlichen getrennten Lebens*formen* im Sinne strukturell unterschiedlicher, alternativer Lebensweisen; die Möglichkeiten der Lebensgestaltung waren zunächst weit mehr standes- als geschlechtsabhängig. Ehe- und Klosterleben - die beiden grundlegenden (nicht die einzigen) Lebensformen - standen, in all ihrer Vielfalt, Männern und Frauen gleichermaßen offen, und auch der Anteil der Frauen an der Schriftlichkeit und Bildung war keineswegs geschlechtsspezifisch. Sieht man von der Ausübung öffentlicher und klerikaler Ämter ab, so partizipierten die Frauen damit aber maßgeblich an den vorhandenen Lebensformen.

Schwieriger ist die Frage nach dem Vorhandensein einer geschlechtsspezifischen Ausgestaltung oder bestimmter, typisch weiblicher Tätigkeitsbereiche innerhalb dieser Lebensformen zu beantworten. Auch hier lassen sich mehr Übereinstimmungen als spezifische oder gar exklusiv weibliche Formen der Lebensgestaltung feststellen. Das zeigt sich zumal im Bildungswesen, wo es sich bislang als unmöglich herausgestellt hat, weibliche Handschriften und Schreibstile (von Schreiberinnen wie von Autorinnen) herauszufiltern. Selbst Magie, Zauberei und Heilkunde können, wenngleich sie mehrfach mit Frauen

in Verbindung gebracht werden, kaum als ausschließlich weibliche Handlungsweisen gelten. Dennoch finden sich in den Quellen immer wieder Hinweise auf
eine deutliche Distinktion der Geschlechter, waren den Menschen die Unterschiede zwischen Frauen und Männern bewußt, die sich auf das Äußere (wie
Kleidung und Haartracht), auf die Erziehung, aber auch auf die Behandlung
und Bewertung auswirkten und damit auf die Lebensgestaltung zurückwirken
mußten. Frauen erfüllten in der Gesellschaft bestimmte *Funktionen*, die zur
gegenseitigen Ergänzung, zur Aufgabenverteilung unter den Geschlechtern,
führten, den Frauen von daher spezifische Aufgaben und Tätigkeitsfelder
zuwiesen und sie, in dieser Hinsicht gleichwertig, *neben* den Mann stellten.
Besonders deutlich wird das im alltäglichen Arbeitsprozeß, wo den Frauen -
unter anderem und mit standesspezifischen Eigenheiten - die gesamte Textilarbeit zufiel.

Solche Unterschiede kehren auch in der Vorstellungswelt, im **Frauenbild**, des
frühen Mittelalters wieder bzw. finden dort erst ihre zeitgemäße Erklärung.
Frühmittelalterliche Autoren - Geschichtsschreiber, Theologen, aber auch die
Verfasser von Rechtsquellen (Kapitularien) - gingen von der Existenz zweier
unterschiedlicher Geschlechter aus, die jedoch eher als verschieden*artig* denn
als verschieden*wertig* angesehen wurden. "Frauen"-Lob stand neben "Frauen"-
Kritik und bestand in aller Regel jeweils im Lob oder Tadel der einzelnen Frau
und nicht der Frauen schlechthin. Das Frauenbild spiegelt und erklärt damit
- frauenspezifische Formen der Lebensgestaltung (als Resultat der Lehre von
zwei unterschiedlichen Geschlechtern),
- Handlungsspielräume und Möglichkeiten weiblicher Lebensgestaltung (aufgrund von Kriterien wie Achtung, Schutz und Aufgabenverteilung),
- aber auch Handlungsgrenzen und den Ausschluß von bestimmten Möglichkeiten der Lebensgestaltung (gemäß dem unterschiedlichen Wesen von
Mann und Frau, wobei die Frau vor allem durch ihre "Schwäche" charakteri-
siert war. Diese römisch-etymologische Begründung traf sich mit dem Bild der
Eva als Versucherin in der christlichen Bibelexegese, hatte für die allgemeine
Einschätzung aber anscheinend mehr Gewicht.)
Das Frauenbild bietet freilich wiederum eine - nun ideologische, nämlich
theoretisch-moralische - Norm, die keineswegs der Realität entsprochen haben
muß, es setzte sich aber mit dieser gedanklich auseinander und suchte auf sie
einzuwirken. Auch der Charakter der Textilarbeit als Frauenwerk war - bei
allem Realitätsbezug - in dieser Ausschließlichkeit eine Vereinfachung des von
Bibel- und Bibelexegese beeinflußten Frauenbildes (gerade auch in bildlichen
Darstellungen), während sich die Frauenarbeit in der Praxis, wie gezeigt, weit

differenzierter darstellte. Ebenso bilden geschlechtsspezifische Zuweisungen von Männern und Frauen zu Bereichen wie "draußen" und "drinnen" oder "öffentlich" und "privat" Vereinfachungen eines normierten Frauenbildes. Der tatsächlich vorhandene, in den Quellen gelegentlich kritisierte Einfluß der Frauen widersprach im Grunde dieser "Norm", sofern er nämlich ein gewisses Ausmaß überschritt. Jede Kritik konzentrierte sich aber auf bestimmte Einzel-fälle, während die "Normalität" in den Quellen eher beiläufig anklang, ein Indiz dafür, daß man sie grundsätzlich akzeptierte. Wenn eine bewußte, intensive Reflexion des Geschlechterverhältnisses Ausdruck der "Krise", nämlich des Wandels dieses Verhältnisses und der Unzufriedenheit mit den bestehenden Zuständen, ist - und so ist zweifellos die heutige Diskussion dieses Themas zu deuten -, dann war das Geschlechterverhältnis im frühen Mittelalter jedenfalls von keiner Krise bedroht. Die Quellen bezeugen keinerlei Wünsche nach weiblicher Selbstverwirklichung in Abgrenzung vom Mann und von den seitens der Gesellschaft gebotenen Möglichkeiten; Selbstverwirklichung bewegte sich und gelang im Rahmen des gemeinsamen Lebens und der gesellschaftlichen, alltäglichen Gegebenheiten.

Methodisch dürfte in den einzelnen Beiträgen deutlich geworden sein, wie wichtig es ist, die Belege zur Lebensgestaltung von Frauen einer fremden Epoche, die meist in ganz anderen Zusammenhängen stehen als denen, wo-nach unsere Zeit fragt, aus dem jeweiligen Kontext heraus und unter Berück-sichtigung etwaiger Tendenzen und damaliger Vorstellungen zu beurteilen. Sicher darf man nicht vergessen, daß die überwiegende Zahl unserer Quellen von Männern verfaßt sind, die jeweils ihr Frauenbild einbrachten, das in der Regel allerdings allenfalls unterschwellig mitschwingt, während die Absichten und Tendenzen dieser Quellen von ganz anderen Zielen geprägt sind, als die Frauen zu charakterisieren. Hier hat es sich als richtig erwiesen, Tendenzen, Absichten und Aussagespielräume (mit Möglichkeiten und Grenzen) der unterschiedlichen Quellenarten und Quellengattungen zu beachten, die jeweils einen mosaikartigen Beitrag zu leisten vermögen, aber sich auf diese Weise auch ergänzen. Ebenso erhellend ist es daher, wenn sich im Vergleich der unterschiedlichen Quellen - soweit sie nicht unmittelbar, wie die Volksrechte auf der einen und Urkunden und *Formulae* auf der anderen Seite, die Dis-krepanz zwischen Recht und Realität entlarven - interessante Gemeinsamkei-ten und Aussagetendenzen herausschälen. Erst auf diese Weise ergibt sich ein geschlosseneres und gesicherteres Bild, an dessen Erarbeitung der Forschung noch manche Aufgabe bleibt.

Inhaltlich stoßen wir in den Quellen freilich immer wieder auch auf Widersprüche. Es gibt kaum eine allgemeine Aussage, für die sich nicht Gegenbeispiele beibringen ließen. Das deutet darauf hin, daß die Möglichkeiten weiblicher Lebensgestaltung weder *völlig* verfestigt und gesichert noch gänzlich unumstritten waren. Das frühe Mittelalter ließ noch Unterschiede und Wandlungen der Lebensgestaltung zu, die ihrerseits erst die Möglichkeit zu einer grundsätzlichen Ausweitung der Handlungsspielräume bargen. Die soziale Stellung der frühmittelalterlichen Frauen erweist sich damit als unabgeschlossen, als ein noch in der Entwicklung befindliches, offenes Forum möglicher Lebensgestaltungen. Den Historiker(inne)n kann das nur eine Herausforderung zu weiterer Arbeit sein.

Abbildungsnachweis

Abb. 1 (S. 28): Prudentius, Psychomachia (St. Gallen?, letztes Drittel 9. Jh.), Bern, Burgerbibliothek, Cod. 264, p. 69 (Ausschnitt). Entnommen aus: Wolfgang BRAUNFELS, Die Welt der Karolinger und ihre Kunst, München 1968, Abb. 299, S. 353.

Abb. 2 (S. 28): Elfenbeintafel (Ausschnitt), Musée de Picardie, Amiens. Entnommen aus: La Picardie, berceau de la France, Soissons 1986, fig. 143, S. 176.

Abb. 3 (S. 35): Hrabanus Maurus, De rerum naturis (De universo), Montecassino, Archivio dell'Abbazia, Ms. 132, S. 112. Entnommen aus: Marianne REUTER, Text und Bild im Codex 132 der Bibliothek von Montecassino "Liber Rabani de originibus rerum". Untersuchungen zur mittelalterlichen Illustrationspraxis (Münchener Beiträge zur Mediävistik und Renaissance-Forschung 34) München 1984, Tafel XVII, Abb. 33.

Abb. 4 (S. 35): Grandval-Bibel, London, British Library, Add. 10546, fol. 262v. Entnommen aus: BRAUNFELS (wie Abb. 1) Abb. 288, S. 341.

Abb. 5 (S. 54): Codex Lambethanus, London, Lambeth Palace, Cod. 200, fol. 68b. Entnommen aus: MGH AA 15, bei S. 324.

Abb. 6 (S. 84): Liber Memorialis von Remiremont, Rom, Biblioteca Angelica ms. 10, fol. 35r: NOMINA ABBATISSARUM. Entnommen aus: Liber memorialis von Remiremont, ed. Eduard HLAWITSCHKA, Karl SCHMID und Gerd TELLENBACH, MGH Libri memoriales Bd. 1, Zürich 1970 (ND. München 1981), Faksimileteil.

Abb. 7 (S. 85):   Ebd. fol. 40r (de coenobio Sichingis).
                    Entnommen aus: Liber memorialis (wie Abb. 6), Faksimi-
                    leteil.

Abb. 8 (S. 143):   Bibel aus der Schule von Tours (Grandval-Bibel), Lon-
                    don, British Library, Cod. Add. 10546, fol. 5v.
                    Entnommen aus: Otto PÄCHT, Buchmalerei des Mittel-
                    alters, München 1984, Tafel XI, S. 107.

Abb. 9 (S. 146):   Utrecht-Psalter (Reims, um 830), Utrecht, Univ.bibl. Ms.
                    32, fol. 84r.
                    Entnommen aus: BRAUNFELS (wie Abb. 1), Abb. 101, S.
                    171.

Abb. 10 (S. 146):   Hrabanus Maurus, De rerum naturis (De universo), Mon-
                    tecassino, Archivio dell'Abbazia, Ms. 132, S. 364.
                    Entnommen aus: REUTER (wie Abb. 3), Tafel LV, Abb.
                    106.

Abb. 11 (S. 148):   Astronomisch-komputistische Sammelhandschrift (Salz-
                    burg, 1. Hälfte 9. Jahrhundert), Wien, Österr. National-
                    bibliothek, Cod. 387, fol. 90v.
                    Entnommen aus: BRAUNFELS (wie Abb. 1), Abb. 233, S.
                    311.